3-1
Noviembre 1, 1899

Purificación de la Iglesia. Las almas víctimas son su sostén.

(1) Encontrándome en mi habitual estado, me he encontrado fuera de mí misma, dentro de una iglesia, y ahí había un sacerdote que celebraba el divino sacrificio, y mientras esto hacía lloraba amargamente y decía: "La columna de mi Iglesia no tiene donde apoyarse".

(2) En el momento que decía esto he visto una columna, cuya cima tocaba el cielo, y abajo de esta columna estaban sacerdotes, obispos, cardenales y todas las demás dignidades que sostenían dicha columna, pero con mi sorpresa, al mirar he visto que de estas personas, quién era muy débil, quién medio acabado, quién enfermo, quién lleno de fango; escasísimo era el número de aquellos que se encontraban en estado de sostenerla, así que esta pobre columna, tantas eran las sacudidas que recibía desde abajo, que se tambaleaba sin poder estar firme. Hasta arriba de esta columna estaba el Santo Padre, que con cadenas de oro y con los rayos que despedía de toda su persona, hacía cuanto más podía para sostenerla, para encadenar e iluminar a las personas que moraban en la parte baja, si bien alguna se escapaba para tener más oportunidad de degradarse y enfangarse, y no sólo a estas personas sino que trataba de atar e iluminar a todo el mundo.

(3) Mientras yo veía esto, aquel sacerdote que celebraba la misa (aunque tengo duda si era sacerdote o bien Nuestro Señor, me parece que era Él, pero no lo sé decir con certeza), me ha llamado junto a Él y me ha dicho:

(4) "Hija mía, mira en qué estado lamentable se encuentra mi Iglesia, las mismas personas que debían sostenerla, desfallecen, y con sus obras la abaten, la golpean, y llegan a denigrarla. El único remedio es que haga derramar tanta sangre, hasta formar un baño para poder lavar ese purulento fango y sanar sus profundas llagas, para que sanadas, reforzadas, embellecidas por esa sangre, puedan ser instrumentos hábiles para mantenerla estable y firme".

Después ha agregado: "Te he llamado para decirte: ¿Quieres tú ser víctima y así ser como un puntal para sostener esta columna en tiempos tan incorregibles?".

(5) Yo en principio me sentí correr un escalofrío por temor, y porque quizá no tendría la fuerza, pero enseguida me he ofrecido y he pronunciado el Fiat. Mientras estaba en esto, me he encontrado rodeada por muchos santos, ángeles y almas purgantes que con flagelos y otros instrumentos me atormentaban; y yo, si bien al principio sentía temor, pero después, por cuanto más sufría, tanto más me venía el deseo de sufrir y saboreaba el sufrir, como un dulcísimo néctar. Y mucho más porque me vino un pensamiento: "Quién sabe si esas penas pudiesen ser medio para consumar la vida, y así poder emprender el último vuelo hacia mi sumo y único Bien". Pero con suma pena, después de haber sufrido acerbas penas, he visto que esas penas no me consumaban la vida. ¡Oh Dios, qué pena, que esta frágil carne me impida unirme con mi Bien Eterno!

(6) Después de esto, he visto la sangrienta masacre que se hacía de aquellas personas que estaban bajo la columna. ¡Qué horrible catástrofe! Escasísimo era el número de los que no caían víctimas, llegaban a tal atrevimiento, que trataban de matar al Santo Padre. Pero después parecía que aquella sangre derramada, aquellas sangrientas víctimas destrozadas, eran medios para hacer fuertes a aquellos que quedaban, de modo que sostenían la columna sin hacerla bambolear más. ¡Oh, qué felices días!. Después de esto despuntaban días de triunfos y de paz, la faz de la tierra parecía renovada, la columna adquiría su primer lustre y esplendor. ¡Oh días felices, desde lejos yo os saludo, pues tanta gloria daréis a la Iglesia y tanto honor a Dios que es su Cabeza!

3-2
Noviembre 3, 1899

Entretenimiento de Jesús con Luisa.

(1) Esta mañana mi amable Jesús ha venido y me ha transportado fuera de mí misma, dentro de una iglesia y ha desaparecido, y yo me he quedado sola. Ahora, encontrándome ante la presencia del Santísimo Sacramento, he hecho mi acostumbrada adoración, pero mientras esto hacía, me parecía que me hubiera vuelto toda ojos para ver si podía descubrir a mi dulce Jesús. Mientras estaba en esto lo he visto sobre el altar, como niño, que me llamaba con su graciosa manita. ¿Quién puede decir mi contento? Volé a Él, y sin pensar en otra cosa, lo he estrechado entre mis brazos y lo he besado, pero en el momento de hacer esto ha tomado un aspecto serio, y mostraba que no le agradaban mis besos y ha comenzado a rechazarme. Yo, no tomando en cuenta esto, continué y le

dije: "Querido mío, bello, el otro día Tú quisiste desahogarte conmigo con besos y con abrazos, y yo te di toda la libertad; hoy quiero contigo desahogarme también yo, ah, dame la libertad". Pero Él seguía rechazándome, y viendo que yo no cesaba ha desaparecido. ¿Quién puede decir cuán mortificada y pensativa quedé al encontrarme en mí misma? Pero después de un poco ha regresado, y yo le pedía perdón por mis impertinencias; me ha perdonado queriendo Él desahogarse conmigo, y mientras me besaba me ha dicho:

(2) "Amada de mi corazón, mi Divinidad habita en ti habitualmente, y a medida que tú vas inventando nuevas cosas para deleitarme contigo, así Yo, para estar a la par, uso nuevos modos para hacer que te deleites Conmigo".

(3) Con esto entendí que fue una broma que Jesús quería hacer.

3-3
Noviembre 4, 1899

Efectos diferentes entre la presencia de Jesús y la del demonio.

(1) Como esta mañana el bendito Jesús no venía, el demonio trataba de tomar su aspecto y hacerse ver, pero yo no advirtiendo los acostumbrados efectos, he comenzado a dudar y me he persignado con la cruz, primero yo y después a él, y el demonio viéndose persignado temblaba; enseguida lo rechacé de mí sin mirarlo. Poco después ha venido mi amado Jesús, y temiendo que fuese otra vez el espíritu maligno, trataba de rechazarlo e invocar la ayuda de Jesús y de la Reina Mamá, pero Él para asegurarme que no era el demonio me ha dicho:

(2) "Hija mía, para asegurarte si soy Yo, o no soy Yo, tu atención debe estar en los efectos internos, si se mueven a virtud o a vicio, ya que como mi naturaleza es virtud, de ninguna otra cosa hago herederos a mis hijos, más que de virtud. Esto lo puedes comprender también en la naturaleza humana, que siendo carne, sucede que si tiene alguna llaga, la carne se cambia en pus y se puede decir que no es más carne; así mi naturaleza, si mínimamente pudiese retener en sí la sombra del vicio, cesaría de ser aquel Dios que es, lo que no puede suceder jamás".

3-4
Noviembre 6, 1899

Pureza de intención.

(1) Esta mañana, habiendo venido el adorable Jesús y transportándome fuera de mí misma, me ha hecho ver calles llenas de cadáveres. ¡Qué despiadada carnicería! Da horror pensarlo. Después me ha hecho ver que sucedía una cosa en el aire y muchos morían de improviso; esto lo vi también por el mes de marzo. Yo empecé, según mi costumbre, a rogarle que se aplacara y que librara a sus mismas imágenes de suplicios tan crueles, de guerras tan sangrientas, y como tenía la corona de espinas se la he quitado para ponérmela yo, y esto para aplacarlo mayormente; pero con suma pena he visto que casi todas las espinas quedaban rotas en su santísima cabeza, así que poquísimo me quedaba para sufrir a mí. Jesús se mostraba severo; casi sin ponerme atención me ha transportado de nuevo a mi cama, y como yo me encontraba con los brazos en cruz, sufriendo los dolores de la crucifixión que Él mismo me había participado antes, ha tomado mis brazos y me los unió, atándolos con una cuerdecilla de oro. Yo, no poniendo atención a qué significaba aquello, para romper ese aire severo que tenía le he dicho: "Dulcísimo amor mío, te ofrezco estos movimientos de mi cuerpo que Tú mismo me has hecho y todos los demás que pueda yo hacer, con el único fin de agradarte y glorificarte. Ah sí, quisiera que también los movimientos de los párpados, los de mis ojos, de mis labios y de toda yo misma sean hechos con el único fin de agradarte sólo a Ti. Haz, oh buen Jesús, que todos mis huesos, mis nervios, resuenen entre ellos y con clara voz te atestigüen mi amor".
(2) Y Él me ha dicho: "Todo lo que se hace con la única finalidad de agradarme, resplandece ante Mí de una manera tal, que atrae mis miradas divinas, y me agrada tanto, que a esas acciones, aunque fuesen sólo un movimiento de pestañas, les doy el valor como si fueran hechas por Mí. En cambio las otras acciones, que en sí mismas son buenas y aun grandes, no hechas únicamente para Mí, son como ese oro enlodado y lleno de herrumbre que no resplandece, y Yo no me digno ni siquiera mirarlas".
(3) Y yo: "Ah Señor, qué fácil es que el polvo ensucie nuestras acciones".
(4) Y Él: "No se necesita poner atención al polvo, porque este se sacude, a lo que hay que atender es a la intención".
(5) Ahora, mientras esto se decía, Jesús se ocupaba en atarme los brazos. Yo le he dicho: "Señor, ¿qué haces?"
(6) Y Él: "Hago esto porque tú estando en la posición de la crucifixión me aplacas, y Yo como quiero castigar a las gentes te los estoy atando".
(7) Y dicho esto desapareció.

4

3-5
Noviembre 10, 1899

La obediencia al confesor.

(1) Después de haber pasado algunos días en contienda con Jesús, porque yo quería ser desatada y Él no quería, ahora se hacía ver que dormía, ahora me imponía silencio; finalmente esta mañana, mientras lo he visto, veía al confesor que me ordenaba absolutamente que me hiciera desatar por Jesús, y esto más de una vez, pero Jesús no hacía caso, y yo obligada por la obediencia le he dicho: "Mi amable Jesús, ¿cuándo te has opuesto a la obediencia? No soy yo que quiero ser desatada, es el confesor que quiere que me hagas sufrir la crucifixión, por eso ríndete a esta virtud tan predilecta por Ti, que entreteje toda tu vida, y formó el último eslabón, uniendo todo en uno el sacrificio de la cruz".

(2) Y Jesús: "Tú me quieres hacer violencia tocándome ese eslabón que unió la Divinidad y la humanidad, y formó un solo eslabón, que es la obediencia".

(3) Y mientras esto decía ha tomado el aspecto de Crucificado y, casi forzado por la potestad sacerdotal me participó los dolores de la crucifixión. Sea siempre bendito el Señor y sea todo para gloria suya. Así parece que he quedado desatada.

3-6
Noviembre 11, 1899

La obediencia le impide ajustarse a la justicia.

(1) Encontrándome en mi habitual estado, me he encontrado fuera de mí misma y me parecía que giraba por la tierra. ¡Oh, cómo estaba inundada por todo tipo de iniquidades, da horror pensarlo! Ahora, mientras giraba he llegado a un punto y he encontrado a un sacerdote de vida santa, y en otro punto una virgen de vida pura y santa. Nos hemos unido los tres y empezamos a hablar sobre los tantos castigos que el Señor está enviando y tantos otros que tiene preparados. Yo les he dicho: "Y vosotros, ¿qué hacéis? ¿Os habéis acaso conformado a la divina justicia?" Y ellos:

(2) "Viendo la extrema necesidad de estos tristes tiempos, y que el hombre no se rendiría ni aunque viniera un apóstol, ni si el Señor enviara a otro San Vicente Ferrer, que con milagros y señales portentosas lo pudiese inducir a la conversión, es más, viendo que el hombre ha llegado

a tal obstinación y a una especie de locura, que la misma fuerza de los milagros lo volvería más incrédulo, entonces, obligados por esta apremiante necesidad, por el bien de ellos y para detener este mar purulento que inunda la faz de la tierra, y para gloria de nuestro Dios tan ultrajado, nos hemos conformado a la justicia, sólo estamos rogando y ofreciéndonos víctimas para hacer que estos castigos sirvan para la conversión de los pueblos. Y tú, ¿qué haces? ¿No te has conformado con nosotros?"

(3) Y yo: "Ah no, no puedo, porque la obediencia no quiere, si bien Jesús quiere que me uniforme, pero como la obediencia no quiere, debe prevalecer sobre todo, debo estar siempre en oposición con Jesús bendito, cosa que me aflige mucho".

(4) Y Ellos: "Cuando está la obediencia, seguro que no necesita adherirse".

(5) Después de esto, encontrándome en mí misma, en cuanto he visto al amadísimo Jesús quise saber de qué parte eran aquel sacerdote y aquella virgen, y Él me ha dicho que eran del Perú.

3-7
Noviembre 12, 1899

Luisa evita algunos castigos.

(1) Esta mañana, el amable Jesús ha venido y me ha transportado fuera de mí misma, y veía como si debiera moverse del cielo una cosa y tocar la tierra. He quedado tan espantada que he gritado y le he dicho: "Ah Señor, ¿qué haces? Cuánta ruina habrá si esto sucede. Me dices que me amas mucho y me quieres asustar, ¿lo has visto, no? No lo hagas, no, no, no puedes hacerlo, porque yo no quiero". Y Jesús, compadeciéndome me ha dicho:

(2) "Hija mía, no tengas temor. Además, ¿cuándo quieres tú que Yo haga algo? No debo dejarte ver nada cuando castigo a las gentes, de otra manera me atas por todas partes. Y bien, fortificaré tu corazón con fuerza, y haré surgir de él como un tronco para poder mantener firme lo que tú ves, y después derramaré en ti tantas gracias, de modo de poderme nutrir Yo y mis hijos".

(3) Mientras estaba en esto ha salido de dentro de mi corazón como un tronco, y en la cima como dos ramas en forma de horqueta, que elevándose en el aire tomaba por la mitad lo que estaba por moverse, y así quedaba detenida; sólo en un punto lejano parecía que tocaba la

tierra. Después me he encontrado en mí misma y le he rogado que se aplacara, y parecía que se rendía, tanto que me ha participado los dolores de la cruz, y ha desaparecido.

3-8
Noviembre 13, 1899

Jesús sufre al ver sufrir a las criaturas. Luisa se ofrece para consolarlo.

(1) Esta mañana mi adorable Jesús parecía inquieto, no hacía otra cosa que ir y venir, ahora se entretenía conmigo, ahora casi atraído por su ardiente amor hacia las criaturas iba a ver lo que hacían, y todo se condolía por lo que sufrían, como si Él mismo y no ellas estuviera sufriendo. Muchas veces he visto al confesor, que con su potestad sacerdotal obligaba a Jesús a hacerme sufrir sus penas para poder aplacarlo, y Él, mientras parecía que no quería ser aplacado, después se mostraba contento y agradecía de corazón a quien se ocupaba en sostener su brazo indignado, y ahora me participaba un sufrimiento y ahora otro. ¡Oh, cómo era tierno y conmovedor verlo en este estado! Hacía destrozar el corazón de compasión. Muchas veces me ha dicho:
(2) "Confórmate a mi Justicia, que no puedo más. ¡Ah! el hombre es demasiado ingrato y casi me obliga por todas partes a castigarlo, me arranca él mismo de mis manos los castigos. ¡Si tú supieras cuánto sufro al hacer uso de mi justicia, pero es el hombre mismo el que me hace violencia! ¡Ah! si no hubiera hecho otra cosa que comprar a precio de sangre su libertad, aun así debería ser agradecido Conmigo; pero el hombre, para hacerme mayor agravio va inventando nuevos modos para hacer inútil mi desembolso".
(3) Y mientras esto decía lloraba amargamente, y yo para consolarlo le he dicho: "Dulce Bien mío, no te aflijas, veo que tu aflicción es mayor porque te sientes obligado a castigar a las gentes. ¡Ah no, no sea jamás! Si Tú eres todo para mí, yo quiero ser toda para Ti, así que sobre mí manda los flagelos, aquí está la víctima siempre dispuesta y a tu disposición, puedes hacerme sufrir lo que quieras y así quedará tu justicia en algún modo aplacada, y Tú aliviado de la aflicción que sientes al ver sufrir a las criaturas. Ha sido siempre esta mi intención al no conformarme a la justicia, porque sufriendo el hombre sufrirás más Tú que él mismo".
(4) Mientras esto estaba diciendo ha venido nuestra Mamá Reina, y yo he recordado que habiendo pedido al confesor la obediencia de conformarme

a la justicia, me había dicho que le preguntara a la Virgen Santísima si quería que me uniformara. Se lo he dicho y Ella me ha dicho: "No, no, más bien reza hija mía, y en estos días trata por cuanto más puedas de tenerte a Jesús junto contigo y aplacarlo, porque muchos castigos están preparados".

3-9
Noviembre 17, 1899

La potestad sacerdotal debe concurrir con la víctima.

(1) Continúa mi amable Jesús haciéndose ver afligido. Esta mañana junto con Él ha venido nuestra Reina Mamá, y me parecía que Ella me lo traía a fin de que lo aplacara y le rogara junto con Ella que me hiciera sufrir a mí para librar a las gentes, y me ha dicho que si en estos días pasados no me hubiera interpuesto, y el confesor no hubiese hecho uso de la potestad sacerdotal para concurrir con sus intenciones de hacerme sufrir, muchas catástrofes habrían sucedido. Mientras estaba en esto he visto al confesor, y yo enseguida he rogado por él a Jesús y a la Reina Madre, y Jesús todo benignidad ha dicho:
(2) "A medida que tome en cuenta mis intereses, con el pedirme y también con empeñarse en renovar la intención de hacerte sufrir, con el fin de librar a las gentes, así tomaré cuidado de él y lo libraré. Yo estaría dispuesto a hacer este pacto con él".
(3) Después de esto he hecho por mirar a mi dulce y único Bien, y he visto que en sus manos tenía dos rayos, en uno contenía como preparado un fuerte terremoto y una guerra; en el otro muchas clases de muertes imprevistas y enfermedades contagiosas. Yo le he comenzado a rogar que vertiera sobre mí aquellos rayos, y casi se los quería quitar de sus manos, pero Él para no dejarme llegar a esto, ha comenzado a alejarse de mí, yo buscaba seguirlo y por eso me he encontrado fuera de mí misma; Jesús ha desaparecido y yo he quedado sola.
(4) Ahora, encontrándome sola he girado un poco y he llegado a un lugar donde en esta estación hacen la siega, parecía que ahí había ruidos de guerra y yo quería ir para ayudar a esas pobres gentes, pero los demonios me impedían ir a donde estaban por suceder tales cosas, y me golpeaban para que no pudiese ayudar, ni tampoco impedir sus artificios, y han usado tanta fuerza que me hicieron retroceder.

3-10

Noviembre 19, 1899

Males de la soberbia.

(1) Continúa viniendo mi adorable Jesús, y como mi mente, antes de que viniera estaba pensando en ciertas cosas que me había dicho en años pasados, y que no recuerdo bien, Él, como para recordarme me ha dicho:
(2) "Hija mía, la soberbia roe la gracia. En los corazones de los soberbios no hay otra cosa que un vacío todo lleno de humo, que produce la ceguera. La soberbia no hace más que hacer de sí mismo un ídolo, así que el alma soberbia no tiene a su Dios consigo; con el pecado ha buscado destruirlo en su corazón, y levantando un altar en él, se pone encima y se adora a sí mismo".
(3) ¡Oh! Dios, qué monstruo abominable es este vicio, a mí me parece que si el alma está atenta a no dejarlo entrar en ella, estará libre de todos los otros vicios, pero si por su desventura se deja dominar por él, como es madre monstruosa y mala, le parirá todos sus hijos díscolos, los cuales son los demás pecados. ¡Ah Señor, tenla lejos de mí!

3-11
Noviembre 21, 1899

Jesús quiere deleitarse mirándose en Luisa, y ella es auxiliada por la Santísima Virgen.

(1) Esta mañana mi amadísimo Jesús, apenas ha venido me ha dicho:
(2) "Hija mía, todo tu deleite debe ser el contemplarte en Mí, y si esto lo haces siempre, tomarás en ti todas mis cualidades, mi fisonomía, mis mismos lineamientos, y Yo en correspondencia encontraré todo mi gusto y sumo contento en deleitarme mirándome en ti".
(3) Dicho esto ha desaparecido, y yo estaba rumiando en mi mente esas palabras, cuando de improviso ha regresado, me ha puesto su santa mano en la cabeza y volviendo mi cara hacia Él agregó:
(4) "Hoy quiero deleitarme un poco mirándome en ti".
(5) Un estremecimiento me corrió por todo el cuerpo, un espanto de sentirme morir porque veía que me miraba fijo, fijo, queriéndose deleitar en mis pensamientos, miradas, palabras y en todo lo demás, con el contemplarse en mí. ¡Oh Dios! ¿Soy causa de deleitarte o de amargarte? Iba repitiendo en mi interior. Mientras estaba en esto ha venido nuestra

amada Mamá Reina en mi ayuda, trayendo una vestidura blanquísima entre las manos, y toda amabilidad me dijo:

(6) "Hija, no temas, quiero suplir Yo misma por ti vistiéndote con mi inocencia, para que así mi Hijo al contemplarse en ti pueda encontrar el mayor deleite que se pueda encontrar en una criatura humana".

(7) Entonces me vistió con esa vestidura y me presentó a mi amado Bien Jesús diciéndole:

(8) "Amado Hijo, acéptala por consideración a Mí y deléitate en ella".

(9) Así se me quitó todo temor y Jesús se ha deleitado en mí y yo en Él.

3-12
Noviembre 24, 1899

Luisa quiere recibir las amarguras de Jesús.

(1) Esta mañana mi dulce Jesús ha venido y me ha transportado fuera de mí misma. Ahora, como lo he visto todo lleno de amargura, le pedí y volví a pedirle que la derramara en mí, pero por cuanto le rogué no he logrado obtener que vertiera en mí sus amarguras, y conforme me acercaba a su boca para recibirlas salía un aliento amargo. Mientras hacía esto veía a un sacerdote que moría, pero no supe bien quién era, y como tenía la intención de rezar por un sacerdote enfermo, no reconociéndolo me confundí si era él o algún otro. Entonces he dicho a Jesús: "Señor, ¿qué haces? ¿No ves cuánta escasez de sacerdotes hay en Corato, y quieres quitarnos otros?" Jesús no poniéndome atención y amenazando con la mano decía:

(2) "Los destruiré de más".

3-13
Noviembre 26, 1899

Complacencia de la Santísima Trinidad ante el sufrir de Luisa.

(1) Encontrándome en medio de grandes sufrimientos, mi amable Jesús ha venido y me ha puesto el brazo por detrás del cuello, en acto de sostenerme. Ahora, estando cerca de Él empecé a hacer mis habituales adoraciones a todos sus santos miembros, empezando por su sacratísima cabeza. En el momento que esto hacía me ha dicho:

(2) "Amada mía, tengo sed, quítame la sed con tu amor, que no resisto más".

(3) Y tomando aspecto de niño se puso entre mis brazos y se puso a mamar, parecía que sentía un gusto grandísimo y quedaba todo reconfortado y calmaba su sed. Después de esto, queriendo como jugar conmigo, con una lanza que tenía en la mano me traspasaba el corazón de lado a lado. Yo sentía un dolor acerbísimo, pero ¡oh! cómo estaba contenta de sufrir, especialmente porque eran las mismas manos de mi solo y único Bien las que me daban el sufrir, y lo incitaba a desgarrarme mayormente, tanto era el gusto y la dulzura que yo sentía. Y Jesús bendito, para contentarme más me ha arrancado el corazón, tomándolo entre sus manos, y con esa misma lanza lo abrió por la mitad y encontró una cruz resplandeciente y blanquísima, la ha tomado entre sus manos complaciéndose grandemente y me ha dicho:

(4) "Esta cruz la produjo el amor y la pureza con que sufres, me complazco tanto en el modo con el que tú sufres, que no sólo Yo, sino que llamo al Padre y al Espíritu Santo a complacerse Conmigo".

(5) En un instante miré y vi Tres Personas que circundándome se deleitaban en mirar esta cruz, pero yo, lamentándome con Ellos dije:

(6) "Gran Dios, demasiado poco es mi sufrir, no estoy contenta sólo con la cruz, sino que quiero también las espinas y los clavos, y si yo no lo merezco, porque soy indigna y pecadora, Vosotros, ciertamente podéis darme las disposiciones para merecerlo".

(7) Y Jesús enviándome un rayo de luz intelectual me hizo comprender que quería que hiciera la confesión de mis culpas. Me sentí aterrar ante las Tres Divinas Personas, pero la Humanidad de Nuestro Señor me inspiraba confianza, así que dirigiéndome a Él dije el "yo pecador", y después empecé a hacer la confesión de mis culpas. Ahora, mientras me encontraba toda inmersa en mi miseria, una voz ha salido de en medio de Ellos que decía:

(8) "Te perdonamos, y tú, no peques más".

(9) Yo esperaba recibir la absolución de Nuestro Señor, pero en ese momento desapareció.

(10) Poco después volvió crucificado y me participó los dolores de la cruz.

3-14
Noviembre 27, 1899

La gracia hace feliz al alma.

(1) Esta mañana mi amado Jesús no venía, pero después de mucho esperar, en cuanto lo he visto me lamenté con Él por su tardanza,

diciéndole: "Señor bendito, ¿cómo es que tardas tanto, tal vez te has olvidado que no puedo estar sin Ti? ¿O acaso perdí tu gracia y por eso no vienes?" Y Él interrumpiendo mis lamentos me ha dicho:

(2) "Hija mía, ¿sabes tú qué cosa hace mi gracia? Mi gracia hace feliz el alma de los bienaventurados comprensores, y vuelve feliz el alma de los viadores, con esta sola diferencia, que los comprensores gozándose y deleitándose, y los viadores trabajando y poniéndola en comercio. Así que quien posee la gracia tiene en sí misma el paraíso, porque la gracia no es otra cosa que poseerme a Mí mismo, y siendo Yo sólo el objeto encantador que encanta a todo el paraíso y que formo todos los contentos de los bienaventurados, el alma, poseyendo la gracia, dondequiera que se encuentre posee su paraíso".

3-15
Noviembre 28, 1899

Luisa acepta sufrir en el purgatorio para liberar algunas almas.

(1) Mi amado Jesús ha venido todo afabilidad, me parecía como un íntimo amigo que tiene tantas formalidades para otro amigo para demostrarle su amor, y las primeras palabras que me ha dicho han sido:

(2) "Amada mía, si tú supieras cuánto te amo. Me siento atraído grandemente a amarte, mis mismas demoras en venir me fuerzan y son nuevas causas de hacerme venir y colmarte de nuevas gracias y carismas celestiales. Si tú pudieras comprender cuánto te amo; tu amor comparado con el mío apenas lo percibirías".

(3) Y yo: "Mi dulce Jesús, es verdad lo que dices, pero también yo siento que te amo mucho, y si Tú dices que mi amor comparado con el tuyo apenas se percibe, esto es porque tu poder es sin límites y el mío es limitado, y por tanto, puedo hacer por cuanto de Ti mismo me viene dado; tan es verdad, que cuando tengo voluntad de sufrir más para demostrarte mayormente mi amor, si Tú no me concedes las penas, no está en mi poder el sufrir, y estoy obligada a resignarme aun en esto, y ser ese ser inútil que por mí he sido siempre. En cambio en Ti está en tu poder el mismo sufrir, y en cualquier modo que quieras manifestarme tu amor, lo puedes hacer. Amado mío, dame a mí el poder y te haré ver cuánto sé hacer por amor tuyo, porque en la medida que me das, en esa misma medida te daré".

(4) Él escuchaba con sumo placer mi hablar disparatado, y casi queriéndome poner a prueba me ha transportado fuera de mí misma,

cerca de un lugar profundo, lleno de fuego líquido y tenebroso, daba horror y espanto el sólo verlo. Jesús me ha dicho:

(5) "Aquí está el purgatorio, y muchas almas están concentradas en este fuego. Irás tú a ese lugar a sufrir para liberar a aquellas almas que me agradan, y esto lo harás por amor mío".

(6) Yo inmediatamente, si bien temblando un poco le he dicho: "Todo por amor tuyo, estoy dispuesta, pero debes venir Tú junto conmigo, de otra manera, si me dejas, no te dejas encontrar más, y después me haces llorar mucho".

(7) Y Él: "Si voy junto contigo, ¿cuál sería tu purgatorio? Esas penas con mi presencia, para ti se cambiarían en alegrías y en contentos".

(8) Y yo: "Sola no quiero ir, y además, mientras estemos en ese fuego Tú estarás detrás de mis espaldas, así no te veo y aceptaré este sufrimiento".

(9) Así he ido a ese lugar lleno de densas tinieblas, y Él me seguía por atrás, y yo por temor de que me dejase le he tomado las manos, teniéndolas estrechadas a mis hombros. Habiendo llegado abajo, ¿quién puede decir las penas que sufrían aquellas almas? Ciertamente son inenarrables a personas vestidas de humana carne. Entonces, al ir yo a ese fuego, éste se apagaba y se despejaban las tinieblas, y muchas almas salían, otras quedaban aliviadas. Después de haber estado cerca de un cuarto de hora, hemos salido, y Jesús se lamentaba, y yo rápidamente le he dicho: "Dime mi Bien, ¿por qué te lamentas? Amada vida mía, ¿tal vez he sido yo la causa porque no he querido ir sola a ese lugar de penas? Dime, dime, ¿habéis sufrido mucho al ver a esas almas sufrir? ¿Qué cosa sientes?"

(10) Y Jesús: "Amada mía, me siento todo lleno de amarguras, tanto, que no pudiéndolas contener más, estoy por derramarlas sobre la tierra".

(11) Y yo: "No, no mi dulce amor, las derramarás en mí, ¿no es verdad?" Y acercándome a su boca ha vertido un licor amarguísimo, en tanta abundancia que yo no podía contenerlo, y le pedía a Él mismo que me diera la fuerza para sostenerlo, de otra manera, lo que no había dejado hacer a Nuestro Señor lo habría hecho yo, derramarlo sobre la tierra, y hacer esto me molestaba mucho; sin embargo parece que me dio la fuerza, si bien eran tantos los sufrimientos que me sentía desfallecer, pero Jesús tomándome entre sus brazos me sostenía y me decía:

(12) "Contigo hay que ceder por fuerza, te vuelves tan molesta que me siento casi con la necesidad de contentarte".

3-16
Noviembre 30, 1899

Miembros enfermos y miembros sanos en el cuerpo místico de Jesús.

(1) Continúa viniendo mi adorable Jesús, y esta vez lo veía en el momento cuando estaba atado a la columna; Él, desatándose se arrojaba en mis brazos para ser compadecido por mí. Yo me lo he estrechado y he comenzado a arreglarle los cabellos, todos con coágulos de sangre, a secarle los ojos y el rostro, y al mismo tiempo lo besaba y hacía diversos actos de reparación. Cuando llegué a las manos y le quité la cadena, con suma maravilla vi que la cabeza era de Nuestro Señor, pero los miembros eran de tantas otras personas, especialmente religiosas. ¡Oh! cuántos miembros infectados que daban más tinieblas que luz; en el lado izquierdo estaban los que daban más sufrimiento a Jesús, se veían miembros enfermos, llenos de llagas agusanadas y profundas, otros que apenas quedaban unidos por un nervio a aquel cuerpo, oh, cómo se dolía y vacilaba aquella cabeza divina sobre aquellos miembros. Al lado derecho se veían aquellos que eran más buenos, esto es, miembros sanos, resplandecientes, cubiertos de flores y de rocío celestial, perfumados con fragantes olores, y entre estos miembros se descubría alguno que despedía un perfume apagado.

(2) Esta cabeza divina sobre estos miembros sufría mucho; es verdad que había miembros resplandecientes, que casi se asemejaban a la luz de aquella cabeza, que la recreaban y le daban grandísima gloria, pero eran en número más grande los miembros infectados. Jesús, abriendo su dulcísima boca me dijo:

(3) "Hija mía, ¡cuántos dolores me dan estos miembros! Este cuerpo que tú ves es el cuerpo místico de mi Iglesia, del cual me glorío de ser su cabeza, ¡pero qué cruel desgarro hacen estos miembros en este cuerpo! Parece que se azuzan entre ellos para ver quien puede darme más tormento".

(4) Ha dicho otras cosas que no recuerdo bien sobre este cuerpo, por eso pongo punto.

3-17
Diciembre 2, 1899

Elocuente elogio de la cruz.

(1) Encontrándome muy afligida por ciertas cosas que no es lícito decir aquí, el amable Jesús, queriéndome aliviar en mi aflicción ha venido con un aspecto todo nuevo, me parecía vestido de color celeste, todo adornado de campanitas pequeñas de oro, que golpeándose entre ellas resonaban con un sonido jamás oído. Ante el aspecto de Jesús y el armonioso sonido me he sentido encantar y aliviar en mi aflicción, que como humo se alejaba de mí. Yo habría permanecido allí, en silencio, tanto me sentía encantar las potencias de mi alma, si el bendito Jesús no hubiese roto mi silencio al decirme:

(2) "Amada hija mía, todas estas campanitas son tantas voces que te hablan de mi amor y que te llaman a amarme. Ahora, déjame ver cuántas campanitas tienes tú, que me hablen de tu amor y que me llamen a amarte".

(3) Y yo, toda llena de vergüenza le dije: "¡Ah Señor! ¿Qué dices? Yo no tengo nada, no tengo otra cosa que defectos".

(4) Entonces Jesús compadeciendo mi miseria, continuó diciéndome:

(5) "Tú no tienes nada, es verdad, pues bien, quiero adornarte Yo con mis mismas campanitas, a fin de que puedas tener tantas voces para llamarme y para demostrarme tu amor".

(6) Así parecía que como una faja adornada de estas campanitas me ceñía la cintura. Después de esto, he quedado en silencio y Él ha agregado:

(7) "Hoy quiero entretenerme contigo, dime alguna cosa".

(8) Y yo: "Tú sabes que todo mi contento es estar junto Contigo, y teniéndote a Ti lo tengo todo, por eso poseyéndote a Ti, me parece que no tengo otra cosa que desear, ni que decir".

(9) Y Jesús: "Hazme oír tu voz que recrea mi oído, conversemos un poco juntos, Yo te he hablado tantas veces de la cruz, hoy déjame oírte hablar a ti de la cruz".

(10) Yo me sentía toda confundida, no sabía que decir, pero Él me ha mandado un rayo de luz intelectual, y para contentarlo he comenzado a decir: "Amado mío, ¿quién te puede decir qué cosa es la cruz?, sólo tu boca puede hablar dignamente de la sublimidad de la cruz, pero ya que quieres que hable yo, está bien, lo hago: La cruz sufrida por Ti me liberó de la esclavitud del demonio y me desposó con la Divinidad con nudo indisoluble; la cruz es fecunda y me pare la gracia; la cruz es luz y me desengaña de lo temporal, y me descubre lo eterno; la cruz es fuego, y todo lo que no es de Dios lo vuelve cenizas, hasta vaciarme el corazón del más mínimo hilo de hierba que pueda estar en él; la cruz es moneda de inestimable precio, y si yo tengo, Esposo Santo, la fortuna de poseerla,

me enriqueceré de monedas eternas, hasta volverme la más rica del paraíso, porque la moneda que corre en el Cielo es la cruz sufrida en la tierra; la cruz me hace conocerme más a mí misma, y no sólo eso, sino me da el conocimiento de Dios; la cruz me injerta todas las virtudes; la cruz es la noble cátedra de la Sabiduría increada, que me enseña las doctrinas más altas, sutiles y sublimes; así que sólo la cruz me develará los misterios más escondidos, las cosas más recónditas, la perfección más perfecta escondida a los más doctos y sabios del mundo. La cruz es como agua benéfica que me purifica, no sólo eso, sino que me suministra el nutrimento a las virtudes, me las hace crecer y sólo me deja cuando me conduce a la vida eterna. La cruz es como rocío celeste que me conserva y me embellece el bello lirio de la pureza; la cruz es el alimento de la esperanza; la cruz es la antorcha de la fe obrante; la cruz es aquel leño sólido que conserva y mantiene siempre encendido el fuego de la caridad; la cruz es aquel leño seco que hace desvanecer y poner en fuga todos los humos de soberbia y de vanagloria, y produce en el alma la humilde violeta de la humildad; la cruz es el arma más potente que hiere a los demonios y me defiende de sus garras. Así que el alma que posee la cruz, es de envidia y admiración a los mismos ángeles y santos; de rabia y desdén a los demonios. La cruz es mi paraíso en la tierra, de modo que si el paraíso de allá, de los bienaventurados, son los gozos; el paraíso de acá son los sufrimientos. La cruz es la cadena de oro purísimo que me une Contigo, mi sumo Bien, y forma la unión más íntima que se pueda dar, hasta hacer desaparecer mi ser y me transforma en Ti, mi objeto amado, tanto de sentirme perdida en Ti y vivo de tu misma vida".

(11) Después que dije esto, (no sé si son desatinos) mi amable Jesús al oírme, todo se complacía y llevado por un entusiasmo de amor, toda me besaba y me ha dicho:

(12) "Bravo, bravo a mi amada hija, has dicho bien. Mi amor es fuego, pero no como el fuego terreno que dondequiera que penetra todo lo vuelve estéril y reduce todo a cenizas. Mi fuego es fecundo y sólo esteriliza lo que no es virtud, pero a todo lo demás da vida y hace germinar las bellas flores, hace producir los más exquisitos frutos y convierte al alma en el más delicioso jardín celestial.

(13) La cruz es tan potente y le he comunicado tanta gracia, que la volví más eficaz que los mismos sacramentos, y esto porque al recibir el sacramento de mi cuerpo, se necesitan las disposiciones y el libre concurso del alma para recibir mis gracias, que muchas veces pueden faltar, pero la cruz tiene virtud de disponer al alma a la gracia".

Diciembre 21, 1899

Luisa habla de la virginidad y de la pureza.

(1) Después de un largo silencio, esta mañana mi amable Jesús, interrumpiéndolo, me ha dicho:

(2) "Yo soy el receptáculo de las almas puras".

(3) Y en estas sus palabras tuve una luz intelectual que me hacía comprender muchas cosas sobre la pureza, pero poco o nada sé poner en palabras de lo que oigo en el intelecto. Pero la honorabilísima señora obediencia quiere que escriba alguna cosa, aun desatinando, y para contentarla diré mis desatinos sobre la pureza.

(4) Me parecía que la pureza fuese la gema más noble que el alma pueda poseer. El alma que posee la pureza está investida de cándida luz, de modo que Dios bendito, mirándola encuentra su misma Imagen, se siente atraído a amarla, tanto que llega a enamorarse de ella, y es tomado por tanto amor que le da por ciudad su purísimo corazón, porque sólo lo que es puro y limpísimo entra en Dios, nada entra manchado en aquel seno purísimo. El alma que posee la pureza conserva en sí su primer esplendor que Dios le dio al crearla, nada hay en ella desfigurado, desnoblecido, sino que como reina que aspira a las nupcias del Rey celestial, conserva su nobleza hasta que esta noble flor es transplantada en los jardines celestiales. ¡Oh, cómo esta flor virginal está perfumada con aroma especial! Se eleva siempre sobre todas las demás flores, y aun sobre los mismos ángeles. ¡Cómo resalta con variadas bellezas! Así que todos son tomados por estima y amor, y libremente todos le dan el paso hasta hacerla llegar al Esposo Divino, de modo que el primer puesto en torno a Nuestro Señor es de estas nobles flores. Entonces Nuestro Señor se deleita grandemente en pasear en medio a estos lirios que perfuman la tierra y el Cielo, y mucho más se complace en estar circundado por estos lirios, porque siendo Él el primer noble lirio y el modelo, es el ejemplar de todos los demás. ¡Oh, cómo es bello ver un alma virgen! Su corazón no emite otro aliento que de pureza y de candor, ni siquiera tiene la sombra de otro amor que no sea Dios, también su cuerpo exhala olor de pureza; todo es puro en ella: Pura en los pasos, pura en el obrar, en el hablar, en el mirar, también en el moverse, así que al solo verla se siente la fragancia y se descubre un alma virgen de verdad. ¡Qué carismas, qué gracias, qué recíproco amor, qué estratagemas amorosas entre esta alma y el Esposo Jesús! Sólo quien las siente puede decir alguna cosa, porque

ni siquiera se puede narrar todo, y yo no me siento en deber de hablar sobre esto, por eso hago silencio y paso adelante.

3-19
Diciembre 22, 1899

Cómo Dios nos atrae a amarlo en tres modos, y cómo en tres modos se manifiesta al alma.

(1) Esta mañana mi adorable Jesús no venía. Después de mucho esperar y seguir esperando, apenas, casi como un rayo que huye se dejó ver varias veces, pero me parecía ver más bien una luz que a Jesús, y en esta luz una voz que decía la primera vez que vino:

(2) "Yo te atraigo a amarme en tres modos: A fuerza de beneficios, a fuerza de atracciones y a fuerza de persuasiones".

(3) ¿Quién puede decir cuántas cosas comprendía en estas tres palabras? Me parecía que Jesús bendito, para atraerse mi amor y también el de las otras criaturas, hace llover beneficios en favor nuestro, y viendo que esta lluvia de beneficios no llega al punto de ganarse nuestro amor, llega a hacerse atrayente. ¿Y cuál es esta atracción? Son sus penas sufridas por amor nuestro, hasta morir chorreando sangre sobre una cruz, donde se volvió tan atrayente que enamoró de Sí a sus mismos verdugos y a sus más fieros enemigos. Además, para atraernos mayormente y volver más fuerte y estable nuestro amor, nos ha dejado la luz de sus santísimos ejemplos, unidos a su celestial doctrina, y que como luz nos despejan las tinieblas de esta vida y nos conducen a la eterna salvación.

(4) La segunda vez que ha venido me ha dicho:

(5) "Yo me manifiesto al alma en tres diversos modos: Con la potencia, con la noticia y con el amor. La potencia es el Padre, la noticia es el Verbo, el amor es el Espíritu Santo".

(6) ¡Oh, cuántas otras cosas comprendía! Pero demasiado escaso es lo que sé manifestar. Me parecía que con la potencia se manifiesta Dios al alma en todo lo creado, desde el primero al último ser es manifestada la omnipotencia de Dios. El cielo, las estrellas y todos los demás seres nos hablan, si bien en mudo lenguaje, de un Ente Supremo, de un Ser Increado, de su omnipotencia, porque el hombre más instruido, con toda su ciencia no puede llegar a crear el más vil mosquito, y esto nos dice que debe haber un Ser Increado potentísimo que ha creado todo y da vida y subsistencia a todos los seres. ¡Oh, cómo todo el universo a claras notas

y con caracteres imborrables nos habla de Dios y de su omnipotencia! Así que quien no lo ve es ciego voluntario.

(7) Con la noticia, me parecía que Jesús bendito al descender del Cielo viniera en persona a la tierra a darnos noticia de lo que para nosotros es invisible, ¿y en cuántos modos no se manifestó Él? Creo que cada uno, por sí mismo, comprenderá todo el resto, por eso no me alargo más.

3-20
Diciembre 25, 1899

Jesús quiere de Luisa continua actitud de sacrificio.

(1) Después de haber pasado algunos días casi de privación total de mi sumo y único Bien, acompañados por una dureza de corazón, sin poder ni siquiera llorar mi gran pérdida, si bien ofrecía a Dios también aquella dureza diciéndole: "Señor, acéptala como sacrificio, sólo Tú puedes ablandar este corazón tan duro". Finalmente, después de un largo penar, ha venido mi amada Mamá Reina trayendo en su regazo al celestial Niño envuelto en un pañal, todo tembloroso; me lo ha dado entre mis brazos diciéndome:

(2) "Hija mía, caliéntalo con tus afectos, porque mi Hijo nació en extrema pobreza, en total abandono de los hombres y en suma mortificación".

(3) ¡Oh, cómo era agradable con su celestial belleza! Lo he tomado entre mis brazos y me lo he estrechado para calentarlo, porque estaba casi entumecido por el frío, no teniendo otra cosa que lo cubriera que un sólo pañal. Después de haberlo calentado por cuanto he podido, mi tierno Niñito, entreabriendo sus purpúreos labios me ha dicho:

(4) "¿Me prometes tú ser siempre víctima por amor mío, como Yo lo soy por amor tuyo?"

(5) Y yo: "Sí tesorito mío, te lo prometo".

(6) Y Él: "No estoy contento sólo con las palabras, quiero un juramento y también una firma con tu sangre".

(7) Y yo: "Si quiere la obediencia lo haré".

(8) Él parecía todo contento, y ha agregado:

(9) "Mi corazón desde que nací lo tuve siempre ofrecido en sacrificio para glorificar al Padre, para la conversión de los pecadores y por las personas que me rodeaban y que más me fueron fieles compañeros en mis penas. Así quiero que tu corazón esté en continua actitud, ofrecido en espíritu de sacrificio por estos tres fines".

(10) Mientras esto decía, la Reina Mamá quería al Niño para alimentarlo con su leche dulcísima. Se lo he devuelto y Ella sacó su pecho para ponerlo en la boca del Divino Niño, y yo astuta, queriendo hacer una broma, he puesto mi boca para chupar, he sacado pocas gotas, y en el momento de hacer esto han desaparecido, dejándome contenta y descontenta.

(11) Sea todo para gloria de Dios y para confusión de esta miserable pecadora.

3-21
Diciembre 27, 1899

La caridad debe ser como un manto que debe cubrir las acciones.

(1) Jesús continúa haciéndose ver como sombra y como rayo. Mientras me encontraba en un mar de amargura por su ausencia, en un instante se ha hecho ver diciéndome:

(2) "La caridad debe ser como un manto que debe cubrir todas tus acciones, de modo que todo debe relucir de perfecta caridad. ¿Qué significa ese disgustarte cuando no sufres? Que tu caridad no es perfecta, porque el sufrir por amor mío y el no sufrir por mi amor, sin tu voluntad, todo es lo mismo".

(3) Y ha desaparecido dejándome más amargada que antes, queriendo tocar una nota muy delicada para mí, y que Él mismo me ha infundido. Entonces después de haber derramado amargas lágrimas en mi estado miserable, y por la ausencia de mi adorable Jesús, ha regresado y me ha dicho:

(4) "Con las almas justas me porto con justicia, más bien las recompenso duplicadamente por su justicia, favoreciéndolas con las gracias más grandes y con hablarles con palabras justas y de santidad".

(5) Sin embargo yo me encontraba tan confundida y mala, que no me atrevía a decir una sola palabra, es más, continuaba vertiendo lágrimas sobre mi miseria. Y Jesús queriéndome infundir confianza ha puesto su mano bajo mi cabeza para levantarla, porque no la sostenía, y ha agregado:

(6) "No temas, Yo soy el escudo de los atribulados".

(7) Y ha desaparecido.

3-22
Diciembre 30, 1899

Efectos de la humillación y la mortificación.

(1) Esta mañana en cuanto he visto a mi adorable Jesús, y como la obediencia me había dicho que rezara por una persona, por eso en cuanto Jesús ha venido, se la he encomendado, y Él me ha dicho:

(2) "La humillación no sólo se debe aceptar, sino también amarla, tanto como para masticarla como un alimento, y como cuando un alimento es amargo, por cuanto más se mastica tanto más se siente la amargura, así la humillación bien masticada hace nacer la mortificación, y estos son dos potentísimos medios, esto es, la humillación y la mortificación, para salvar ciertos obstáculos y obtener las gracias que se necesitan. Y mientras parecen dañinos a la naturaleza humana, como el alimento amargo parece que quiera causar más mal que bien, así la humillación y la mortificación, pero no. Cuando el fierro es más golpeado sobre el yunque, tanto más arroja chispas de fuego y queda puro, así el alma, cuanto más es humillada y golpeada bajo el yunque de la mortificación, tanto más arroja chispas de fuego celestial, y queda purgada si verdaderamente quiere caminar la vía del bien; pero si es falsa sucede todo lo contrario".

3-23
Enero 1, 1900

Efecto del conocimiento de sí mismo.

(1) Encontrándome muy afligida por la privación de mi sumo y único Bien, después de mucho esperar y esperar, finalmente lo he visto salir llorando de dentro de mi corazón, haciéndome señal con los ojos que le dolía la herida hecha en la circuncisión, y por eso lloraba, y que esperaba de mí que le secara la sangre que corría de la herida y endulzara el dolor del corte. Yo era toda compasión y confusión al mismo tiempo, tanto que no me atrevía a hacerlo, pero atraída por el amor, no sé como me he encontrado un trapo en la mano y he tratado por cuanto he podido de limpiar la sangre al niño Jesús. Mientras esto hacía, me sentía toda llena de pecado, y pensaba que yo era la causa de ese dolor de Jesús. ¡Oh, cómo me daba pena, me sentía absorbida en aquella amargura, y el bendito niño compadeciendo mi miserable estado me ha dicho:

(2) "Por cuanto más el alma se humilla y se conoce a sí misma, tanto más se acerca a la verdad, y encontrándose en la verdad busca dirigirse al camino de las virtudes, del cual se ve muy lejana, y si ve que se encuentra en este camino, pronto descubre lo mucho que le queda por

hacer, porque las virtudes no tienen término, son infinitas como soy Yo. Entonces, el alma encontrándose en la verdad, busca siempre perfeccionarse, pero jamás llegará a verse perfecta, y esto le sirve y hará que el alma esté continuamente trabajando, esforzándose para mayormente perfeccionarse, sin perder el tiempo en ociosidades; y Yo, complaciéndome de este trabajo, poco a poco la voy retocando para pintar en ella mi semejanza. He aquí el por qué quise ser circuncidado, para dar un ejemplo de grandísima humildad, que hizo desconcertar a los mismos ángeles del Cielo".

3-24
Enero 3, 1900

La paz.

(1) Continúo viéndome toda llena de miserias, y no sólo eso, sino también inquieta. Me parece que todo mi interior se ha puesto en armas por la pérdida de Jesús. Estaba pensando entre mí, que mis grandes pecados me habían merecido el que mi adorable Jesús me hubiese dejado, y por eso no lo vería más. ¡Oh, qué muerte cruel es este pensamiento para mí! Es más, pensamiento más despiadado que cualquier muerte. ¡No ver más a Jesús! ¡No oír más la suavidad de su voz! ¡Perder a Aquel del cual depende mi vida y del cual me viene todo bien! ¿Cómo poder vivir sin Él? ¡Ah, si pierdo a Jesús para mí todo ha terminado! Con estos pensamientos sentía una agonía de muerte, todo mi interior trastornado porque quería a Jesús, y Él, en un destello de luz se ha manifestado a mi alma diciéndome:
(2) "Paz, paz, no quieras turbarte. Así como una flor olorosísima perfuma el lugar donde se pone, así la paz llena de Dios al alma que la posee".
(3) Y como relámpago se ha ido. Ah Señor, cuán bueno eres con esta pecadora, y en confianza te digo también: Cómo eres impertinente, pues nada menos debo perderte a Ti, y ni siquiera quieres que me turbe o me inquiete, y si lo hago, me haces entender que yo misma me alejo de Ti, porque con la paz me lleno de Dios y con turbarme me lleno de tentaciones diabólicas. ¡Oh mi dulce Jesús, cuánta paciencia se necesita Contigo, porque cualquier cosa que me suceda, ni siquiera puedo inquietarme, ni turbarme, sino que quieres que me esté en perfecta calma y paz.

3-25

Enero 5, 1900

Efectos del pecado y de la confesión.

(1) Encontrándome en mi habitual estado, me he sentido salir fuera de mí misma y he encontrado a mi adorable Jesús, pero ¡oh, cómo me veía llena de pecados ante su presencia! En mi interior sentía un fuerte deseo de confesarme con Nuestro Señor, por eso dirigiéndome a Él he comenzado a decir mis culpas, y Jesús me escuchaba. Cuando terminé de hablar, dirigiéndose a mí con un rostro lleno de tristeza me dijo:

(2) "Hija mía, el pecado, si es grave, es un abrazo venenoso y mortífero al alma, y no sólo a ella, sino también a todas las virtudes que se encuentran en el alma; si es venial, es un abrazo que hiere, que vuelve al alma muy débil y enferma, y junto con ella se enferman las virtudes que había adquirido. ¡Qué arma mortal es el pecado! ¡Sólo el pecado puede herir y dar muerte al alma! Ninguna otra cosa puede dañarla, ninguna otra cosa la vuelve ignominiosa, odiosa ante Mí, sino sólo el pecado".

(3) Mientras decía esto, yo comprendía la fealdad del pecado y sentía tal pena, que ni siquiera sé explicarla. Y Jesús viéndome toda compenetrada, alzó su bendita mano derecha y pronunció las palabras de la absolución. Después agregó:

(4) "Así como el pecado hiere y da muerte al alma, así el sacramento de la confesión da la vida y la cura de las heridas, y restituye el vigor a las virtudes, y esto más o menos, según las disposiciones del alma, así obra la virtud del sacramento".

(5) Me pareció que mi alma recibía nueva vida, después de que Jesús me dio la absolución no sentía más aquel fastidio de antes. Sea siempre glorificado el Señor y siempre le sean dadas las gracias.

3-26
Enero 6, 1900

La confianza: Escalera para subir a la Divinidad.

(1) Esta mañana he recibido la comunión y me he encontrado con Jesús, estaba también la Mamá Reina, y ¡oh! maravilla, veía a la Madre y veía el corazón de Ella transformado en Jesús Niño, miraba al Hijo y veía en el corazón del Niño a la Madre. Mientras estaba en esto recordé que hoy es la Epifanía, y yo, a ejemplo de los santos magos debía ofrecer alguna cosa al Niño Jesús, pero veía que no tenía nada que darle. Entonces,

viendo mi miseria, me ha venido el pensamiento de ofrecerle por mirra mi cuerpo con todos los sufrimientos de los doce años que he estado en cama dispuesta a sufrir y a estar todo el tiempo que Él quisiera[2]; por oro la pena que siento cuando me priva de su presencia, que es la cosa más penosa y dolorosa para mí; por incienso mis pobres oraciones unidas a las de la Reina Mamá, a fin de que fueran más aceptables al Niño Jesús. Entonces hice el ofrecimiento con toda la confianza de que el Niño aceptaría todo. Parecía que Jesús con mucho gusto aceptaba mis pobres ofrecimientos, pero lo que más le gustaba era la confianza con la que se los había ofrecido. Entonces me ha dicho:

(2) "La confianza tiene dos brazos, con uno se abraza a mi Humanidad y se sirve de Ella como escalera para subir a mi Divinidad, con el otro se abraza a la Divinidad y a torrentes toma las gracias celestiales, así que el alma queda toda inundada por el Ser Divino. Cuando el alma confía, está segura de obtener lo que pide, Yo me hago atar los brazos, la hago hacer lo que quiere, la hago penetrar hasta dentro de mi corazón y por sí misma le hago tomar lo que me ha pedido. Si no hiciera esto me sentiría en un estado de violencia".

(3) Mientras esto decía, del pecho del Niño y del de la Madre salían tantos ríos de licor (pero no sé decir propiamente cómo se llamaba eso que digo licor), que me inundaban el alma. Y la Reina Madre ha desaparecido.

(4) Después de esto, junto con el Niño hemos salido fuera, en la bóveda de los cielos, su gracioso rostro lo veía triste y he dicho entre mí: "Tal vez quiere leche y por eso está triste". Entonces le he dicho: "¿Quieres mamar de mí, porque la Reina Mamá no está?" Pero antes de hacer esto he sentido temor de que fuera demonio, entonces para asegurarme lo he persignado varias veces con la cruz y le he dicho: "¿Eres Tú realmente Jesús Nazareno, la Segunda Persona de la Santísima Trinidad, el Hijo de María Virgen Madre de Dios?" El Niño aseguraba que sí. Entonces asegurada, lo he puesto a mamar de mí. El Niño parecía que se reanimaba tomando un aspecto alegre, y yo veía que chupaba parte de aquellos ríos de los que Él mismo me había inundado. Y mientras esto hacía me sentía jalar el corazón, porque parecía que de él venía aquella leche que Jesús chupaba de mí. ¿Quién puede decir lo que pasaba entre el Niño Jesús y yo? No tengo lengua para poderlo manifestar, no tengo palabras para poderlo describir.

3-27
Enero 8, 1900

Aun los errores serán útiles.

(1) Estaba pensando entre mí: "Quién sabe cuántos desatinos, cuántos errores contienen estas cosas que escribo". Entre tanto he sentido que perdía los sentidos, y ha venido el bendito Jesús y me ha dicho:

(2) "Hija mía, aun los errores servirán, y esto para hacer conocer que no hay ningún artificio por parte tuya, ni que tú seas algún doctor, porque si esto fuera, tú misma habrías advertido donde te equivocabas, y esto también hará resplandecer de más que soy Yo quien te hablo, si ven las cosas con sencillez; sin embargo te aseguro que no encontrarán ni la sombra del vicio, ni cosa que no hable de virtud, porque mientras tú escribes, Yo mismo te estoy guiando la mano; a lo más podrán encontrar algún error a primera vista, pero si lo observan bien, ahí encontrarán la verdad".

(3) Dicho esto ha desaparecido, pero después de algunas horas ha regresado y yo me sentía toda titubeante y pensativa acerca de las palabras que me había dicho, y Él ha agregado:

(4) "Mi patrimonio es la firmeza y la estabilidad, no estoy sujeto a ningún cambio, y el alma, por cuanto más se acerca a Mí y se adentra en el camino de las virtudes, tanto más se siente firme y estable en el obrar el bien, y por cuanto más lejana está de Mí, tanto más estará sujeta a cambiarse y a inclinarse ahora al bien y ahora al mal".

3-28
Enero 12, 1900

Diferencia entre el conocimiento de sí mismo y la humildad.

(1) Encontrándome en mi habitual estado, mi amable Jesús ha venido en un estado que daba compasión. Tenía las manos atadas fuertemente y el rostro cubierto de salivazos, y algunas personas lo abofeteaban horriblemente, y Él permanecía quieto, plácido, sin hacer ni un movimiento ni emitir un lamento, ni siquiera un movimiento de pestañas, para demostrar que Él quería sufrir estos ultrajes, y esto no sólo externamente, sino también internamente. ¡Qué espectáculo tan conmovedor, de hacer despedazar los corazones más duros! ¡Cuántas cosas decía aquel rostro con los salivazos en él, ensuciado de fango! Yo me sentía horrorizar, temblaba, me veía toda soberbia delante de Jesús. Mientras estaba en este aspecto, Él me ha dicho:

(2) "Hija mía, sólo los pequeños se dejan manejar como se quiere, no aquellos que son pequeños de razón humana, sino aquellos que son pequeños pero llenos de razón divina. Sólo Yo puedo decir que soy humilde, porque en el hombre lo que se dice humildad, más bien se debe decir conocimiento de sí mismo, y quien no se conoce a sí mismo camina ya en la falsedad".

(3) Durante algunos minutos Jesús hizo silencio y yo lo contemplaba. Mientras esto hacía he visto una mano que traía una luz, que hurgando en mi interior, en los más íntimos escondites, quería ver si había en mí el conocimiento de mí misma y el amor a las humillaciones, a las confusiones y a los oprobios; aquella luz encontraba un vacío en mi interior, y yo también veía que debía ser llenado con humillaciones y confusiones a ejemplo del bendito Jesús. ¡Oh, cuántas cosas me hacía comprender aquella luz y aquel rostro santo que estaba frente a mí! Decía entre mí: "Un Dios, humillado por amor mío, confundido, y yo, pecadora, sin estas divisas. Un Dios estable, firme en soportar tantas injurias, tanto que no se mueve ni un poquito para liberarse de esos escupitajos fétidos, – ¡ah! me parece ver su interior ante la Divinidad, y el exterior ante los hombres – sin embargo, si quiere lo puede hacer, porque no son las cadenas las que lo atan, sino su estable Voluntad, que a cualquier costo quiere salvar al género humano. ¿Y yo? ¿Y yo? ¿Dónde están mis humillaciones, dónde la firmeza, la constancia en el hacer el bien por amor de mi Jesús y por amor de mi prójimo? ¡Ay, qué diferentes víctimas somos yo y Jesús, porque de hecho no nos parecemos en nada!" Mientras mi pequeño cerebro se perdía en esto, mi adorable Jesús me ha dicho:

(4) "Mi Humanidad estuvo llena solamente de oprobios y humillaciones, tanto, de derramarse fuera, he aquí por qué ante mis virtudes tiembla el Cielo y la tierra, y las almas que me aman se sirven de mi Humanidad como escalera para subir a probar algunas gotitas de mis virtudes. Dime, ante mi humildad, ¿dónde está la tuya? Sólo Yo puedo gloriarme de poseer la verdadera humildad, mi Divinidad unida a mi Humanidad podía obrar prodigios en cada paso, palabra y obra, en cambio voluntariamente me restringía en el cerco de mi Humanidad y me mostraba como el más pobre, y llegaba a confundirme con los mismos pecadores.

(5) La obra de la Redención en poquísimo tiempo podía hacerla, aun con una sola palabra, pero quise durante el curso de tantos años, con tantos trabajos y sufrimientos, hacer mías las miserias del hombre, quise ejercitarme en tantas diversas acciones para hacer que el hombre fuese todo renovado, divinizado, aun en las mínimas obras, porque realizadas

por Mí, que era Dios y Hombre, recibían nuevo esplendor y quedaban con la marca de obras divinas. Mi Divinidad escondida en mi Humanidad, con descender a tanta bajeza, sujetarse al curso de las acciones humanas mientras que con un solo acto de Voluntad habría podido crear infinitos mundos,con sentir las miserias, las debilidades de otros como si fuesen suyas, con verse cubierta de todos los pecados de los hombres ante la divina justicia, y que debía pagar con el precio de penas inauditas y con el desembolso de toda su sangre, ejercitaba continuos actos de profunda y heroica humildad.

(6) He aquí oh hija mía, la diferencia grandísima de mi humildad con la humildad de las criaturas, que ante la mía, apenas es una sombra; aun la de todos mis santos, porque la criatura es siempre criatura y no conoce cuánto pesa la culpa como la conozco Yo, aunque sean almas heroicas que a mi ejemplo se han ofrecido a sufrir las penas de otros, pero éstas no son diferentes de aquellas, de las otras criaturas, no son cosas nuevas para ellas, porque están formadas del mismo barro. Además, el sólo pensar que esas penas son causa de nuevas adquisiciones y que glorifican a Dios, es un gran honor para ellas. Además de esto, la criatura está restringida en el cerco donde Dios la ha puesto, y no puede salir de esos límites con los que Dios la rodeó. ¡Oh! si estuviese en su poder el hacer y el deshacer, cuántas otras cosas harían, cada uno llegaría a las estrellas. Pero mi Humanidad divinizada no tenía límites, sino que voluntariamente se restringía en Sí misma, y esto era un entretejer todas mis obras de heroica humildad. Había sido esta la causa de todos los males que inundan la tierra, esto es, la falta de humildad, y Yo con el ejercicio de esta virtud debía atraer de la divina justicia todos los bienes. ¡Ah, sí, que no parten de mi trono rescritos de gracias sino por medio de la humildad! Ningún billete puede ser recibido por Mí, si no contiene la firma de la humildad, ninguna oración escuchan mis oídos y mueve a compasión mi corazón, si no está perfumada con el aroma de la humildad. Si la criatura no llega a destruir el germen de honor, de estima, y esto se destruye con llegar a amar el ser despreciada, humillada, confundida, sentirá un entrelazamiento de espinas alrededor de su corazón, advertirá un vacío en su corazón que le dará siempre fastidio y la volverá muy desemejante de mi Santísima Humanidad, y si no llega a amar las humillaciones, a lo más podrá conocerse un poco a sí misma, pero no resplandecerá ante Mí vestida por la bella y agradable vestidura de la humildad".

(7) ¿Quién puede decir cuántas cosas comprendía sobre esta virtud y la diferencia entre el conocerse a sí mismo y la humildad? Me parecía tocar

con la mano la diferencia de estas dos virtudes, pero no tengo palabras para explicarme. Para decir alguna cosa me sirvo de una idea, por ejemplo: Un pobre dice que es pobre, y aun a personas que no lo conocen y que tal vez pueden creer que posee alguna cosa, él les manifiesta con franqueza su pobreza, se puede decir que se conoce a sí mismo y dice la verdad, y por esto es más amado, mueve a los demás a compasión de su miserable estado y todos lo ayudan, esto es el conocerse a sí mismo. Si después, aquel pobre avergonzándose de manifestar su pobreza se jactara de que él es rico, mientras que todos saben que no tiene ni siquiera vestidos para cubrirse y que se muere de hambre, ¿qué sucedería? Todos lo desprecian, nadie lo ayuda y llega a ser sujeto de burla y de ridiculez a cualquiera que lo conoce, y el miserable, yendo de mal en peor, termina con perecer. Tal es la soberbia ante Dios y aun ante los hombres, y he aquí que quien no se conoce a sí mismo, ya está fuera de la verdad y se precipita por el camino de la falsedad.

(8) Ahora, la diferencia con la humildad, si bien me parece que son dos hermanas nacidas en un mismo parto y que jamás se puede ser humilde si no se conoce a sí mismo, es por ejemplo un rico, que despojándose por amor a las humillaciones de sus nobles vestiduras, se cubre con miserables harapos, vive desconocido, a nadie manifiesta quien es él, se confunde con los más pobres, vive con los pobres como si fuera igual que ellos, hace de los desprecios y confusiones sus delicias, y esta es la bella hermana del conocimiento de sí mismo, esto es la humildad. ¡Ah! sí, la humildad llama a la gracia; la humildad rompe las cadenas más fuertes, como son el pecado; la humildad supera cualquier muro de división entre el alma y Dios, y a Él la regresa. La humildad es la pequeña planta, pero siempre verde y florida, no sujeta a ser roída por los gusanos, ni los vientos, ni las granizadas, ni el calor podrán hacerle daño ni marchitarla mínimamente. La humildad, si bien es la más pequeña planta, siempre saca ramas altísimas que penetran hasta en el cielo y se entrelazan entorno al corazón de Nuestro Señor, y sólo las ramas que salen de esta pequeña planta tienen libre la entrada en ese corazón adorable. La humildad es el ancla de la paz en las tempestades de las olas del mar de esta vida. La humildad es sal que condimenta todas las virtudes, y preserva al alma de la corrupción del pecado. La humildad es la hierba que brota en el camino pisado por los caminantes, que mientras es pisoteada desaparece, pero enseguida se ve surgir de nuevo más bella que antes. La humildad es como injerto noble que ennoblece a la planta silvestre. La humildad es el ocaso de la culpa. La humildad es la recién nacida de la gracia. La humildad es como luna que nos guía en las

tinieblas de la noche de esta vida. La humildad es como aquel avaro negociante que sabe negociar bien sus riquezas,y no despilfarra ni siquiera un centavo de la gracia que le viene dada. La humildad es la llave de la puerta del Cielo, así que ninguno puede entrar en él si no tiene bien custodiada esta llave. Finalmente, de otra manera no terminaría nunca y me alargaría demasiado, la humildad es la sonrisa de Dios y de todo el Empíreo, y el llanto de todo el infierno.

3-29
Enero 17, 1900

La maldad y astucia del hombre.

(1) Esta mañana mi adorable Jesús iba y venía, pero siempre en silencio. Después me he sentido salir fuera de mí misma, y oía a Jesús que desde atrás me decía:

(2) "El hombre dice – porque no hay ya rectitud – : "Hasta en tanto que las cosas estén de este modo no podremos tener ningún éxito en nuestros planes, finjamos virtud, finjámonos rectos, mostrémonos verdaderos amigos externamente, porque así será más fácil tejer nuestras redes y atraerlos al engaño, y cuando salgamos para atraparlos y hacerles mal, cada uno, creyéndonos amigos, los tendremos en nuestras manos". Ve un poco hasta donde llega la astucia del hombre".

(3) Después de esto el bendito Jesús queriendo un acto de reparación especial, parecía que me truncaba la vida ofreciéndome a la divina justicia. En el momento que esto hacía, yo creía que Jesús me hacía terminar esta vida, entonces le he dicho: "Señor, no quiero ir al Cielo sin tus insignias, primero crucifícame y después llévame".

(4) Así me ha traspasado las manos y los pies con los clavos, y mientras esto hacía, con suma amargura mía, Él desapareció y yo me encontré en mí misma, y dije entre mí: "Aquí estoy aún. ¡Ah!, cuántas veces me la haces mi amado Jesús, tienes un arte especial para saberlo hacer, porque me haces creer que debo morir, y entonces yo me río del mundo, de las penas, me río de Ti mismo porque ha terminado el tiempo de estar separados, no habrá más intervalos de separación. Pero apenas comienzo a reír cuando me encuentro otra vez atada por las cadenas de la cárcel de este frágil cuerpo,y olvidando el haber comenzado a reír, continúo el llanto, los gemidos, los suspiros de mi separación de Ti. ¡Ah Señor, hazlo pronto, porque me siento violentada a irme!"

3-30
Enero 22, 1900

Correspondencia a la gracia.

(1) Después de haber pasado días amarguísimos de privación, mi pobre corazón luchaba entre el temor de haberlo perdido y la esperanza de tal vez poderlo ver de nuevo. ¡Oh! Dios, qué guerra sangrienta ha debido sostener este mi pobre corazón; era tanta la pena que ahora se congelaba y ahora era exprimido como bajo una prensa y goteaba sangre. Mientras me encontraba en este estado me he sentido cerca de mi dulce Jesús, que quitándome un velo que me impedía verlo, finalmente pude hacerlo. Enseguida le he dicho: "Ah Señor, ¿ya no me amas?"
(2) Y Él: "Sí, sí, lo que te recomiendo es la correspondencia a mi gracia, y para ser fiel debes ser como aquel eco que resuena dentro de un vacío, que no apenas comienza a emitirse la voz, inmediatamente, sin el mínimo retardo se escucha resonar el eco. Así tú, no apenas empieces a recibir mi gracia, sin ni siquiera esperar a que la termine de dar, inmediatamente comienza el eco de tu correspondencia".

3-31
Enero 27, 1900

El orden de las virtudes en el alma.

(1) Continúo quedando casi privada de mi dulce Jesús, mi vida desfallece por la pena, siento un tedio, un fastidio, un cansancio de la vida. Iba diciendo en mi interior: "¡Oh, cómo se ha prolongado mi exilio! ¡Qué felicidad sería la mía si pudiera desatar las ataduras de este cuerpo y así mi alma emprendería libre el vuelo hacia mi sumo Bien!" Entonces un pensamiento me ha dicho: "¿Y si tú vas al infierno?" Y yo, para no llamar al demonio a combatirme, enseguida lo rechacé diciendo: "Pues bien, también desde el infierno enviaré mis suspiros a mi dulce Jesús, también ahí quiero amarlo". Mientras me encontraba en estos y otros pensamientos, que sería demasiada larga la historia si los dijera todos, el amable Jesús por poco tiempo se ha hecho ver, pero con un aspecto serio, y me ha dicho:
(2) "No ha llegado aún tu tiempo".
(3) Después, con una luz intelectual me hacía comprender que en el alma todo debe estar ordenado. El alma posee muchos pequeños

apartamentos donde cada virtud toma su lugar, y si bien se puede decir que una sola virtud contiene en sí a todas las demás, y que el alma poseyendo una sola, es cortejada por todas las otras virtudes; pero a pesar de esto todas son distintas entre ellas, tanto, que cada una tiene su lugar en el alma, y he aquí que todas las virtudes tienen su principio en el misterio de la Sacrosanta Trinidad, que mientras es Una, son Tres Personas distintas, y mientras son Tres son Una. Comprendía también que estos apartamentos en el alma, o están llenos de virtud o del vicio opuesto a aquella virtud, y si no está ni la virtud ni el vicio, quedan vacíos. A mí me parecía como una casa que contiene muchas habitaciones, todas vacías, o bien, una llena de serpientes, otra de fango, otra llena de algunos muebles cubiertos de polvo, otra oscura. ¡Ah Señor, sólo Tú puedes poner en orden mi pobre alma!

3-32
Enero 28, 1900

La mortificación.

(1) Continúa lo mismo. Esta mañana Jesús me ha transportado fuera de mí misma, y después de tanto tiempo parece que he visto a Jesús con claridad, pero me veía tan mala que no me atrevía a decir una sola palabra, nos mirábamos, pero en silencio; en aquellas mutuas miradas comprendía que mi buen Jesús estaba lleno de amargura, pero no me atrevía a decirle que las derramara en mí. Entonces Él mismo se ha acercado y ha comenzado a derramarlas, y yo no pudiendo contenerlas, conforme las recibía las echaba por tierra. Entonces Él me dijo:
(2) "¿Qué haces? ¿No quieres participar más en mis amarguras? ¿No quieres darme más alivio en mis penas?"
(3) Y yo: "Señor, no es mi voluntad, yo misma no sé qué cosa me ha sucedido, me siento tan llena que no tengo donde contenerlas, sólo un prodigio tuyo puede ensanchar mi interior y así podré recibir tus amarguras".
(4) Entonces Jesús me ha signado con una señal grande de cruz y ha derramado de nuevo, así parece que he podido contenerlas, y después ha agregado:
(5) "Hija mía, la mortificación es como el fuego que hace secar todos los humores; así la mortificación seca todos los humores malos que hay en el alma y la inunda de un humor santificante, de modo que hace germinar las más bellas virtudes".

3-33
Enero 31, 1900

Correspondencia a la gracia.

(1) Después de que Jesús ha venido varias veces, pero siempre en silencio, yo me sentía un vacío y una pena porque no oía la voz dulcísima de mi dulce Jesús y Él, regresando, casi para contentarme me ha dicho:

(2) "La gracia es la vida del alma. Así como al cuerpo le da vida el alma, así la gracia da vida al alma. Pero al cuerpo no le basta para tener vida el tener sólo al alma, sino que necesita también de un alimento para nutrirse y crecer a debida estatura, así al alma no le basta tener la gracia para tener vida, sino que necesita un alimento para nutrirla y conducirla a debida estatura, ¿y cuál es este alimento? Es la correspondencia. Así que la gracia y la correspondencia forman esa cadena que la conduce al Cielo, y a medida que el alma corresponde a la gracia, son formados los eslabones de esta cadena".

(3) Después ha agregado: "¿Cuál es el pasaporte para entrar en el reino de la gracia? Es la humildad. El alma, mirando siempre su nada y descubriendo que no es otra cosa que polvo, que viento, toda su confianza la pondrá en la gracia, tanto que la hará dueña, y la gracia tomando el dominio sobre toda el alma, la conduce por el sendero de todas las virtudes y la hace llegar a la cima de la perfección".

(4) ¿Qué será el alma sin gracia? Me parecía como el cuerpo sin el alma, que se vuelve pestilente y se llena de gusanos y podredumbre por todas partes, tanto que se hace objeto de horror a la misma vista humana; así el alma sin la gracia, se vuelve tan abominable que da horror a la vista, no de los hombres, sino de aquel Dios tres veces Santo.

(5) ¡Ah Señor, líbrame de tanta desgracia y del monstruo abominable del pecado!

3-34
Febrero 4, 1900

Desconfianza.

(1) Encontrándome en un estado lleno de desaliento, especialmente por la privación de mi sumo Bien, esta mañana, apenas dejándose ver, me ha dicho:

(2) "El desaliento es un humor infeccioso que infecta las más bellas flores y los más agradables frutos y penetra hasta el fondo de la raíz, de modo que aquel humor infeccioso, invadiendo todo el árbol, lo marchita, lo vuelve escuálido, y si no se le pone remedio regándolo con el humor contrario, como aquel humor malo se ha introducido hasta la raíz, seca la raíz y hace caer por tierra al árbol. Así le sucede al alma que se embebe de este humor infeccioso del desaliento".

(3) A pesar de todo esto yo me sentía todavía desalentada, toda encogida en mí misma y me veía tan mala que no me atrevía a arrojarme hacia mi dulce Jesús. Mi mente estaba ocupada pensando en que para mí era inútil esperar como antes las continuas visitas de Él, sus gracias, sus carismas, todo para mí había terminado. Y Él, casi reprendiéndome, ha agregado:

(4) "¿Qué haces? ¿Qué haces? ¿No sabes tú que la desconfianza deja moribunda al alma? que pensando en que debe morir no piensa más en nada, ni en adquirir, ni en comerciar, ni en embellecerse más, ni en poner remedio a sus males, no piensa otra cosa sino que para ella todo ha terminado. Y no sólo vuelve al alma moribunda, sino que la desconfianza pone a todas las virtudes en peligro de expirar".

(5) ¡Ah Señor!, me imagino ver a este espectro de la desconfianza, triste, mustio, medroso y todo tembloroso, y toda su maestría, no con otra astucia sino sólo con el temor, conduce las almas a la tumba. Pero lo que es peor, es que este espectro no se muestra como enemigo, porque entonces el alma podría burlarse de su miedo, sino que se muestra como amigo, y se infiltra tan dulcemente en el alma, que si el alma no está atenta, pareciéndole que es un amigo fiel que agoniza junto y llega a morir junto con ella, difícilmente se sabrá liberar de su artificiosa maestría.

3-35
Febrero 5, 1900

(1) Continuando el mismo estado, con un poco más de ánimo, aunque no perfectamente libre, mi amadísimo Jesús al venir me ha dicho:

(2) "Hija mía, a veces el alma siente una lucha en alguna virtud, y el alma esforzándose supera aquel combate; entonces la virtud queda más resplandeciente y más radicada en el alma. Pero el alma debe estar atenta para evitar que ella misma no suministre la cuerda para hacerse atar por la desconfianza, y esto lo hará al restringirse siempre, sin salir jamás, en el círculo de la verdad, que es el conocimiento de la propia nada".

3-36
Febrero 12, 1900

Los defectos voluntarios forman nubes.

(1) Encontrándome en un estado de abandono por parte de mi adorable Jesús, a mi pobre corazón me lo sentía, por el dolor, exprimir como bajo una prensa. ¡Oh Dios, qué pena inenarrable! Mientras me encontraba en este estado, casi como sombra he visto a mi amado Bien, pero no claramente, sólo he visto claramente una mano que me parecía que llevaba una lámpara encendida, y mojaba el dedo en el aceite de la lámpara y me ungía la parte del corazón, exacerbada a lo sumo por el dolor de su privación. En este momento he oído una voz que decía:
(2) "La verdad es luz, que llevó el Verbo a la tierra. Así como el sol ilumina, vivifica y fecunda la tierra, así la luz de la verdad da vida, luz, y vuelve fecundas de virtud a las almas. Si bien muchas nubes, las cuales son las iniquidades de los hombres, ofuscan esta luz de verdad, pero a pesar de esto no deja, desde atrás de las nubes, de mandar destellos de luz vivificante, y así calentar a las almas, y si estas nubes son nubes de imperfecciones y de defectos involuntarios, esta luz, desgarrándolas con su calor las disipa y libremente se introduce en el alma".
(3) Entonces comprendía que el alma debe estar atenta a no caer en la sombra del defecto voluntario, porque estos son aquellas nubes peligrosas que impiden la entrada a la luz divina.

3-37
Febrero 13, 1900

La mortificación es como la cal.

(1) Esta mañana después de haber recibido la comunión he visto a mi adorable Jesús, pero todo cambiado de aspecto. Me parecía serio, todo reservado, en acto de reprenderme. ¡Qué desgarrador cambio! Mi pobre corazón, en vez de ser aliviado, me lo sentía más oprimido, más traspasado ante el aspecto tan insólito de Jesús. Sin embargo sentía toda la necesidad de un alivio por las penas sufridas en los pasados días por su privación, en que me parecía que vivía, pero agonizante y en continua violencia. Pero Jesús bendito, queriendo reprenderme porque iba buscando alivio debido a su presencia, mientras que no debía buscar otra cosa que sufrir, me ha dicho:

(2) "Así como la cal tiene virtud de quemar los objetos que se meten en ella, así la mortificación tiene virtud de quemar todas las imperfecciones y los defectos que se encuentran en el alma, y llega a tanto, que espiritualiza aun el cuerpo, y como un cerco se pone alrededor, y ahí sella todas las virtudes. Hasta en tanto que la mortificación no te queme bien, tanto el alma como el cuerpo, hasta deshacerlo, no podré sellar perfectamente en ti la marca de mi crucifixión".

(3) Después de esto, no sé decir bien quién fuese, pero me parecía que fuese un ángel, me ha traspasado las manos y los pies, y Jesús con una lanza que salía de su corazón, me ha traspasado el mío con extremo dolor y ha desaparecido dejándome más afligida que antes. ¡Oh, cómo comprendía bien la necesidad de la mortificación, mi inseparable amiga, y que en mí no existía ni siquiera la sombra de amistad con ella! ¡Ah! Señor, átame Tú con indisoluble amistad a esta buena amiga, porque por mí no sé mostrarme más que toda rudeza, y ella no viéndose acogida por mí con buena cara, usa conmigo todas las consideraciones, me va rehuyendo siempre, temiendo que le vaya a voltear la espalda del todo, y jamás cumple conmigo su bello y majestuoso trabajo, porque debido a que estamos un poco lejanos, sus manos prodigiosas no llegan hasta mí para poderme trabajar y presentarme ante Ti como obra digna de sus santísimas manos.

3-38
Febrero 16, 1900

La mortificación debe ser el respiro del alma.

(1) Continúa casi siempre lo mismo. Esta mañana, después de haberme renovado las penas de la crucifixión me ha dicho:

(2) "La mortificación debe ser el respiro del alma. Así como al cuerpo le es necesaria la respiración, y del aire bueno o malo que se respira así queda infectado o purificado, también por la respiración se conoce si está sano o enfermo el interior del hombre, si todas las partes vitales están de acuerdo, así el alma: si respira el aire de la mortificación, todo estará en ella purificado, todos sus sentidos sonarán con un mismo sonido concordante, su interior exhalará un respiro balsámico, saludable, fortificante; pero si no respira el aire de la mortificación todo será discordante en el alma, exhalará un respiro maloliente y nauseante; mientras está por domar una pasión, otra se desenfrena. En suma, su vida no será otra cosa que un juego de niños".

(3) Me parecía ver a la mortificación como un instrumento musical, en el cual, si todas las cuerdas están buenas y fuertes, produce un sonido armonioso y agradable, pero si las cuerdas no son buenas, ahora hay que reparar una, ahora hay que afinar otra, por lo que todo el tiempo lo emplea en ajustarlo, pero jamás en tocarlo, a lo más podrá emitir un sonido discordante y desagradable, por eso jamás hará nada de bueno.

3-39
Febrero 19, 1900

Amenaza de castigos.

(1) Esta mañana mi adorable Jesús ha venido y me ha transportado fuera de mí misma, veía mucha gente, toda en movimiento, me parecía, pero no estoy segura, como una guerra, o bien una revolución, y a Nuestro Señor no hacían más que tejerle coronas de espinas, tanto que mientras yo estaba toda atenta a quitarle una, otra más dolorosa le ponían. ¡Ah, sí, parece que nuestro siglo será célebre por la soberbia! La más grande desventura es el perder la cabeza, porque habiendo perdido la cabeza con el cerebro, todos los otros miembros se vuelven inhábiles, o se vuelven enemigos de sí mismos y de los demás, por eso sucede que la persona abre un camino a todos los demás vicios.

(2) Mi paciente Jesús toleraba todas esas coronas de espinas, y yo apenas tenía tiempo de quitárselas, entonces se volteó hacia esa gente y les ha dicho:

(3) "Moriréis, quien en la guerra, quien en las cárceles y quien en terremotos, pocos permaneceréis. La soberbia ha formado el curso de las acciones de vuestra vida, y la soberbia os dará la muerte".

(4) Después de esto, el bendito Jesús me ha sacado de en medio de aquella gente, y haciéndose niño yo lo llevaba en mis brazos para hacerlo reposar. Él, pidiéndome un refrigerio quería mamar de mí, yo, temiendo que fuese demonio lo he persignado varias veces con la cruz, y después le dije: "Si verdaderamente eres Jesús, recemos juntos el Ave María a nuestra Reina Mamá". Y Jesús ha recitado la primera parte, y yo el Santa María. Después, Él mismo ha querido decir el Padre Nuestro, ¡oh! cómo era conmovedora su oración, enternecía tanto, que el corazón parecía que se derretía. Después ha agregado:

(5) "Hija, mi vida la tuve del corazón, a diferencia de los demás; he aquí una razón por lo que soy todo corazón para las almas, y por qué soy llevado a querer el corazón, y no tolero en él ni siquiera una sombra de lo

que no es mío. Entonces entre tú y Yo quiero que todo sea totalmente para Mí, y lo que darás a las criaturas no será otra cosa que el desbordamiento de nuestro amor".

3-40
Febrero 20, 1900

Jesús es la luz del Cielo, de la cual todos toman sus pequeñas luces.

(1) Continua viniendo mi benigno Jesús. Después de haber recibido la Comunión me ha renovado las penas de la crucifixión, y yo he quedado tan entumecida que sentía necesidad de un alivio, pero no me atrevía a pedirlo. Después de un poco ha regresado como niño y me besaba toda, y de sus labios corría leche, y yo he bebido a grandes sorbos esa leche dulcísima de sus purísimos labios. Ahora, mientras esto hacía me ha dicho:
(2) "Yo soy la flor del edén celestial, y es tanto el perfume que expando, que ante mi fragancia queda atraído todo el empíreo, y como Yo soy la luz que manda luz a todos, tanto, de tenerlos abismados, todos mis santos toman de Mí sus pequeñas lucecitas, así que no hay luz en el Cielo que no haya sido tomada de esta Luz".
(3) ¡Ah sí! no hay ni siquiera olor de virtud sin Jesús, y no hay luz, aunque se fuera a lo más alto de los Cielos, sin Él.

3-41
Febrero 21, 1900

El don de la pureza es gracia conseguida, y esta se obtiene con la mortificación.

(1) Esta mañana mi amable Jesús ha comenzado a hacer sus acostumbradas demoras. Sea siempre bendito; de verdad que se necesita una paciencia de santo para soportarlo, y hay que tratar con Jesús para saber cuánta paciencia se necesita. Quien no lo experimenta no puede creerlo, y es casi imposible no tener algún pequeño disgusto con Él. Entonces, después de haber usado la paciencia al esperarlo y esperarlo, finalmente ha venido y me ha dicho:
(2) "Hija mía, el don de la pureza no es don natural, sino que es gracia conseguida, y esta se obtiene con volverse atractiva, y el alma se hace tal con la mortificación y los sufrimientos. ¡Oh, cómo se vuelve atractiva el

alma mortificada y sufriente, cómo es hermosa, y Yo siento tal atracción hacia ella que enloquezco por esta alma y todo lo que quiere le doy. Tú, cuando estés privada de Mí, sufre mi privación, que es la pena más dolorosa para ti, por amor mío, y Yo sentiré más atracción que antes y te concederé nuevos dones".

3-42
Febrero 23, 1900

La señal más cierta para conocer si un estado es Voluntad de Dios.

(1) Esta mañana después de haber perdido casi la esperanza de que el bendito Jesús viniera, de improviso ha venido y me ha renovado las penas de la crucifixión y me ha dicho:
(2) "El tiempo ha llegado, el fin se acerca, pero la hora es incierta".
(3) Y yo, sin poner atención al significado de las palabras que decía, quedé en duda si debía atribuirlo a mi completa crucifixión o bien a los castigos, y le dije: "Señor, cuánto temo que mi estado no sea Voluntad de Dios".
(4) Y Él: "La señal más cierta para conocer si es Voluntad mía un estado, es que uno siente la fuerza para sostener ese estado".
(5) Y yo: "Si fuese tu Voluntad no sucedería este cambio, que no vienes como antes".
(6) Y Él: "Cuando una persona se vuelve familiar en una familia, no se usan tanto esas ceremonias, esas consideraciones que se usaban antes cuando era extraña. Así hago Yo. Sin embargo, esto no es señal que sea voluntad de esa familia no quererla tener con ellos, ni que no la amen más que antes. Por eso estate quieta, déjame hacer a Mí, no quieras atormentarte el cerebro ni turbar la paz del corazón; cuando llegue el tiempo oportuno conocerás mi obrar".

3-43
Febrero 24, 1900

Luisa resiste a la obediencia.

(1) Esta mañana me encontraba toda llena de temor, creía que todo era fantasía, o sea, demonio que quería ilusionarme. Entonces todo lo que veía lo despreciaba y me disgustaba: Veía al confesor que ponía la intención de que Jesús me renovara los dolores de la crucifixión, y yo

trataba de resistir. El bendito Jesús al principio me toleraba, pero como el confesor renovaba la intención, entonces Jesús me ha dicho:

(2) "Hija mía, parece que esta vez faltaremos a la obediencia. ¿No sabes tú que la obediencia debe sellar al alma, y que la obediencia debe hacer al alma como blanda cera, de modo que el confesor pueda darle la forma que quiera?"

(3) Así, no tomando en cuenta mis resistencias me ha participado los dolores de la crucifixión, y yo, no pudiendo resistir más a todo esto, porque no quería por el temor de que no fuese Jesús, he debido sucumbir bajo el peso de los dolores. Sea siempre bendito y todo sea para glorificarlo en todo y siempre.

3-44
Febrero 26, 1900

La Divina Voluntad es felicidad de todos.

(1) Después de haber pasado algunos días de privación, cuando a lo más venía alguna vez como sombra y huía, yo sentía tal pena que me deshacía en lágrimas, y el bendito Jesús teniendo compasión de mi dolor, ha venido y me veía y me veía, y después me ha dicho:

(2) "Hija mía, no temas, que no te dejo; ahora, cuando estés sin mi presencia no quiero que te desanimes, más bien, de hoy en adelante cuando estés privada de Mí, quiero que tomes mi Voluntad y que en Ella te deleites, amándome y glorificándome en Ella y teniendo a mi Voluntad como si fuese mi misma Persona. Haciéndolo así tú me tendrás en tus mismas manos. ¿Qué cosa forma la bienaventuranza del Paraíso? Ciertamente mi Divinidad. Ahora, ¿qué formará la bienaventuranza de mis amados en la tierra? Con certeza mi Voluntad. Ella no te podrá huir jamás, la tendrás siempre en tu posesión, y si tú permaneces en el círculo de mi Voluntad, ahí sentirás las alegrías más inefables y los placeres más puros. El alma, no saliendo jamás del círculo de mi Voluntad, se vuelve noble, se diviniza y todas sus obras repercuten en el centro del Sol divino, así como los rayos del sol repercuten en la superficie de la tierra, y ni uno solo sale del centro que es Dios. El alma que hace mi Voluntad es la única noble reina que se nutre de mi aliento, porque su alimento y su bebida no las toma más que de mi Voluntad, y nutriéndose de mi Voluntad toda santa, en sus venas correrá una sangre purísima, su aliento exhalará un fragante perfume que me recreará, porque será producido por mi mismo aliento. Por eso no quiero otra cosa de ti, sino que formes tu

bienaventuranza en el giro de mi Voluntad, sin salir jamás, ni siquiera por un breve instante".

(3) Mientras esto decía, en mi interior sentía una inquietud y un temor, porque el hablar de Jesús indicaba que no iba a venir, y que yo debía aquietarme en su Voluntad. ¡Oh Dios, qué pena mortal! ¡Qué estrechuras de corazón! Pero Jesús siempre benigno ha agregado:

(4) "¿Cómo puedo dejarte si tú eres víctima? Sólo dejaré de venir cuando tú dejes de ser víctima, pero mientras seas víctima me sentiré siempre atraído a venir".

(5) Así parece que quedé tranquila; pero me siento como circundada por la adorable Voluntad de Dios, de modo que no encuentro ninguna abertura por la cual salir. Espero que me quiera tener siempre en este cerco que me une toda a Dios.

3-45
Febrero 27, 1900

La Divina Voluntad ata a Jesús al alma. El gran mal de la murmuración.

(1) Habiéndome abandonado toda en la amable Voluntad de Nuestro Señor, yo me veía toda circundada por mi dulce Jesús, por fuera y por dentro. Con el haberme abandonado en Él me veía como si mi ser se hubiera vuelto transparente y a cualquier parte que volteaba veía a mi sumo Bien, pero lo que me hacía maravillar era que mientras me veía rodeada por dentro y por fuera por Jesús, así yo, mi pobre ser, mi voluntad, circundaba a Jesús como dentro de un círculo, de modo que Él no encontraba la abertura para poderse salir, porque mi voluntad unida a la suya lo tenía encadenado, sin que me pudiera huir. ¡Oh, admirable secreto de la Voluntad de mi Señor, indescriptible es tu felicidad! Ahora, mientras me encontraba en este estado, el bendito Jesús me ha dicho:

(2) "Hija mía, en el alma toda transformada en mi Querer Yo encuentro un dulce reposo. El alma se convierte para Mí como aquellos objetos suaves que no dan ninguna molestia a quien quiere reposarse en ellos, es más, aunque fueran personas cansadas y adoloridas, es tanta la suavidad y el placer que toman al reposarse sobre estos objetos, que al despertarse se encuentran fuertes y sanos. Así es para Mí el alma conformada a mi Querer, y Yo en recompensa me hago atar por su voluntad y en ella hago resplandecer el Sol Divino como en el pleno mediodía".

(3) Dicho esto ha desaparecido. Poco después, habiendo recibido la comunión ha regresado y me ha transportado fuera de mí misma. Veía mucha gente y Jesús me decía:

(4) "Diles, diles qué grande es el mal que hacen con murmurar uno del otro, porque atraen mi indignación, y esto con justicia, porque veo que mientras están sujetos a las mismas miserias y debilidades, no hacen otra cosa que erigir tribunales uno en contra del otro. Si así hacen entre ellos, ¿qué haré Yo, que soy santo y puro, con ellos? De acuerdo a la caridad que ejerciten unos con otros, así Yo me siento atraído a usar misericordia con ellos".

(5) Jesús me lo decía a mí, y yo lo repetía a esa gente, y después nos hemos retirado.

3-46
Marzo 2, 1900

La unión de los quereres ata el alma a Jesús.

(1) Esta mañana, habiendo recibido la santa comunión, mi dulce Jesús se hacía ver crucificado, e internamente me sentía atraída a mirarme en Él, para poder semejarme a Él, y Jesús se reflejaba en mí para atraerme a su semejanza. Mientras esto hacía yo me sentía infundir en mí los dolores de mi crucificado Señor, que con toda bondad me ha dicho:

(2) "Quiero que tu alimento sea el sufrir, no por sufrir solamente, sino como fruto de mi Voluntad. El beso más sincero que ata más fuerte nuestra amistad, es la unión de nuestros quereres, y el nudo indisoluble que nos estrechará en continuos abrazos será el continuo sufrir".

(3) Mientras esto decía, el bendito Jesús se ha desclavado y ha tomado su cruz y la extendió en el interior de mi cuerpo, y yo quedaba tan extendida en ella que me sentía dislocar los huesos, además, una mano que no sé decir con certeza de quién era, me traspasaba las manos y los pies, y Jesús que estaba sentado sobre la cruz que estaba distendida en mi interior, todo se complacía en mi sufrir y en quien me traspasaba las manos, y ha agregado:

(4) "Ahora puedo reposar tranquilamente, no tengo que tomar ni siquiera la molestia de crucificarte, porque la obediencia quiere hacerlo todo, y Yo libremente te dejo en las manos de la obediencia".

(5) Y levantándose de la cruz se ha puesto sobre mi corazón para reposarse. ¿Quién puede decir cómo he quedado sufriente estando en esa posición? Después de haber estado largo tiempo, Jesús no se

apresuraba en aliviarme como las otras veces para hacerme regresar a mi estado natural, y a aquella mano que me había puesto sobre la cruz no la veía más, esto se lo decía a Jesús, quien me respondía:

(6) "¿Quién te ha puesto sobre la cruz? ¿Tal vez he sido Yo? Ha sido la obediencia, y la obediencia te debe quitar de ahí".

(7) Parece que esta vez tenía ganas de jugar, y como suma gracia he obtenido que me liberara el bendito Jesús.

3-47
Marzo 7, 1900

El alma conformada al Divino Querer, llega a atar a Dios.

(1) Esta mañana, encontrándome fuera de mí misma, he tenido que girar y girar para encontrar al bendito Jesús. Por fortuna he entrado a una iglesia y lo he encontrado sobre un altar donde se celebraba el divino sacrificio. Súbitamente he corrido y me lo he abrazado diciéndole: "¡Finalmente te he encontrado! Me has hecho girar tanto hasta cansarme, y Tú estabas aquí". Y Él mirándome serio, no con su acostumbrada benignidad me ha dicho:

(2) "Esta mañana me siento muy amargado y siento toda la necesidad de poner mano a los castigos para desagraviarme".

(3) Yo, enseguida: "Amado mío, no es nada, remediaremos esto ahora mismo, derramarás en mí tus amarguras y así quedarás desagraviado, ¿no es verdad?"

(4) Y Él condescendiendo a mi petición ha derramado en mí sus amarguras. Después, estrechándome a Él, como si se hubiera liberado de un grave peso, ha agregado:

(5) "El alma conformada a mi Querer se sabe infiltrar tanto en mi potencia, que llega a atarme todo y a su gusto me desarma como quiere. ¡Ah, tú, tú, cuántas veces me atas!"

(6) Y mientras esto decía ha tomado su acostumbrado aspecto dulce y benigno.

3-48
Marzo 9, 1900

La gracia es como el sol.

(1) Encontrándome un poco turbada por una cosa que no es necesario decir aquí, mi mente quería andar vagando para cerciorarse sobre mi turbación y así quedar en paz, pero el bendito Jesús queriendo contradecir mi querer, me impedía que yo pudiera ver lo que quería, y como yo insistía en querer ver me ha dicho:

(2) "¿Por qué quieres ir vagando? ¿No sabes tú que quien sale de mi Voluntad sale de la luz y se confina en las tinieblas?"

(3) Y queriéndome casi distraer de lo que yo quería, me ha transportado fuera de mí misma, y cambiando tema ha agregado:

(4) "Mira un poco cómo me son ingratos los hombres. Así como la luz del sol llena toda la tierra, desde un punto al otro, de modo que no hay tierra que no goce el beneficio de su luz, ni hay persona que pueda lamentarse de estar privada de sus benéficos influjos, tan es verdad, que el sol, invistiendo a todo el universo, para poder dar luz a todos, lo toma como en su mano, sólo puede lamentarse de no gozar de su luz quien huyendo de su mano va a esconderse en lugares tenebrosos; sin embargo el sol continuando su caritativo oficio no deja de enviarle algún rayo de luz de entre sus dedos; así mi gracia es una imagen del sol, que por todas partes inunda a las gentes, pobres y ricos, ignorantes y doctos, cristianos e infieles, ninguno, ninguno puede decir que está privado de ella, porque la luz de la verdad y el influjo de mi gracia llena la tierra, y más que el sol en su pleno mediodía. ¿Pero cuál no es mi pena al ver a las gentes, que cruzando esta luz a ojos cerrados y afrontando mi gracia con el torrente pestífero de sus iniquidades, se desvían de esta luz y voluntariamente viven en lugares tenebrosos, en medio de crueles enemigos? Ellas están expuestas a mil peligros, porque no teniendo luz, no pueden conocer claramente si se encuentran en medio de amigos o de enemigos, ni huir de los peligros que los rodean.

(5) ¡Ah, si el sol tuviera razón, y los hombres pudieran hacerle esta afrenta a su luz, y que algunos llegando a tal ingratitud, que para despreciar y no ver su resplandor, se arrancaran los ojos, y así quedan más seguros de vivir en las tinieblas, ay, el sol en vez de mandar luz mandaría lamentos y lágrimas de dolor, hasta trastornar toda la naturaleza! No obstante, lo que los hombres tendrían horror de hacer a la luz natural, llegan a tal exceso de afrontar de ese modo a mi gracia. Pero mi gracia siempre benigna con ellos, en medio de las mismas tinieblas y de la locura de su ceguera, manda siempre resplandores de luz, porque mi gracia jamás deja a ninguno, sino que el hombre voluntariamente se sale de ella, y la gracia no teniéndolo en sí, trata de seguirlo con el fulgor de su luz".

(6) Mientras esto decía, el dulce Jesús estaba extremadamente afligido, y yo hacía cuanto más podía, para consolarlo, pidiéndole que derramara en mí sus amarguras, y Él ha agregado:

(7) "Compadéceme si te soy causa de aflicción, porque de vez en cuando siento toda la necesidad de desahogar en palabras, con mis almas dilectas, mi dolor sobre la ingratitud de los hombres, para mover sus corazones a repararme en tantos excesos, y a compasión de los mismos hombres".

(8) Y yo: "Señor, lo que quisiera es que no me evitaras participar en tus penas". Y queriendo yo decir más, ha desaparecido y he regresado en mí misma.

3-49
Marzo 10, 1900

Efectos del sufrimiento.

(1) Esta mañana habiendo recibido la santa comunión, veía a mi amado Jesús como Niño, con una lanza en la mano, en actitud de quererme traspasar el corazón, y como le había dicho una cosa al confesor, Jesús, queriéndome reprender me ha dicho: "Tú quieres alejar el sufrir, y Yo quiero que comiences una nueva vida de sufrimientos y de obediencia".

(2) Y mientras esto decía me ha traspasado el corazón con la lanza y después ha agregado:

(3) "Así como el fuego arde según la leña que se le pone, y así tiene mayor actividad en quemar y consumir los objetos que se arrojan en él, y por cuanto mayor es el fuego, otro tanto es mayor el calor y la luz que contiene, así el sufrimiento y la obediencia, por cuanto es mayor, tanto más el alma se hace hábil para destruir lo que es material, y la obediencia, como a blanda cera le da la forma que quiere".

3-50
Marzo 11, 1900

Encuentro con un alma del purgatorio.

(1) Continúa casi siempre lo mismo. Esta mañana veía al buen Jesús más afligido que de costumbre, amenazando con una mortandad de gente, y veía en ciertos lugares que muchos morían. Después he pasado por el purgatorio y reconociendo a una amiga difunta le preguntaba varias cosas

sobre mi estado, especialmente si es Voluntad de Dios este estado, si es verdad que es Jesús el que viene, o bien el demonio, porque le decía: "Como tú te encuentras delante de la Verdad y conoces con claridad las cosas, sin que te puedas engañar, puedes decirme la verdad acerca de mis circunstancias".

(2) Y ella me ha dicho: "No temas, tu estado es Voluntad de Dios y Jesús te ama mucho, por eso se manifiesta a ti".

(3) Y yo, diciéndole algunas de mis dudas, le he pedido que viera ante la luz de la verdad si eran verdaderas o falsas y me hiciera la caridad de venírmelo a decir, y que si esto hacía, yo en recompensa le mandaría celebrar una misa en sufragio, y ella ha agregado:

(4) "Si lo quiere el Señor, porque nosotros estamos tan inmersos en Dios, que no podemos ni siquiera mover las pestañas si no concurre Él; nosotros habitamos en Dios como una persona que habitara en otro cuerpo, que tanto puede pensar, hablar, ver, obrar, caminar, por cuanto le viene dado por aquel cuerpo que la circunda por fuera, porque en nosotros no es como en vosotros que tenéis el libre albedrío, la propia voluntad, para nosotros toda voluntad ha terminado, nuestra voluntad es sólo la Voluntad de Dios, de Ella vivimos, en Ella encontramos todo nuestro contento y Ella forma todo nuestro bien y nuestra gloria".

(5) Y mostrando un contento indecible por esta Voluntad de Dios, nos hemos separado.

3-51
Marzo 14, 1900

Modo para atraer a las almas al catolicismo.

(1) Habiéndome dado el confesor la obediencia de pedirle al Señor que me manifestara el modo cómo hacer para atraer a las almas al catolicismo, y para quitar tanta incredulidad, yo se lo he pedido varios días y el Señor no se dignaba manifestarse sobre este punto. Finalmente, esta mañana me he encontrado fuera de mí misma, transportada dentro de un jardín que me parecía que fuera el jardín de la Iglesia, y ahí estaban muchos sacerdotes y otras dignidades que discutían sobre este tema, y mientras discutían salía un perro de desmesurado tamaño y fuerza, y la mayor parte de esas personas quedaban tan asustados y debilitados, que llegaban a hacerse morder por aquella bestia, y después se retiraban como cobardes de la empresa. Aquel perro enfurecido no tenía fuerza de morder a aquellos que tenían como centro a Jesús, en el propio corazón,

que por lo tanto venía a formar el centro de todas sus acciones, pensamientos y deseos. ¡Ah sí! Jesús formaba el sello de estas personas, y aquella bestia quedaba tan débil que no tenía fuerza ni siquiera de respirar.

(2) Ahora, mientras discutían, yo oía a Jesús que desde atrás de mi espalda decía:

(3) "Todas las demás sociedades conocen quien pertenece a su partido, sólo mi Iglesia no conoce quienes son sus hijos. El primer paso es conocer quienes son aquellos que le pertenecen, y a éstos los podéis conocer, al establecer un día una reunión en la que invitaréis a los que son católicos a que vayan al lugar destinado para tal reunión, y ahí con la ayuda de los católicos seglares, establecer lo que conviene hacer. El segundo paso es obligar a la confesión a aquellos católicos que intervengan en esto, pues esta es la cosa principal que renueva al hombre y forma los verdaderos católicos, y esto no sólo a aquellos que se encuentren presentes, sino obligar a los que son patrones a que obliguen a sus súbditos a la confesión, y si no lo logran por las buenas, aun con despedirlos de su servicio. Cuando cada sacerdote haya formado el cuerpo de sus católicos, entonces podrán encaminarse a otros pasos superiores, porque el reconocer la oportunidad del tiempo, cómo meterse en los partidos y la prudencia en exponerse, es como la poda a los árboles, que hace producir frutos grandes y maduros, pero si el árbol no es podado, produce, sí, un bello conjunto de follaje y de flores, pero apenas cae una helada, sopla un viento, no teniendo el árbol humor suficiente y fuerza para sostener tantas flores para cambiarlas en frutos, las flores se caen y el árbol queda desnudo. Así sucede en las cosas de religión: Primero debéis formaros un conveniente cuerpo de católicos para poder hacer frente a los otros partidos, y después podéis llegar a introduciros en los otros partidos para formar uno solo".

(4) Dicho esto, no lo he oído más, y sin ni siquiera verlo me he encontrado en mí misma. ¿Quién puede decir mi pena por no haber visto al bendito Jesús durante todo el día, y las lágrimas que tuve que derramar?

3-52
Marzo 15, 1900

Jesús se siente desarmado por las almas victimas.

(1) Jesús continúa sin venir, yo me consumía en dolor y sentía una fiebre que me hacía delirar. Ahora, como el confesor ha venido a celebrar el

divino sacrificio, he comulgado, pero no veía, según lo acostumbrado, a mi amado Jesús, por eso he comenzado a decir mis disparates: "Dime mi Bien, ¿por qué no te haces ver? Esta vez me parece que no te he dado ocasión para que te ocultes. ¿Cómo, a la buena, a la buena me dejas? Ay, ni siquiera los amigos de esta tierra actúan de esta manera; cuando deben alejarse al menos dicen adiós, ¿y Tú ni siquiera me dices adiós? Cómo, ¿así se hace? Perdóname si así hablo, es la fiebre que me hace delirar y me hace llegar a la locura". ¿Quién puede decir todos mis desatinos que le he dicho? Sería querer perder el tiempo. Ahora, mientras estaba delirando y llorando, Jesús hacía ver ahora una mano, ahora un brazo, entonces vi al confesor que me daba la obediencia de sufrir la crucifixión, y Jesús como obligado por la obediencia se ha hecho ver y yo enseguida le dije: "¿Por qué no te hacías ver?" Y Él, mostrando un aspecto serio ha dicho:

(2) "No es nada, no es nada, es que quiero castigar a la tierra, y Yo, estando bien aun con una sola criatura, me siento desarmado y no tengo fuerza para echar mano de los castigos, y al hacerme ver tú empiezas a decirme, si ves que debo mandar castigos: "Derrama en mí, hazme sufrir a mí". Y Yo me siento vencer por ti y jamás echo mano de los castigos, y los hombres no hacen otra cosa que ensoberbecerse de más".

(3) Ahora, repitiendo el confesor la obediencia de hacerme sufrir la crucifixión, Jesús se mostraba lento en hacerme hacer esta obediencia, no como las otras veces que enseguida quería que me sometiera, y me ha dicho:

(4) "Y tú ¿qué quieres hacer?"

(5) Y yo: "Señor, lo que Tú quieras".

(6) Entonces, dirigiéndose al confesor con aspecto serio le ha dicho:

(7) "¿También tú quieres atarme con darle esta obediencia de hacerla sufrir?"

(8) Y mientras esto decía ha comenzado a participarme los dolores de la cruz, y después, mostrándose más calmado ha vertido sus amarguras, luego ha agregado:

(9) "El confesor, ¿dónde está?"

(10) Y yo: "Señor, no sé a donde ha ido, es cierto que no lo veo más con nosotros".

(11) Y Él: "Lo quiero, porque como él me ha confortado a Mí, así Yo lo quiero confortar a él".

3-53
Marzo 17, 1900

Dolor del Papa. La humildad.

(1) Esta mañana el bendito Jesús me hacía ver al Santo Padre con las alas abiertas, que iba en busca de sus hijos para recogerlos bajo sus alas, y oía sus lamentos que decían: "Hijos míos, hijos míos, cuántas veces he buscado reuniros bajo mis alas y ustedes me huís! ¡Ah, escuchen mis lamentos y tengan compasión de mi dolor!" Y mientras esto decía lloraba amargamente, y parecía que no eran sólo los seglares los que se apartaban del Papa, sino también los sacerdotes, y éstos daban más dolor al Santo Padre. ¡Cuánta pena daba ver al Papa en esta posición! Después de esto he visto a Jesús que hacía eco a los lamentos del Santo Padre y añadía:

(2) "Pocos son los que han permanecido fieles, y estos pocos viven como zorros ocultos en sus propias cuevas, tienen temor de exponerse para arrancar a sus propios hijos de la boca de los lobos; hablan, proponen, pero todas son palabras dichas al viento, jamás llegan a los hechos".

(3) Dicho esto ha desaparecido. Después de poco tiempo ha regresado y yo me sentía toda aniquilada en mí misma ante la presencia de Jesús, y Él, viéndome así me ha dicho:

(4) "Hija mía, cuanto más te abajas en ti misma, tanto más me siento atraído a abajarme hacia ti y llenarte de mi gracia, he aquí por qué la humildad es precursora de la luz".

3-54
Marzo 20, 1900

Advertencia de castigos.

(1) Habiendo recibido la comunión, veía a mi dulce Jesús que me invitaba a salir con Él, pero con el pacto de que al ir junto con Él, donde veía que Jesús estaba obligado a mandar castigos por los pecados, no debía discutir con Él para que no los mandara. Con esta condición hemos salido, recorriendo la tierra. En primer lugar he comenzado a ver, no muy lejos de nosotros, especialmente en ciertos puntos, todo seco, entonces dirigiéndome a Él he dicho: "Señor, ¿cómo harán estas pobres gentes si les falta el alimento para nutrirse? ¡Ah! Tú puedes todo, así como lo has hecho secar, así haz que reverdezca". Y como tenía la corona de espinas he extendido la mano diciéndole: "Mi Bien, ¿qué cosa te han hecho estas gentes? Quizá te han puesto esta corona de espinas; pues bien, dámela a

mí, así quedarás aplacado y les darás el alimento para no dejarlas morir". Y quitándosela la he puesto sobre mi cabeza. Mientras esto hacía, Jesús me ha dicho:

(2) "Se ve que no puedo llevarte junto Conmigo, porque llevarte y no poder hacer nada es lo mismo".

(3) Y yo: "Señor, no he hecho nada, perdóname si crees que he hecho mal, pero llévame junto Contigo".

(4) Y Él: "Tu modo de obrar me ata por todas partes".

(5) Y yo: "No soy yo quien hago así, eres Tú mismo que me haces obrar de este modo, porque encontrándome Contigo, veo que todas las cosas son tuyas, y si no tomara cuidado de tus cosas, me parece que vendría a no tomara cuidado de Ti mismo. Por eso debes perdonarme si obro de esta manera, ya que lo hago por amor tuyo y no debes alejarme por esto".

(6) Después, hemos continuado girando. Yo hacía cuanto más podía para no decirle nada de que no castigara en algunos puntos, para no darle ocasión que me mandara retirarme y así perder su amable presencia; pero donde no podía empezaba a discutir con Él. Hemos llegado a un punto de Italia donde estaban haciendo un convenio que debía causar un gran desorden, pero no he entendido qué cosa fuera, porque habiendo empezado a decir, Señor, no lo permitas, pobre gente, ¿cómo harán? Viendo Jesús que yo me afanaba y quería impedírselo, me ha dicho con imperio:

(7) "Retírate, retírate".

(8) Y quitándose una cinta de clavos, de alfileres que tenía encajada en su cuerpo, que lo hacía sufrir mucho, ha agregado:

(9) "Retírate y llévate esta cinta contigo, así me aliviarás mucho".

(10) Y yo: "Sí, me la pondré yo en lugar tuyo, pero déjame estar Contigo".

(11) Y Él: "No, retírate".

(12) Y lo ha dicho con tal imperio, que no pudiendo resistir, en un instante me he encontrado en mí misma, y no he podido entender cuál era aquel convenio.

3-55
Marzo 25, 1900

El Verbo de Dios al encarnarse se vuelve luz de las almas.

(1) Esta mañana, mi adorable Jesús al venir me ha dicho:

(2) "Así como el sol es la luz del mundo, así el Verbo de Dios al encarnarse se hizo luz de las almas, y así como el sol material da luz a

todos en general y a cada uno en particular, tanto que cada uno lo puede gozar como si fuera propio, así el Verbo, mientras da luz en general, es sol para cada uno en particular, tan es verdad, que a este sol divino cada uno lo puede tener consigo como si fuera para él solo".

(3) ¿Quién puede decir lo que comprendía acerca de esta luz y los benéficos efectos que produce en las almas que tienen este Sol como si fuera propio? Me parecía que el alma poseyendo esta luz pone en fuga las tinieblas, como el sol material al surgir sobre nuestro horizonte pone en fuga las tinieblas de la noche. Esta luz divina, si el alma es fría, la calienta; si está desnuda de virtudes, la hace fecunda; si está inundada por la dañina enfermedad de la tibieza, con su calor absorbe aquel humor malo; en una palabra, para no alargarme demasiado, este sol divino, introduciendo al alma en el centro de su esfera, la cubre con todos sus rayos y llega a transformarla en su misma luz.

(4) Después de esto, como yo me sentía toda abatida, Jesús queriéndome aliviar me ha dicho:

(5) "Esta mañana quiero deleitarme en ti".

(6) Y ha comenzado a hacer sus acostumbradas estratagemas amorosas.

3-56
Abril 1, 1900

Las pasiones cambiadas en virtudes.

(1) Después de esperar y esperar, mi dulce Jesús se hacía ver dentro de mi corazón. Me parecía ver un sol que expandía rayos, y mirando en el centro de este sol descubría el rostro de Nuestro Señor, pero lo que me hizo asombrar es que veía en mi corazón muchas doncellas vestidas de blanco, con coronas en la cabeza que rodeaban a este sol divino, nutriéndose de aquellos rayos que expandía este sol. ¡Oh, cómo eran bellas, modestas, humildes y todas atentas, y deleitándose en Jesús! Entonces, no conociendo el significado de esto, con un poco de temor he pedido a Jesús que me hiciera saber quienes eran aquellas doncellas, y Él me ha dicho:

(2) "Estas doncellas eran tus pasiones, que ahora con mi gracia he cambiado en otras tantas virtudes que me hacen noble cortejo, estando todas a mi disposición, y Yo en recompensa las voy nutriendo con mi continua gracia".

(3) ¡Ah Señor, sin embargo me siento tan mala que me avergüenzo de mí misma!

3-57
Abril 2, 1900

Jesús juzga no según las obras que se hacen, sino según la voluntad con que se obra.

(1) Esta mañana he sufrido mucho por la ausencia de mi amado Jesús, pero Él recompensó mis penas satisfaciendo un deseo mío de querer saber una cosa que desde hace mucho tiempo deseaba. Entonces, después de haber girado y girado en busca de Jesús, y que ahora lo llamaba con la oración, ahora con las lágrimas, ahora con el canto, pues tal vez pudiera quedar herido por mi voz y se dejara encontrar, pero todo en vano. He repetido mis gemidos; a quien encontraba le preguntaba sobre Él, finalmente, cuando mi corazón se sentía despedazar y que no podía más, lo he encontrado, pero lo veía de espaldas, y acordándome de una resistencia que le hice, la que diré en el libro del confesor[3], le he pedido perdón y así parece que nos hemos puesto de acuerdo, tanto que Él mismo me preguntó qué cosa quería, y yo le dije: "Dígnate hacerme conocer tu Voluntad acerca de mi estado, especialmente qué debo hacer cuando me encuentro con pocos sufrimientos y Tú no vienes, y si vienes es casi como sombra; entonces, no viéndote, mis sentidos los siento en mí misma, y encontrándome en esta posición siento como si pusiera de lo mío y no fuese necesario esperar la venida del confesor para salir de aquel estado".

(2) Y Jesús: "Sufras o no sufras, venga Yo o no venga, tu estado es siempre de víctima, mucho más que esta es mi Voluntad y la tuya, y Yo juzgo no según las obras que se hacen, sino según la voluntad con que se obra".

(3) Y yo: "Señor mío, está bien como dices, pero me parece que estoy inútil y se pierde mucho tiempo, y siento un fastidio, un temor, y además hacer venir al confesor, me atormenta el alma que no fuera Voluntad tuya".

(4) Y Él: "¿Piensas tú que sea pecado hacer venir al confesor?"

(5) Y yo: "No, pero temo que no sea tu Voluntad".

(6) Y Él: "Debes huir del pecado, aun de la sombra de éste, pero de lo demás no debes preocuparte".

(7) Y yo: "Y si no fuera tu Voluntad, ¿en qué aprovecharía estar así?"

(8) Y Él: "Ah, me parece que mi hija quiere rehuir el estado de víctima, ¿no es verdad?"

(9) Y yo enrojeciendo toda he dicho: "No Señor, digo esto por las veces que no me haces sufrir y no vienes, por lo demás hazme sufrir y yo no me preocuparé".

(10) Y Jesús: "Y a Mí me parece que quieres rehuirlo. Además, ¿acaso sabes tú qué hora he reservado para venir y comunicarte mis penas, si la primera, la segunda, la tercera, o quizá la última hora? Por lo que distrayéndote de Mí y esforzándote por salir te ocuparás en otra cosa, y Yo viniendo no te encontraré preparada, daré la vuelta y me iré a otra parte".

(11) Y yo toda espantada: "Jamás sea, oh Señor. No quiero saber otra cosa que tu Santísima Voluntad".

(12) Y Él: "Permanece calmada y espera al confesor".

(13) Dicho esto ha desaparecido. Parece que me siento aliviada de un gran peso por este hablar de Jesús, pero con todo esto no ha disminuido en mí la pena dolorosa cuando Jesús me priva de Él.

3-58
Abril 9, 1900

Abandono en Dios.

(1) Habiendo recibido la comunión esta mañana, me encontraba en un mar de amarguras porque no veía a mi sumo Bien Jesús, todo mi interior me lo sentía inquieto, cuando en un instante se ha hecho ver y me ha dicho casi reprendiéndome:

(2) "¿No sabes tú que el no abandonarse en Mí es un querer usurpar los derechos de mi Divinidad, haciéndome una gran afrenta? Por eso abandónate y aquieta tu interior todo en Mí y encontrarás la paz, y encontrando la paz me encontrarás a Mí mismo".

(3) Dicho esto, como relámpago ha desaparecido sin hacerse ver más. ¡Ah Señor, tenme Tú toda abandonada y bien estrechada en tus brazos, de modo que no pueda huir jamás, de otra manera haré siempre mis escapaditas!

3-59
Abril 10, 1900

Los deseos de ver a Jesús lo atraen al alma.

(1) Continúa el bendito Jesús sin venir. ¡Oh Dios, qué pena indecible es su privación! Buscaba cuanto más podía el estarme en paz y toda abandonada en Él, pero qué, mi pobre corazón no podía más, hacía lo más que podía para calmarlo, le decía: "Corazón mío, esperemos otro poco, a lo mejor viene, usemos alguna estratagema de amor para atraerlo a que venga". Y dirigiéndome a Él le decía: "Señor, ven, se hace tarde y Tú no vienes aún. Esta mañana busco por cuanto puedo el estarme calmada, no obstante no te haces encontrar. Señor, te ofrezco el martirio de tu privación como testimonio de amor, y para hacerte un presente para atraerte a venir. Es verdad que no soy digna, pero no es porque sea digna que te busco, sino por amor, y porque sin Ti me siento faltar la vida". Y como no venía, le decía: "Señor, o vienes o te cansaré con mis palabras, y cuando estés cansado, ¿ni siquiera entonces vendrás?" ¿Pero quién puede decir todos mis desatinos? Le decía tantos, que me alargaría demasiado si quisiera decirlos todos.

(2) Después de esto veía a mi dulce Jesús que se movía dentro de mi interior, como si se despertase de un sueño, luego se ha hecho ver más claro, y transportándome fuera de mí misma me ha dicho:

(3) "Así como el pájaro cuando debe volar mueve las alas, así el alma en los vuelos de los deseos mueve las alas de la humildad, y en esos movimientos envía un imán que me atrae, de modo que mientras ella emprende su vuelo para venir a Mí, Yo emprendo el mío para ir a ella".

(4) ¡Ah Señor, se ve que me falta el imán de la humildad! Si yo en mi camino expandiera por doquier el imán de la humildad, no sufriría tanto en esperar y esperar tu venida!

3-60
Abril 16, 1900

Las tres firmas del pasaporte de la bienaventuranza en la tierra.

(1) Después de haber pasado días amargos de privación y de reproches del bendito Jesús por mis ingratitudes y resistencias a su Querer y a sus gracias, esta mañana al venir me ha dicho:

(2) "Hija mía, el pasaporte para entrar en la felicidad que el alma puede poseer sobre esta tierra, debe ser firmado con tres firmas, y estas son: la resignación, la humildad y la obediencia.

(3) La resignación perfecta a mi Querer es cera que funde nuestros quereres y de ellos forma uno solo, es azúcar y miel, pero si hay una

pequeña resistencia a mi Querer la cera se desune, la azúcar se vuelve amarga y la miel se convierte en veneno. Ahora, no basta estar resignada, sino que el alma debe estar convencida que el mayor bien para sí misma y el mayor modo de glorificarme es el hacer siempre mi Voluntad. He aquí la necesidad de la firma de la humildad, porque la humildad produce este conocimiento. ¿Pero quién ennoblece estas dos virtudes? ¿Quién las fortifica? ¿Quién las hace perseverantes? ¿Quién las encadena juntas en modo de no poderse separar? ¿Quién las corona? La obediencia. ¡Ah sí! La obediencia destruyendo del todo el propio querer y todo lo que es material, espiritualiza todo, y como corona se pone alrededor, así que la resignación y la humildad sin la obediencia estarán sujetas a inestabilidad, pero con la obediencia serán firmes y estables, y he aquí la estrecha necesidad de la firma de la obediencia, para hacer que este pasaporte pueda correr para pasar al reino de la bienaventuranza espiritual que el alma puede gozar desde aquí. Sin estas tres firmas el pasaporte no tendrá valor, y el alma será siempre rechazada del reino de la bienaventuranza y estará obligada a estar en el reino de la inquietud, de los temores y de los peligros, y para su desgracia tendrá por dios a su propio yo, y este yo estará cortejado por la soberbia y por la rebelión".

(4) Después de esto me ha transportado fuera de mí misma, dentro de un jardín, que parecía que era el jardín de la Iglesia, en el cual veía que se desviaban, a causa de cinco o seis personas, sacerdotes y seglares, que uniéndose con los enemigos de la Iglesia movían una revolución. ¡Qué pena daba ver a Jesús bendito llorar el triste estado de estas personas! Después he visto en el aire y veía una nube de agua llena de grandes pedazos de hielo que caían sobre la tierra. ¡Oh, cuánto destrozo hacían sobre las cosechas y sobre la humanidad!. Pero espero que quiera aplacarse. Entonces, más afligida que antes he regresado en mí misma.

3-61
Abril 20, 1900

La cruz nos da los lineamientos y la semejanza de Jesús.

(1) Continúa mi adorable Jesús viniendo apenas y como sombra, y al venir no dice nada. Esta mañana, después de haberme renovado los dolores de la cruz por dos veces, mirándome con ternura mientras estaba sufriendo el dolor de las perforaciones de los clavos, me ha dicho:
(2) "La cruz es un espejo donde el alma ve la Divinidad, y contemplándose en él adquiere los lineamientos, la semejanza más perfecta con Dios. La

cruz no sólo se debe amar, desear, sino tener como honor y gloria a la misma cruz, y esto es obrar como Dios y llegar a ser como Dios por participación, porque sólo Yo me glorié de la cruz y consideré como un honor el sufrir, y la amé tanto, que en toda mi vida no quise estar un momento sin la cruz".

(3) ¿Quién puede decir lo que comprendía de la cruz por este hablar del bendito Jesús? Pero me siento muda para expresarlo con palabras. ¡Ah! Señor, te pido que me tengas siempre clavada en la cruz, a fin de que teniendo siempre delante este espejo divino, pueda limpiar todas mis manchas y embellecerme siempre más a tu semejanza.

3-62
Abril 21, 1921

Más que el sacramento, la cruz sella a Dios en el alma.

(1) Encontrándome en mi mismo estado, es más, con un poco de temor por una cosa que no es necesario decir aquí, mi dulce Jesús al venir me ha dicho:

(2) "Y aun siendo vasos sagrados, es necesario de vez en cuando sacudirlos; vuestros cuerpos son tantos vasos sagrados en los cuales hago mi morada, por eso es necesario que de vez en cuando les dé una sacudidita, esto es, que los visite con alguna tribulación para hacer que Yo esté en ellos con más decoro. Por eso estate tranquila".

(3) Después de esto, habiendo recibido la comunión y habiéndome renovado los dolores de la crucifixión, ha agregado:

(4) "Hija mía, cómo es preciosa la cruz, mira un poco: El sacramento de mi cuerpo al darse al alma, la une Conmigo, la transforma hasta volverla una misma cosa Conmigo, pero al consumirse las especies se desune la unión realmente contraída; pero la cruz no, ella toma a Dios y lo une con el alma para siempre, y para mayor seguridad ella se pone como sello. Por lo tanto la cruz sella a Dios en el alma, de modo que jamás hay separación entre Dios y el alma crucificada".

3-63
Abril 23, 1900

La resignación es aceite que unge.

(1) Esta mañana, encontrándome fuera de mí misma, veía a mi dulce Jesús que sufría mucho, y le he pedido que me diera parte de sus penas, y Él me ha dicho:

(2) "También tú sufres, mejor Yo me pongo en tu lugar y tú me haces el oficio de enfermera".

(3) Entonces parecía que Jesús se metía en mi cama, y yo a su lado comenzaba a examinarle la cabeza, y una a una le he quitado las espinas que estaban clavadas. Después he seguido con su cuerpo y he recorrido todas sus llagas, les secaba la sangre, las besaba, pero no tenía con qué ungirlas para mitigar el dolor, entonces vi que de mí salía un aceite y yo lo tomaba y ungía las llagas de Jesús, pero con cierto temor porque no comprendía qué cosa significaba aquel aceite que salía de mí. Pero Jesús bendito me ha hecho entender que la resignación al Querer Divino es aceite, que mientras unge y mitiga nuestras penas, al mismo tiempo es aceite que unge y mitiga el dolor de las llagas de Jesús. Entonces, después de haber estado por un buen tiempo haciendo este oficio a mi amado Jesús, ha desaparecido y yo he regresado en mí misma.

3-64
Abril 24, 1900

La Eucaristía y el sufrimiento.

(1) Esta mañana, habiendo recibido la comunión me parecía que el confesor ponía la intención de hacerme sufrir la crucifixión, y al instante he visto al ángel custodio que me extendía sobre la cruz para hacérmela sufrir. Después de esto he visto a mi dulce Jesús que me compadecía toda y me ha dicho:

(2) "Tu refrigerio soy Yo, mi refrigerio es tu sufrir".

(3) Y mostraba un contento indecible por mi sufrir y por el confesor, porque con la obediencia que me había dado de sufrir le había procurado aquel alivio, después ha agregado:

(4) "Como el sacramento de la Eucaristía es fruto de la cruz, por eso me siento más dispuesto a concederte el sufrir cuando recibes mi cuerpo, porque viéndote sufrir, me parece que no místicamente, sino realmente continúo en ti mi Pasión en provecho de las almas, y esto es para Mí un gran alivio, porque recojo el verdadero fruto de mi cruz y de la Eucaristía".

(5) Después de esto ha dicho: "Hasta ahora ha sido la obediencia quien te ha hecho sufrir, ¿quieres tú que me divierta Yo un poco con renovarte de nuevo la crucifixión con mis propias manos?"

(6) Y yo, si bien me sentía muy sufriente y aun frescos los dolores de la cruz participados, he dicho: "Señor, estoy en tus manos, haz de mí lo que quieras".

(7) Entonces Jesús todo contento ha comenzado a clavarme de nuevo los calvos en las manos y en los pies, sentía tal intensidad de dolor, que yo misma no sé como he quedado viva, sin embargo estaba contenta porque contentaba a Jesús. Después de que remachó los clavos, poniéndose junto a mí empezó a decir:

(8) "¡Cómo eres bella! ¡Pero cuánto más crece tu belleza con tu sufrir! ¡Oh, cómo me eres amada, mis ojos quedan heridos al verte, porque descubren en ti mi misma imagen!"

(9) Y decía tantas otras cosas que sería inútil decirlas, primero porque soy mala, y segundo porque no viéndome como el Señor me dice, siento una confusión y una vergüenza al decir estas cosas, por eso espero que el Señor me haga verdaderamente buena y bella, y entonces, disminuyendo mi vergüenza podré describirlas, por eso pongo punto.

3-65
Abril 25, 1900

La pureza en el obrar es luz.

(1) Encontrándome fuera de mí misma y no encontrando a mi dulce Jesús, tuve que girar mucho para ir en busca de Él. Al final lo he encontrado en brazos de la Reina Mamá tomando la leche de su pecho, y por cuanto yo le decía y hacía, parecía que no me prestaba atención, más bien ni siquiera me miraba. ¿Quién puede decir la pena de mi pobre corazón al ver que Jesús no me hacía caso? Después de haber dado rienda suelta a las lágrimas, teniendo compasión de mí ha venido entre mis brazos y ha derramado en mi boca un poco de esa leche que había chupado de la Mamá Reina.

(2) Después de esto he mirado su pecho, y tenía una pequeña perla, tan resplandeciente que investía de luz la Humanidad Santísima de Nuestro Señor. Entonces, queriendo saber el significado, le he preguntado a Jesús qué cosa era esa perla, que mientras parecía tan pequeña expandía tanta luz. Y Jesús:

(3) "Es la pureza de tu sufrir, porque aunque es pequeño, pero como sufres sólo por amor mío y estarías dispuesta a sufrir más si Yo te lo concediera, esta es la causa de tanta luz. Hija mía, la pureza en el obrar es tan grande, que quien obra con el único fin de agradarme a Mí solo, no

hace otra cosa que mandar luz en todo su obrar. Quien no obra rectamente, aun el bien, no hace otra cosa que esparcir tinieblas".

(4) Entonces he visto en el pecho de Nuestro Señor, y tenía un espejo tersísimo, y parecía que quien caminaba rectamente quedaba todo absorbido en ese espejo, quien no, quedaba fuera, sin que pudieran recibir ninguna marca de la imagen del bendito Jesús. ¡Ah Señor! tenme toda absorbida en este espejo divino, a fin de que ninguna otra sombra de intención tenga yo en mi obrar.

3-66
Mayo 1, 1900

Frutos de la cruz.

(1) Habiendo recibido la comunión, mi dulce Jesús se ha hecho ver todo afabilidad, y como parecía que el confesor ponía la intención de la crucifixión, mi naturaleza sentía casi repugnancia de someterse. Entonces mi dulce Jesús para animarme me ha dicho:

(2) "Hija mía, si la Eucaristía es garantía de la futura gloria, la cruz es desembolso para comprarla. Si la Eucaristía es semilla que impide la corrupción, y es como esas hierbas aromáticas, con las que ungiéndose los cadáveres no se corrompen, y dona la inmortalidad al alma y al cuerpo, la cruz la embellece y es tan potente, que si hay deudas contraídas ella se hace fiadora y con mayor seguridad hace que se le restituya la escritura de la deuda contraída, y después de que ha satisfecho todo adeudo, con ello forma al alma el trono más deslumbrante en la futura gloria. ¡Ah! sí, la cruz y la Eucaristía se alternan juntas, y una obra más potentemente que la otra".

(3) Después ha agregado: "La cruz es mi lecho florido, no porque no sufriera dolores atroces, sino porque por medio de la cruz daba a luz a tantas almas a la gracia, veía brotar tantas bellas flores que producían tantos frutos celestiales, así que viendo tanto bien, tenía para delicia mía aquel lecho de dolor y me deleitaba de la cruz y del sufrir. También tú hija mía, toma como delicias las penas y deléitate de estarte crucificada en mi cruz. No, no quiero que temas el sufrir, como si quisieras obrar como holgazana, ánimo, obra con animosidad y exponte por ti misma al sufrir".

(4) Mientras esto decía, veía a mi buen ángel que estaba preparado para crucificarme, y yo por mí misma he extendido los brazos, y el ángel me crucificaba. ¡Oh, cómo gozaba el buen Jesús de mi sufrir, y cómo estaba yo contenta, porque podía dar gusto a Jesús siendo un alma tan

miserable! Me parecía que fuera un gran honor para mí el sufrir por amor suyo.

3-67
Mayo 3, 1900

Fiesta a la cruz en el Cielo.

(1) Esta mañana me he encontrado fuera de mí misma y veía todo el cielo sembrado de cruces, pequeñas, grandes, medianas. Las más grandes, más resplandor daban. Era un encanto dulcísimo el ver tantas cruces que embellecían el firmamento, más resplandecientes que el sol. Después de esto pareció que se abría el Cielo y se veía y oía la fiesta que los bienaventurados hacían a la cruz. Quien más había sufrido era más festejado en este día. Se distinguían en modo especial los mártires y quienes habían sufrido ocultamente. ¡Oh, cómo se estimaba en esa bienaventurada morada la cruz y a quien más había sufrido! Mientras esto veía, una voz ha resonado por todo el empíreo que decía:
(2) "Si el Señor no mandase las cruces sobre la tierra, sería como aquel padre que no tiene amor por los propios hijos, que en vez de querer verlos honrados y ricos, los quiere ver pobres y deshonrados".
(3) El resto que vi de esta fiesta no tengo palabras para explicarlo, lo siento en mí pero no sé manifestarlo, por eso hago silencio.

3-68
Mayo 9, 1900

Luisa ve el misterio de la Santísima Trinidad en la forma de tres soles.

(1) Después de haber pasado días de privación, y no sólo eso, sino también de turbación, esta mañana, encontrándome más turbada sobre mi miserable estado, el adorable Jesús al venir me ha dicho:
(2) "Tú, con estar inquieta, haz turbado mi dulce reposo. ¡Ah! sí, no me dejas reposar más".
(3) ¿Quién puede decir cómo he quedado mortificada al oír que le había quitado el reposo a Jesucristo? A pesar de todo esto, por algunas horas me he calmado, pero después me he encontrado más inquieta que antes, tanto que yo misma no sé esta vez donde iré a terminar.

(4) Después de aquellas pocas palabras que ha dicho Jesús, me he encontrado fuera de mí misma, y mirando la bóveda de los cielos, en ella descubría tres soles: Uno parecía que se posaba en el oriente, otro en el occidente, el tercero en medio día. Era tanto el esplendor de los rayos que emanaban, que se unían unos con otros, de modo que formaban uno solo. Me parecía ver el misterio de la Santísima Trinidad, y el hombre formado con las tres potencias a imagen de Ella. Comprendía también que quien estaba en aquella luz, su voluntad quedaba transformada en el Padre, la inteligencia en el Hijo y la memoria en el Espíritu Santo. ¡Cuántas cosas comprendía! pero no sé manifestarlo.

3-69
Mayo 13, 1900

Privación de Jesús.

(1) Continúa el mismo estado y tal vez aun peor, si bien hago cuanto puedo para estarme quieta sin turbarme, porque así quiere la obediencia, pero con todo esto no dejo de sentir el peso del abandono que me oprime y llega hasta aplastarme. ¡Oh Dios! ¿qué estado es este? ¿Dime al menos en qué te he ofendido? ¿Cuál es la causa? ¡Ah Señor, si quieres continuar en este modo creo que no podré resistir más!
(2) Por eso, en cuanto se ha hecho ver, poniéndome una mano bajo la barbilla en actitud de compadecerme, me ha dicho:
(3) "¡Pobre hija, a qué estado te has reducido!"
(4) Y haciéndome partícipe de sus penas, como rayo ha desaparecido dejándome más afligida que antes, como si no hubiese venido, es más, me siento como si no hubiese venido desde hace mucho tiempo, y siento tal aflicción por esto, que vivo, pero mi vivir es un continuo agonizar. ¡Ah Señor, dame ayuda y no me dejes en el abandono, si bien lo merezco!

3-70
Mayo 17, 1900

Potencia de las almas víctimas.

(1) Continúa el mismo estado de privación y de abandono. Entonces, encontrándome fuera de mí misma veía una inundación de agua mezclada con granizo, parecía que varias ciudades quedaban inundadas con notables daños. Mientras esto veía, me encontraba en gran

consternación porque quería impedir aquella inundación, pero como me encontraba sola y sobre todo no tenía conmigo a Jesús, mis pobres brazos los sentía débiles para poder hacerlo. Entonces, con gran sorpresa he visto venir una virgen (me parecía que era de América), y ella de un punto y yo del otro hemos logrado impedir en gran parte el flagelo que nos amenazaba. Después de esto, habiéndonos reunido, veía aquella virgen con las insignias de la pasión y coronada con corona de espinas, como también me encontraba yo, y a una persona que me parecía que fuese un ángel que decía:

(2) "¡Oh potencia de las almas víctimas! Lo que no nos es dado hacer a nosotros, ángeles, ellas con sus sufrimientos lo pueden hacer. ¡Oh! si los hombres supieran el bien que les viene de ellas, porque están para el bien público y particular, no harían otra cosa que implorar a Dios que multiplique estas almas sobre la tierra".

(3) Después de esto, habiéndonos dicho que nos encomendáramos mutuamente al Señor, nos hemos separado.

3-71
Mayo 18, 1900

Llenar el interior de Dios.

(1) Me encuentro aún privada de mi adorable Jesús, a lo más alguna sombra veo, ¡oh cuánto me cuesta amarlo, cuántas lágrimas debo derramar! Esta mañana, después de haberlo buscado y esperado mucho, lo he encontrado en mi misma cama, todo afligido, con la corona de espinas que le traspasaba la cabeza; se la he quitado poco a poco y la he puesto sobre la mía. ¡Oh, cuán mala me veía ante su presencia! No tenía fuerza para decir una sola palabra. Jesús, teniendo compasión de mí me ha dicho:

(2) "Ten valor, no temas, procura llenar tu interior de Mí y enriquecerlo con todas las virtudes, hasta que se desborden fuera, y cuando llegues a desbordarlas, entonces te llevaré al Cielo y terminarán todas tus privaciones".

(3) Después de esto, ha agregado tomando un aire afligido: "Hija mía, reza, porque están preparados tres diferentes días, uno lejos del otro, de tempestades, granizadas, rayos, inundaciones, que causarán gran daño a los hombres y a las plantas".

(4) Dicho esto ha desaparecido, dejándome un poco más aliviada en el estado en el que me encuentro, pero con un pensamiento: "Quién sabe

cuándo llegaré a desbordarme, y si no lo hago, tal vez me tocará estarme siempre lejana de Él".

3-72
Mayo 20, 1900

Todas las cosas tienen principio de la nada. Necesidad del reposo y del silencio interior.

(1) Encontrándome fuera de mí misma, me parecía que fuese de noche y veía todo el universo, todo el orden de la naturaleza, el cielo estrellado, el silencio nocturno, en suma, me parecía que todo tenía un significado. Mientras esto miraba, me parecía que veía a Nuestro Señor, que tomando la palabra acerca de lo que veía ha dicho:

(2) "Toda la naturaleza invita al reposo, ¿pero cuál es el verdadero reposo? Es el reposo interior y el silencio de todo lo que no es Dios. Mira, las estrellas centelleantes de luz moderada, no deslumbrante como el sol; el sueño y el silencio de toda la naturaleza, de los hombres y hasta de los animales, y que todos buscan un lugar, una cueva donde estarse en silencio y reposarse del cansancio de la vida. Si esto es necesario para el cuerpo, mucho más para el alma es necesario reposarse en su propio centro que es Dios. Pero para poderse reposar en Dios es necesario el silencio interior, como al cuerpo le es necesario el silencio exterior para poderse plácidamente adormecer. ¿Pero cuál es este silencio interior? Es hacer callar las propias pasiones teniéndolas en su lugar, es imponer silencio a los deseos, a las inclinaciones, a los afectos, en suma, a todo lo que no llama a Dios. Ahora, ¿cuál es el medio para llegar a esto? El único medio y de absoluta necesidad es deshacer el propio ser y reducirse a la nada, como era antes de que fuera creada, y cuando haya reducido a la nada su ser, retomarlo en Dios.

(3) Hija mía, todas las cosas tienen principio de la nada, esta misma máquina del universo que tú ves con tanto orden, si antes de crearla hubiera estado llena de otras cosas, no habría podido poner mi mano creadora para hacerla con tanta maestría y dejarla tan espléndida y adornada, a lo más habría podido deshacer todo lo que podía estar, y después rehacerla como a Mí me agradaba; pero estamos siempre ahí, en que todas mis obras tienen principio de la nada, y cuando hay mezcla de otras cosas, no es decoroso para mi Majestad descender y obrar en el alma, pero cuando el alma se reduce a la nada y sube a Mí, y toma su ser en el mío, entonces Yo obro como el Dios que soy, y el alma ahí

encuentra el verdadero reposo. He aquí cómo todas las virtudes tienen principio en la humildad y en el aniquilamiento de sí mismo".

(4) ¿Quién puede decir cuánto comprendía sobre lo que me decía el bendito Jesús? ¡Oh, cómo sería feliz mi alma si pudiese llegar a deshacer mi pobre ser, para poder recibir de mi Dios su Ser Divino! ¡Oh, cómo me ennoblecería, cómo quedaría santificada! ¿Pero qué tontería es la mía, dónde tengo el cerebro si aún no lo hago? ¡Qué miseria humana, que en vez de buscar su verdadero bien y de emprender su vuelo a lo alto, se contenta con arrastrarse por tierra y vivir en el fango y en la podredumbre!

(5) Después de esto mi amado Jesús me ha transportado dentro de un jardín en el que había mucha gente que se preparaba para asistir a una fiesta, pero sólo aquellos que recibían una divisa podían asistir, pero eran pocos los que recibían esta divisa; a mí me vino un gran deseo de recibirla, y tanto hice que logré mi propósito. Después, habiendo llegado al punto donde los recibían, una matrona venerable primero me vistió de blanco, después me puso una banda celestial de la cual pendía una medalla marcada con el rostro de Jesús, y que mientras era rostro al mismo tiempo era espejo, que al contemplarse en él se descubrían las más pequeñas manchas, y que el alma con la ayuda de una luz que venía de dentro de aquel rostro, fácilmente se podía quitar. Me parecía que esa medalla encerraba un significado misterioso. Después ha tomado un manto de oro finísimo y me cubrió toda. Me parecía que vestida así podía competir con las vírgenes bienaventuradas. Mientras esto sucedía Jesús me ha dicho:

(6) "Hija mía, volvamos a ver lo que hacen los hombres, por ahora basta conque estés vestida, cuando sea la fiesta entonces te llevaré para asistir".

(7) Así, después de haber girado un poco, me ha transportado a mi cama.

3-73
Mayo 21, 1900

El estado más sublime es deshacer nuestro querer en el Querer de Dios, y vivir de su Voluntad.

(1) Esta mañana mi adorable Jesús no venía; después de mucho esperar vino y acariciándome me ha dicho:

(2) "Hija mía, ¿sabes cuál es mi mira sobre ti, y el estado que quiero de ti?"

(3) Y deteniéndose un poco ha agregado: "La mira que tengo sobre ti no es de cosas prodigiosas, y de tantas otras cosas que podría obrar en ti para mostrar mi obra, sino que mi mira es absorberte en mi Voluntad y hacerte una sola cosa con Ella, y hacer de ti un ejemplar perfecto de uniformidad de tu querer con el mío. Este es el estado más sublime, es el prodigio más grande, es el milagro de los milagros lo que de ti quiero hacer.

(4) Hija mía, para llegar perfectamente a hacer uno nuestro querer, el alma debe volverse invisible, debe imitarme a Mí, que mientras lleno el mundo con tenerlo absorbido en Mí y con no quedar absorbido en él, me vuelvo invisible y de ninguno me dejo ver. Esto significa que no hay ninguna materia en Mí, sino que todo es purísimo Espíritu, y si en mi Humanidad asumida tomé la materia, fue para semejarme en todo al hombre y darle un ejemplar perfectísimo de cómo espiritualizar esta misma materia. Entonces el alma debe espiritualizar todo y llegar a volverse invisible para poder hacer fácilmente una su voluntad con mi Voluntad, porque lo que es invisible puede ser absorbido en otro objeto. De dos objetos con los que se quiere formar uno solo, es necesario que uno pierda la propia forma, de otra manera jamás se llegaría a formar un solo ser.

(5) ¡Qué fortuna sería la tuya si destruyéndote a ti misma, hasta hacerte invisible, pudieras recibir una forma toda divina! Es más, tú con quedar absorbida en Mí y Yo en ti, formando un solo ser, vendrías a retener en ti la fuente divina, y como mi Voluntad contiene todo el bien que puede existir, vendrías a retener todos los bienes, todos los dones, todas las gracias, y no tendrías que buscarlos en otra parte sino en ti misma. Y si las virtudes no tienen confines, estando en mi Voluntad según la criatura pueda llegar, encontrará su término, porque mi Voluntad hace llegar a adquirir las virtudes más heroicas y más sublimes que la criatura por sí sola no puede superar.

(6) Es tanta la altura de la perfección del alma deshecha en mi Querer, que llega a obrar como Dios, y esto no es de asombrar, porque como no vive más su voluntad en ella, sino la Voluntad de Dios mismo, cesa todo asombro si viviendo con esta Voluntad posee la potencia, la sabiduría, la santidad y todas las otras virtudes que contiene el mismo Dios. Basta decirte, para hacer que tú te enamores y cooperes cuanto puedas por parte tuya para llegar a tanto, que el alma que llega a vivir sólo de mi Querer es reina de todas las reinas y su trono es tan alto, que llega hasta el trono del Eterno, y entra en los secretos de la Augustísima Trinidad y participa en el amor recíproco del Padre, del Hijo y del Espíritu Santo.

¡Oh, cómo todos los ángeles y santos la honran, los hombres la admiran y los demonios la temen, descubriendo en ella al Ser Divino!".

(7) ¡Ah Señor! ¿Cuándo me harás llegar a esto, porque por mí nada puedo? Ahora, ¿quién puede decir lo que el Señor infundía en mí con luz intelectual sobre esta uniformidad de quereres? Es tanta la altura de los conceptos, que mi lengua no bien adiestrada no tiene palabras para expresarlos, apenas he podido decir esto poco, si bien disparatando, de lo que el Señor con luz vivísima me ha hecho comprender.

3-74
Mayo 26, 1900

El querer de Luisa es uno con el de Jesús.

(1) Encontrándome muy afligida por la privación de mi adorable Jesús, que a lo más viene como sombra y relámpago, siento que no puedo seguir adelante si Él quiere continuar así. Entonces, encontrándome en lo sumo de la aflicción, por poco se ha hecho ver, todo cansado, como si tuviera necesidad de un alivio, y poniendo sus brazos a mi cuello me ha dicho:

(2) "Amada mía, tráeme flores y circúndame todo, porque me siento languidecer de amor. Hija mía, el oloroso perfume de tus flores me será de alivio y pondrá un remedio a mis males, porque languidezco y desfallezco".

(3) Yo enseguida he agregado: "Y Tú, amado Jesús mío, dame frutos, porque el ocio y el escaso sufrir aumentan de tal manera mi languidecer, que desfallezco hasta sentirme morir; y entonces no sólo flores, sino que podré darte frutos para poder consolar mayormente tu languidecer". Y Jesús ha vuelto a hablar y me ha dicho:

(4) "¡Oh, cómo nos ajustamos bien, ¿no es verdad? Parece que tu querer es uno con el mío".

(5) Por un momento parecía que quedaba aliviada, como si quisiera cesar el estado en el cual me encontraba, pero después de un poco me he encontrado inmersa en el mismo letargo de antes, privada de mi Sumo Bien, abandonada y sola.

3-75
Mayo 27, 1900

El amor y la gracia penetran en las más íntimas partes del hombre.

(1) Esta mañana, sintiéndome más que nunca afligida por la privación de mi sumo Bien, en cuanto se ha hecho ver me ha dicho:

(2) "Así como un viento impetuoso inviste a las personas y penetra hasta en las vísceras, de modo de sacudir a toda la persona, así mi amor y mi gracia volando sobre las alas de los vientos, invisten y penetran en el corazón, en la mente y en las más íntimas partes del hombre. Con todo esto, el hombre ingrato rechaza mi gracia y me ofende, ¡oh! ¿cuál no es mi acerbo dolor?"

(3) Yo estaba toda confundida y aniquilada en mí misma y no osaba decir una sola palabra, sólo pensaba: "¿Como es que no viene?" Y también: Si viene no lo veo claro, parece que he perdido la claridad, ¿quién sabe si veré develado su hermoso rostro como antes?" Mientras así pensaba, mi benigno Jesús ha agregado:

(4) "Hija mía, ¿por qué temes, si tu estado está en los Cielos por la unión de nuestros quereres?"

(5) Y queriéndome animar y compadecer mi estado doloroso me ha dicho:

(6) "Tú eres mi nuevo Job. No te oprimas demasiado si no me ves con claridad, te lo dije desde el otro día, que no vengo según lo acostumbrado porque quiero castigar a las gentes, y si tú me vieras con claridad comprenderías lo que Yo estoy haciendo, y tu corazón, como ha recibido el injerto del mío, por eso conozco lo que tú vendrías a sufrir, como está sufriendo mi corazón porque me veo obligado a castigar a mis criaturas. Así que para ahorrarte estas penas no me hago ver con claridad".

(7) ¿Quién puede decir las heridas que ha dejado a mi pobre corazón? ¡Ah Señor, dame la fuerza para sostener el dolor!

3-76
Mayo 29, 1900

Amenaza de castigos.

(1) Continuo estando en el mismo estado, me sentía toda oprimida y tenía toda la necesidad de un apoyo para poder soportar la privación de mi sumo Bien. El bendito Jesús, teniendo compasión de mí, por algunos minutos ha mostrado su rostro desde dentro de mi corazón, pero no con claridad, y haciéndome oír su suavísima voz me ha dicho:

(2) "Ten ánimo otro poco hija mía, déjame terminar de castigar y después vendré como antes".

(3) Mientras decía esto, en mi mente pensaba: "¿Cuáles son los castigos que ha comenzado a mandar?" Y Él ha agregado:

(4) "La lluvia continuada es más que granizada, que está haciendo y traerá tristes consecuencias sobre las gentes".

(5) Dicho esto ha desaparecido y yo me he encontrado fuera de mí misma, dentro de un jardín, y desde ahí dentro se veían las cosechas y las viñas secas, y dentro de mí iba diciendo: "Pobres gentes, pobres gentes, ¿cómo harán?" Mientras esto decía, dentro de aquel jardín estaba un niñito que lloraba y gritaba tan fuerte que ensordecía Cielo y tierra, pero ninguno tenía compasión de él, si bien todos lo oían que lloraba tanto, no lo tomaban en cuenta y lo dejaban solo y abandonado. Un pensamiento me ha pasado por la mente: "¿Quién sabe? A lo mejor es Jesús". Pero no estaba segura. Entonces, acercándome a Él le dije: "¿Qué tienes que lloras niño amado? ¿Quieres venir conmigo, ya que todos te han dejado abandonado a tus lágrimas y al dolor que te oprime tanto que te hace gritar tan fuerte?" Pero qué, ¿quién podía calmarlo? Apenas entre sollozos ha respondido que sí, que quería venir. Entonces lo he tomado de la mano para conducirlo junto conmigo, y en el momento mismo de hacer esto me he encontrado en mí misma.

3-77
Junio 3, 1900

La falta de estima hacia las personas, es falta de verdadera humildad.

(1) Encontrándome en el mismo estado, esta mañana, por un poco he visto a mi adorable Jesús, que estaba dentro de mi corazón y dormía, y su sueño atraía a mi alma a adormecerse junto con Él, tanto que sentía todas las potencias interiores adormecidas, sin obrar más. A veces me esforzaba en salir de aquel sueño, pero no podía, cuando por un poco se ha despertado el bendito Jesús y ha mandado por tres veces su aliento dentro de mí, y me parecía que Él quedaba todo absorbido en mí. Después me parecía que Jesús atrajera otra vez dentro de Él esos tres alientos que me había enviado, y yo me he encontrado toda transformada en Él. ¿Quién puede decir lo que sucedía en mí por estos soplos divinos? De aquella unión inseparable entre Jesús y yo, no tengo palabras para expresarla. Después de esto parece que me pude despertar y Jesús, rompiendo el silencio me ha dicho:

(2) "Hija mía, he mirado y he vuelto a mirar, he buscado y he vuelto a buscar, recorriendo toda la tierra, pero en ti he fijado mis miradas y he encontrado mis complacencias, y te he elegido entre miles".

(3) Después, dirigiéndose a ciertas personas que veía, las ha reprendido diciéndoles:

(4) "La falta de estima por las demás personas es falta de verdadera humildad cristiana y de dulzura, porque un espíritu humilde y dulce sabe respetar a todos e interpreta siempre bien los actos de los demás".

(5) Dicho esto ha desaparecido sin decirle ni siquiera una palabra. Sea siempre bendito que así quiere, y todo sea para su gloria.

3-78
Junio 6, 1900

Luisa crucificada, evita algunos castigos sobre Corato.

(1) Como mi adorable Jesús continuaba sin hacerse ver con claridad, esta mañana, habiendo recibido la comunión, el confesor puso la intención de la crucifixión; mientras me encontraba en esos sufrimientos, el bendito Jesús, casi atraído por mis penas se ha mostrado con claridad. ¡Oh Dios! ¿quién puede decir los sufrimientos que sufría Jesús y el estado violento en el cuál se encontraba, porque mientras estaba obligado a mandar los castigos, sentía tal violencia que no quería mandarlos? Daba tanta compasión verlo en este estado, que si los hombres lo pudiesen ver, aunque sus corazones fueran de diamante se romperían como frágil vidrio por la ternura. Entonces he comenzado a rogarle que se aplacara y que se contentara en hacerme sufrir a mí, y que perdonara al pueblo. Después he añadido: "Señor, si no quieres escuchar mis oraciones, sé que lo merezco; si no quieres tener compasión de los pueblos, tienes razón, porque grandes son nuestras iniquidades, pero te pido en gracia que tengas compasión de Ti mismo, ten piedad de la violencia que te haces al castigar a tus imágenes. ¡Ah! sí, te lo pido por amor de Ti mismo, que no mandes castigos hasta llegar a quitar el pan a tus hijos y hacerlos perecer. ¡Ah! no, no es de la naturaleza de tu corazón obrar de este modo, por eso es la violencia que sientes, que si pudiera te daría la muerte".

(2) Y Él, todo afligido me ha dicho: "Hija mía, es la justicia que me hace violencia, y el amor que tengo hacia los hombres me hace violencia más fuerte, tanto, de poner a mi corazón en angustias de muerte al castigar a las criaturas".

(3) Y yo: "Por eso Señor, descarga sobre mí la justicia, y tu amor no será más violentado por la justicia y no se encontrará en conflicto por castigar a las gentes, porque en verdad, ¿cómo harán si Tú actúas, como me haces comprender, secando todo lo que sirve de alimento al hombre? Ah, te pido, déjame sufrir a mí y perdónalos a ellos, si no en todo al menos en parte".

(4) Y Jesús, como si se viera obligado por mis oraciones, se ha acercado a mi boca y ha derramado de la suya un poco de amargura, densa y nauseante, que en cuanto la tragué me produjo tales y tantas especies de penas que me sentía morir. Entonces el bendito Jesús, sosteniéndome en esas penas, de lo contrario hubiera quedado víctima, (y sin embargo no había derramado más que un poco, ¿qué será de su corazón adorable que tanta contenía?), ha suspirado como si se hubiera aliviado de un peso y me ha dicho:

(5) "Hija mía, mi justicia había decidido destruir todo, pero ahora descargándose un poco sobre ti, por amor tuyo concede un tercio de lo que sirve de alimento al hombre".

(6) Y yo: "¡Ah Señor, es muy poco, al menos la mitad!"

(7) Y Él: "No hija mía, conténtate".

(8) Y yo: "No Señor, si no me quieres contentar por todos, al menos conténtame por Corato y por aquellos que me pertenecen".

(9) Y Jesús: "Hoy está preparada una granizada que debe hacer gran daño, tú estás con los dolores de la cruz, sal fuera de ti misma y en forma crucificada ve en el aire y pon en fuga los demonios de encima de Corato, porque ante tu forma crucificada no podrán resistir y se irán a otra parte".

(10) Así he salido fuera de mí misma, crucificada, y he visto la granizada y los rayos que estaban por desencadenarse sobre Corato. ¿Quién puede decir el espanto de los demonios, cómo a la vista de mi forma crucificada corrían, se mordían los dedos de rabia y llegaban a tomarla contra el confesor que esta mañana me había dado la obediencia de sufrir la crucifixión, ya que contra mí no se la podían tomar, es más, eran obligados a huir de mí por la señal de la Redención que advertían? Entonces, después de haberlos puesto en fuga he regresado en mí misma, encontrándome con una buena dosis de sufrimientos. Sea todo para la gloria de Dios.

3-79
Junio 7, 1900

Jesús le entrega las llaves de la justicia y una luz para descubrirla.

(1) Como me encontraba en algún modo sufriente, me parecía que aquellos sufrimientos eran una dulce cadena que atraía a mi buen Jesús a hacerlo venir casi de continuo, y me parecía que aquellas penas llamaban a Jesús para hacerlo derramar en mí otras amarguras. Entonces, al venir, ahora me sostenía en sus brazos para darme fuerza, y ahora derramaba de nuevo. Yo de vez en cuando le decía: "Señor, ahora siento en mí parte de tus penas, te ruego que me contentes, como te dije ayer de darme al menos la mitad de lo que sirve para alimento del hombre".

(2) Y Él: "Hija mía, para contentarte te entrego las llaves de la justicia y el conocimiento de cuánto es necesario absolutamente castigar al hombre, y con esto harás lo que te plazca, ¿no estás contenta por ello?"

(3) Al oírme decir esto me consolé y decía en mi interior: "Si está en mí, de hecho no castigaré a ninguno". Pero cómo quedé desengañada cuando el bendito Jesús me dio una llave y me puso en medio de una luz, y mirando desde en medio de aquella luz descubría todos los atributos de Dios, y también los de la justicia. ¡Oh, cómo todo está ordenado en Dios! Y si la justicia castiga, es orden; y si no castiga no estaría en orden con los demás atributos. Ahora me veía como miserable gusano en medio de aquella luz, y que si quisiera impedir el curso a la justicia, estropearía el orden e iría en contra de los mismos hombres, porque comprendía que la misma justicia es amor purísimo hacia ellos. Entonces me he encontrado toda confundida y molesta, por eso para desentenderme he dicho a nuestro Señor: "Con esta luz de la cual me habéis rodeado entiendo las cosas diversamente, y si me dejaras obrar a mí lo haría peor que Tú, por eso no acepto este conocimiento y renuncio a las llaves de la justicia; lo que acepto y quiero es que me hagas sufrir a mí y que liberes a las gentes; del resto no quiero saber nada".

(4) Y Jesús sonriendo ante mi hablar me ha dicho:

(5) "¡Cómo! tan pronto quieres desentenderte, no queriendo conocer ninguna razón y queriéndome hacer violencia más fuerte te quieres salir con dos palabras: Hazme sufrir a mí y libéralos".

(6) Y yo: "Señor, no es que no quiera saber ninguna razón, sino que no es oficio mío, sino tuyo. Mi oficio es el de ser víctima, por eso Tú haz tu oficio y yo hago el mío, ¿no es verdad mi amado Jesús?"

(7) Y Él, mostrando como una aprobación ha desaparecido.

3-80
Junio 10, 1900

Oficio de víctima. Castigos.

(1) Me parece que mi adorable Jesús continúa dividiendo en dos a la justicia al derramar un poco en mí y el resto en las gentes. Esta mañana, especialmente cuando me he encontrado con Jesús, se me desgarraba el alma al ver la tortura de su dulcísimo corazón al castigar a las criaturas. Era tanto el estado sufriente en el cual se encontraba, que no hacía otra cosa que emitir continuos gemidos, tenía en la cabeza una tupida corona de espinas, toda encarnada, tanto que la cabeza parecía un conjunto de espinas. Entonces, para aliviarlo un poco le he dicho: "Dime Bien mío, ¿qué tienes que estás tan sufriente? Permíteme que te quite estas espinas que no poco te atormentan". Pero Jesús no me respondía, es más, ni siquiera escuchaba lo que yo decía. Entonces me he puesto a quitar aquellas espinas, una por una, y después las he puesto sobre mi cabeza. Ahora, mientras esto hacía, he visto que en lugares lejanos debía suceder un terremoto que haría matanza de gente. Después Jesús ha desaparecido y yo he regresado en mí misma, pero con suma aflicción mía al pensar en el estado sufriente de Jesús y en las desgracias de la miserable humanidad.

3-81
Junio 12, 1900

La obediencia la hace pedir a Jesús que la haga sufrir para impedir los castigos.

(1) Esta mañana al venir mi amable Jesús he comenzado a decir: "Señor, ¿qué haces? Parece que te adentras demasiado con la justicia". Y mientras quería continuar hablando para excusar las miserias humanas, Jesús me ha impuesto silencio diciéndome:
(2) "Calla, si quieres que me entretenga contigo ven a besarme y a sanar con tus acostumbradas adoraciones todos mis miembros sufrientes".
(3) Así he comenzado por la cabeza, y después, poco a poco por los otros miembros. ¡Oh, cuántas llagas profundas tenía aquel cuerpo sacrosanto, que el sólo mirarlas daba horror! Entonces, no apenas había terminado ha desaparecido, dejándome con poquísimo sufrimiento y con un temor: quién sabe cómo se derramará sobre las gentes, porque no se ha dignado derramar sobre mí sus amarguras.
(4) Poco después ha venido el confesor y le he dicho lo anterior, y él me dijo que hoy, por obediencia absoluta, cuando haga la meditación debes

pedirle que te haga sufrir la crucifixión y que deje de mandar los flagelos. Entonces, cuando hice la meditación, en cuanto se hizo ver le he rogado de acuerdo a la obediencia recibida, pero no me puso atención, es más, ahora se hacía ver que volteaba la espalda a la gente, ahora que dormía para no ser importunado por mí, y que sé yo, me sentía morir porque no se preocupaba por hacerme hacer la obediencia; entonces he tomado valor, y poniendo toda la confianza en la santa obediencia lo he tomado por un brazo, y moviéndolo para despertarlo le he dicho: "Señor, ¿qué haces? ¿Este es el amor que le tienes a tu virtud predilecta de la obediencia? ¿Estos son los elogios que tantas veces le habéis dado? ¿Estos son los honores que le habéis prodigado, hasta decir que te sientes sacudido y no puedes resistir a la virtud de la obediencia y te sientes cautivar por el alma que se dona a esta virtud, que ahora parece que no te importa el hacerme obedecer? Mientras esto y otras cosas decía, y que me alargaría demasiado si quisiera escribirlas, el bendito Jesús se ha sacudido, y como golpeado por un vivísimo dolor, ha roto en abundante llanto, y sollozando ha dicho:

(5) "Tampoco Yo quiero mandar flagelos, es la justicia que me obliga casi a fuerza, pero tú con este hablar me quieres herir a lo vivo y tocarme una fibra muy delicada para Mí y muy amada por Mí, tanto que no quise otro honor ni otro título que el de obediente. Y para hacerte ver que no es que no me importe hacerte obedecer, con todo lo que la justicia me obliga a no hacerlo, te participo en parte los dolores de la cruz".

(6) Mientras esto hacía, ha desaparecido, dejándome contenta porque me ha hecho obedecer y con un disgusto en el alma, como si hubiese sido causa de hacer llorar al Señor con mi hablar. ¡Ah Señor, te pido que me perdones!

3-82
Junio 14, 1900

Efectos de la cruz.

(1) Encontrándome no poco sufriente, mi adorable Jesús al venir toda me compadecía y me ha dicho:
(2) "Hija mía, ¿qué tienes que sufres tanto? Déjame aliviarte un poco".
(3) Y (pero Jesús estaba más sufriente que yo) así me ha dado un beso, y como estaba crucificado me atrajo fuera de mí misma y ha puesto mis manos en las suyas, mis pies en los suyos, mi cabeza apoyaba sobre la suya y la suya sobre la mía. ¡Cómo estaba contenta al encontrarme en

esta posición! Si bien los clavos y las espinas de Jesús me causaban dolor, eran dolores que me daban alegría porque eran sufridos por amor a mi amado Bien; es más, hubiera querido que aumentaran. También Jesús parecía contento de mí porque me tenía en aquel modo atraída a Él. Me parecía que Jesús me consolaba y yo era consuelo para Él.

(4) Entonces, en esta posición hemos salido fuera, y habiendo encontrado al confesor, enseguida pedí por sus necesidades y le he dicho al Señor que se dignara hacer oír al confesor cómo es dulce y suave su voz. Jesús para contentarme se dirigió a él y le habló de la cruz diciéndole:

(5) "La cruz absorbe en el alma mi Divinidad, la asemeja a mi Humanidad y copia en sí misma mis mismas obras".

(6) Después hemos continuado girando otro poco y, ¡oh, cuántas escenas dolorosas que traspasaban el alma de lado a lado! Las graves iniquidades de los hombres, que ni siquiera se doblegan ante la justicia, al contrario, se arrojan con mayor furor, como si quisieran dar dobles heridas por cada herida, y la gran miseria que ellos mismos se están preparando. Entonces, con suma amargura nuestra nos hemos retirado; Jesús ha desaparecido y yo me he encontrado en mí misma.

3-83
Junio 17, 1900

Ponerse en Dios y no salir de los confines de la paz, es lo mismo.

(1) Como esta mañana el bendito Jesús no venía, en mi interior me sentía suscitar alguna sombra de turbación sobre el por qué no venía; Entonces al venir me ha dicho:

(2) "Hija mía, contenerse en Dios y no salir de los confines de la paz es todo lo mismo. Así que si tú adviertes un poco de turbación, es señal de que sales un poco de dentro de Dios, porque contenerse en Él y no tener perfecta paz es imposible, mucho más que los confines de la paz son interminables, más bien todo lo que pertenece a Dios, todo es paz".

(3) Después ha agregado: "¿No sabes tú que las privaciones al alma sirven como el invierno a las plantas, que hace que profundicen más las raíces, las fortifica y las hace reverdecer y florecer en mayo?"

(4) Después de esto me ha transportado fuera de mí misma, y habiéndole encomendado varias necesidades, desapareció, y yo me he encontrado en mí misma, con el deseo de mantenerme siempre dentro de Dios, a fin de que me pudiera encontrar dentro de los confines de la paz.

3-84
Junio 18, 1900

Todo lo creado nos enseña el amor de Dios, el cuerpo llagado de Jesús, el amor del prójimo.

(1) Jesús sigue sin venir, y yo trataba de ocuparme en considerar el misterio de la flagelación. Mientras esto hacía he visto al bendito Jesús todo llagado y chorreando sangre y me ha dicho:

(2) "Hija mía, el cielo con todo lo creado te enseña el amor de Dios; mi cuerpo llagado te enseña el amor del prójimo, tanto, que mi Humanidad unida a mi Divinidad, de dos naturalezas hice una sola y las volví inseparables, porque no sólo satisfice a la divina justicia, sino realicé la salvación de los hombres. Y para hacer que todos asumieran esta obligación de amar a Dios y al prójimo, no sólo hice de esto una sola obligación, sino que llegué a hacer de esta obligación un precepto divino. Así que mis llagas y mi sangre son tantas lenguas que enseñan a cada cual el modo de amarse, y la obligación que todos tienen de poner atención a la salvación de los demás".

(3) Después, tomando un aspecto más afligido ha agregado:

(4) "Qué despiadado tirano es para mí el amor, porque no sólo empleé todo el curso de mi vida mortal en continuos sacrificios, hasta morir desangrado sobre una cruz, sino que me dejé como víctima perenne en el sacramento de la Eucaristía. Y no sólo esto, sino que a todos mis miembros predilectos los tengo víctimas vivientes en continuos sufrimientos, empeñados en la salvación de los hombres, como entre tantos te elegí a ti para tenerte sacrificada por amor mío y por los hombres. ¡Ah sí! Mi corazón no encuentra descanso ni reposo si no encuentra al hombre, y el hombre, ¿cómo me corresponde? ¡Con ingratitudes enormísimas!"

(5) Dicho esto ha desaparecido.

3-85
Junio 20, 1900

La humildad más perfecta produce en el alma la unión más íntima con Dios.

(1) Esta mañana, estando fuera de mí misma y no encontrando a mi sumo Bien, he debido girar y girar en busca de Él; cuando me he cansado hasta

sentirme desfallecer, lo sentí detrás de mi espalda, que me sostenía. Entonces estiré el brazo y lo jalé hacia el frente diciéndole: "Amado mío, sabes que no puedo estar sin Ti, no obstante me haces esperar tanto, hasta hacerme desfallecer. Dime al menos, ¿cuál es la causa, en qué te he ofendido que me sometes a desgarros tan crueles, a martirios tan dolorosos como es tu privación?" Y Jesús interrumpiendo mi hablar me ha dicho:

(2) "Hija mía, hija mía, no agregues más desgarros a mi corazón exacerbado a lo sumo, pues se encuentra en continua lucha por las violencias que constantemente todos me hacen: Violencia me hacen las iniquidades de los hombres, que atrayendo sobre ellos la justicia me fuerzan a castigarlos, y la justicia poniéndose en continua lucha con el amor que tengo hacia los hombres, me desgarra el corazón en modo tan doloroso, de hacerme morir continuamente; violencia me haces tú, porque viniendo Yo y conociendo tú los castigos que estoy enviando, no te estás quieta, no, sino que me fuerzas, me haces violencia y no quieres que castigue, y sabiendo Yo que tú no puedes hacer de otra manera ante mi presencia, para no exponer mi corazón a una lucha más fiera, me abstengo de venir. Por eso no quieras violentarme en hacerme venir ahora; déjame desahogar mi furor y no quieras acrecentar mis penas con tus palabras. En lo demás no quiero que pienses, porque la humildad más perfecta, más sublime, es la de perder toda razón y no discurrir acerca del por qué y del cómo, sino deshacerse en la propia nada, y mientras el alma hace esto, sin advertirlo se encuentra perdida en Dios, y esto produce en ella la unión más íntima, el amor más perfecto hacia el sumo Bien. Esto con sumo provecho del alma, porque perdiendo la propia razón adquiere la razón divina, y perdiendo todo pensamiento sobre sí misma, esto es, si está fría o caliente, si son favorables o adversas las cosas que le suceden, se interesará y adquirirá un lenguaje todo celestial y divino.

(3) Además de esto, la humildad produce en el alma una vestidura de seguridad, por lo que envuelta en este vestido de seguridad, el alma se está en la calma más profunda, embelleciéndose toda para agradar a su querido y amado Jesús".

(4) ¿Quién puede decir cómo he quedado sorprendida por este hablar de Jesús? No tuve ni una palabra para responderle. Poco después desapareció y yo me he encontrado en mí misma, quieta, sí, pero afligida a lo sumo, primero por las aflicciones y las luchas en las cuales se encontraba mi amado Jesús, y después por el temor de que no viniera. ¿Quién podrá resistir? ¿Cómo haré para soportarme a mí misma por su ausencia? ¡Ah Señor, dame la fuerza para soportar tan duro martirio, tan

insoportable a mi pobre alma! Por lo demás, di lo que quieras, porque por mí no dejaré ningún medio, intentaré todos los caminos, usaré todas las estratagemas para atraerte a que vengas.

3-86
Junio 24, 1900

La cruz es el alimento de la humildad.

(1) Después de haber pasado algunos días de privación, en que a lo más se hacía ver como sombra, como un relámpago, mis potencias las sentía todas adormecidas, de modo que yo misma no entendía lo que sucedía en mi interior. En este adormecimiento una sola pena se despertaba en mi interior, y era que me parecía que me había pasado como a uno que mientras duerme pierde la vista, o bien es despojado de todas sus riquezas, por lo que el miserable no puede ni dolerse, ni defenderse, ni usar algún medio para liberarse de sus infortunios. ¡Pobrecito, en qué estado tan desastroso se encuentra! Pero, ¿cuál es la causa? El sueño, porque si estuviera despierto ciertamente se sabría defender de sus desventuras. Así es mi mísero estado, no me es dado ni siquiera dar un gemido, un suspiro, derramar una lágrima, porque he perdido de vista a Aquel que es todo mi amor, todo mi bien y que forma todo mi contento. Parece que para que yo no sufra por su privación me ha adormecido y me ha dejado. ¡Ah! Señor, despiértame Tú, a fin de que pueda ver mis miserias y conocer al menos de qué estoy privada.

(2) Ahora, mientras me encontraba en este estado, desde dentro de mi interior he oído al bendito Jesús que se lamentaba continuamente. Aquellos lamentos han herido mis oídos y despertándome un poco he dicho: "Mi solo y único Bien, por tus lamentos advierto el estado tan sufriente en el cual te encuentras, esto te sucede porque quieres sufrir solo y no quieres hacerme partícipe de tus penas, es más, para no tenerme en tu compañía me has adormecido y me has dejado sin hacerme entender más nada. Entiendo el por qué de todo esto, para estar más libre en castigar, pero ¡ah! ten compasión de mí, pues sin Ti estoy ciega, y ten compasión de Ti, porque siempre es bueno en todas las circunstancias tener quien te haga compañía, que te consuele y que de algún modo mitigue tu furor, porque por ahora estás firme en mandar flagelos, pero cuando veas a tus imágenes perecer por la miseria, te lamentarás más que ahora y tal vez me dirás: "¡Ah, si tú te hubieras empeñado más en aplacarme, si hubieras tomado sobre ti las penas de

las criaturas, no vería tan destrozados a mis mismos miembros!" ¿No es verdad mi pacientísimo Jesús? ¡Ah, consuélate un poco y déjame sufrir en lugar tuyo!"

(3) Mientras esto decía, Él se lamentaba continuamente, casi en acto de querer ser compadecido y aliviado, pero quería que le arrancara casi por fuerza este mismo alivio, por lo que tras mis ruegos ha extendido en mi interior sus manos y pies clavados y me ha participado un poco sus penas. Después de esto, dando un poco de tregua a sus lamentos me ha dicho:

(4) "Hija mía, son los tristes tiempos que a esto me obligan, porque los hombres se han fortalecido y ensoberbecido tanto, que cada uno cree ser dios para sí mismo, y si Yo no pongo mano a los flagelos haría un daño a sus almas, porque sólo la cruz es el alimento de la humildad. Entonces, si no hiciera esto, Yo mismo les haría faltar el medio para humillarlos y rendirlos de su extraña locura, si bien la mayor parte me ofenden más, pero Yo hago como un padre que reparte a todos el pan para alimentarlos; que algunos hijos no lo quieran tomar, más bien que se sirvan de él para arrojarlo en la cara al padre, ¿qué culpa tiene de ello el pobre padre? Así soy Yo. Por eso compadéceme en mis aflicciones".

(5) Dicho esto ha desaparecido dejándome medio despierta y medio adormecida, no sabiendo yo misma ni si debo despertarme perfectamente, ni si debo dormirme otra vez.

3-87
Junio 27, 1900

El alma debe reconocerse en Jesús, no en sí misma.

(1) Continúo estando adormecida. Esta mañana por pocos minutos me he encontrado despierta y comprendía mi estado miserable, sentía la amargura de la privación de mi sumo y único Bien; apenas pude derramar dos lágrimas diciéndole: "Mi siempre buen Jesús, ¿cómo es que no vienes? Estas son cosas que no se hacen, herir a un alma de Ti y después dejarla. Y además, para no hacerle conocer lo que haces la dejas en poder del sueño. ¡Ah, ven, no me hagas esperar tanto!" Mientras esto y otros desatinos más decía, en un instante ha venido y me ha transportado fuera de mí misma; y como yo quería decirle mi pobre estado, Jesús imponiéndome silencio me ha dicho:

(2) "Hija mía, lo que quiero de ti es que no te reconozcas más en ti misma, sino que te reconozcas solamente en Mí; así que de ti no te recordarás

más, ni tendrás más reconocimiento de ti, sino te recordarás de Mí, y desconociéndote a ti misma adquirirás sólo mi reconocimiento, y a medida que te olvides y te destruyas a ti misma, así avanzarás en mi conocimiento y te reconocerás solamente en Mí, cuando hayas hecho esto, no más pensarás con tu mente sino con la mía, no mirarás con tus ojos, no más hablarás con tu boca, ni palpitarás con tu corazón, ni obrarás con tus manos, ni caminarás con tus pies, sino todo con lo mío, porque para reconocerse solamente en Dios, el alma tiene necesidad de ir a su origen y regresar a su principio, Dios, esto es, de donde salió, y que se uniforme toda sí misma a su Creador; y que todo lo que retiene de sí misma y que no es conforme a su principio, lo debe deshacer y reducirse a la nada. Sólo en este modo, desnuda, deshecha, puede regresar a su origen y reconocerse sólo en Dios, y obrar según el fin para el cual ha sido creada. He aquí entonces que para uniformarse toda en Mí, el alma debe volverse indivisible Conmigo".

(3) Mientras esto decía yo veía el castigo terrible de las plantas secas y como debe avanzar más. Apenas he podido decir: "¡Ah! Señor, ¿cómo harán las pobres gentes?" Y Él, para no prestarme atención, como un relámpago ha huido y desapareció. ¿Quién puede decir la amargura de mi alma al encontrarme en mí misma, por no haberle podido decir ni siquiera una palabra por mí y por mi prójimo, y por la tendencia al sueño, porque de nuevo estoy en ese estado?

3-88
Junio 28, 1900

Los castigos presentes, no son otra cosa que una preparación a los castigos futuros.

(1) Esta mañana, encontrándome sumamente afligida por la privación de mi amante Jesús, en cuanto lo he visto me ha dicho:

(2) "Hija mía, cuántas máscaras se quitarán en estos tiempos de castigos, porque estos castigos presentes no son otra cosa que una preparación a todos los castigos que te manifesté en el curso del año pasado".

(3) Mientras esto decía, yo en mi interior pensaba: "Si el Señor continúa haciendo en el mismo modo en que está haciendo, esto es, que como quiere mandar castigos no viene, no me participa sus penas, me trata con modos insólitos, ¿quién podrá resistir? ¿Quién me dará la fuerza para permanecer en este estado?" Y Jesús respondiendo a mi pensamiento ha agregado en actitud de compadecerme:

(4) "Y entonces, ¿quieres tú que suspenda por un poco el estado de víctima y después te lo haga retomar?"

(5) Mientras esto decía he sentido confusión y amargura, veía que el Señor con esa propuesta me arrojaba de Sí, porque no he sabido decir ni sí, ni no, o bien para oír qué cosa decide la obediencia. Entonces, sin esperar mi respuesta ha desaparecido, dejándome como un clavo fijo en el corazón al pensar que Jesús me arrojaba de Sí. Era tanto el dolor que no hice otra cosa que derramar lágrimas amargas.

3-89
Junio 29, 1900

Jesús y Luisa se reconfortan recíprocamente.

(1) Estando aún amargada, mi adorable Jesús teniendo compasión de mí ha venido, y parecía que me sostenía entre sus brazos. Después, transportándome fuera de mí misma veía que reinaba un profundo silencio, una tristeza, un luto por todas partes. Era tanta la impresión que causaba en el ánimo el ver en aquel modo a las gentes, que se sentía una estrechura en el corazón. Entonces el bendito Jesús, llevándome aparte me ha dicho:

(2) "Hija mía, alejemos por poco lo que nos aflige y reconfortémonos mutuamente".

(3) Mientras esto decía ha comenzado a acariciarme y a besarme, pero era tanta mi confusión que no me atrevía a devolverle los besos y las caricias, y Él ha agregado:

(4) "¡Cómo! Yo te reconforto a ti con besos y con caricias, ¿y tú no quieres reconfortarme a Mí dándome tus besos y tus caricias?"

(5) Así me he sentido con la confianza de pagarle con la misma moneda; y mientras esto hacía ha desaparecido.

3-90
Julio 2, 1900

Con sus sufrimientos, Luisa evita un castigo.

(1) Continúo estando amargada y afligida, como una tonta. Esta mañana no había venido Jesús, pero vino el confesor y ha puesto la intención de la crucifixión. Pero el bendito Jesús no concurría, y después de haberle

rogado que se dignara hacerme obedecer, en cuanto se hizo ver me ha dicho:

(2) "¿Qué quieres? ¿Por qué me quieren hacer violencia a la fuerza una vez que es necesario castigar a los pueblos?"

(3) Y yo: "Señor, no soy yo, es la obediencia que así lo quiere".

(4) Y Él: "Si es la obediencia, está bien, quiero participarte mi crucifixión y a la vez quiero reconfortarme un poco".

(5) Mientras esto decía me participó los dolores de la cruz, y mientras yo sufría, Jesús se ha puesto junto a mí y parecía que se reconfortaba un poco. Ahora, mientras me encontraba en esta posición junto con Él, me ha hecho ver en el aire, que por una parte venía una nube negra, negra, que al sólo verla daba terror y espanto, y todos decían: "Esta vez morimos". Mientras todos estaban aterrados, se ha levantado en medio de Jesús y yo una cruz resplandeciente, que poniéndose contra aquella borrasca la puso en fuga en gran parte, tanto que parecía que las gentes se calmaban. No sé decirlo ciertamente, pero me parece que era un huracán acompañado de rayos y de granizadas tan fuertes, que tenía fuerza de arrancar las construcciones; y la cruz que la puso en fuga en gran parte, me parecía que era mi pequeño sufrir que Jesús me ha participado. Sea bendito el Señor y todo sea para su gloria y honor.

3-91
Julio 3, 1900

Castigos con enfermedades contagiosas.

(1) Esta mañana, habiendo recibido la comunión, en cuanto vi a mi adorable Jesús le he dicho: "Mi amado Señor, ¿cómo es que mandas tantos castigos? ¿Por qué esta vez no quieres a ningún costo aplacarte? Parece que todos los medios son inútiles, ni el rogar, ni el decir "Señor, derrama en mí tus amarguras". ¡Ay, no ha sido tu costumbre obrar en este modo!" Mientras esto decía, Jesús bendito interrumpiendo mi hablar ha respondido:

(2) "Sin embargo hija mía, los castigos que estoy mandando son nada aún en comparación de aquellos que están preparados. Por eso no quieras afligirte por esto, porque no son materia de gran aflicción".

(3) Mientras esto decía, delante de mí veía a muchas personas infectadas con enfermedades contagiosas, que morían por ellas, entonces, presa de espanto le he dicho: "¡Ah Señor! ¿Se necesita también esto? ¿Qué haces? ¿Qué haces? Si esto quieres hacer, sácame de esta tierra, pues

no me resiste el ánimo ver espectáculos tan funestos. Y además, ¿quién podrá resistir continuar en este estado en el que me has puesto, de que no vienes, o vienes como sombra, y no sólo eso, sino que me dejas atontada, adormecida, que no me haces entender más nada? Sin embargo me dijiste que me habrías dejado así hasta que de algún modo desahogaras tu furor. Ahora quieres agregar furor a furor, parece que no terminarás por ahora, así que, ¡pobre de mí, pobre de mí! ¿Quién me dará la fuerza para estar en este estado? ¿Quién podrá resistir?"

(4) Mientras desahogaba mi aflicción, Jesús, compadeciéndome me ha dicho:

(5) "Hija mía, no temas de tu estado de adormecimiento, esto dice que así como Yo estoy con las gentes, como si durmiera, como si no las oyese y viese, así te he puesto a ti en el mismo estado. Por lo demás, si te disgusta, te lo dije la otra vez, ¿quieres que te suspenda el estado de víctima?"

(6) Y yo: "Señor, la obediencia no quiere que acepte la suspensión".

(7) Y Él: "Y bien, ¿qué quieres de Mí? Estate quieta y obedece".

(8) ¿Quién puede decir qué tan afligida quedé? Y no sólo esto, sino que me parece que quedaron tan adormecidas mis potencias internas, que vivo como si no viviera. ¡Ah Señor, ten piedad de mí, no me dejes en abandono, en un estado tan lamentable y doloroso!

3-92
Julio 9, 1900

Vivir no sólo para Dios sino en Dios.

(1) Continúa el mismo estado y tal vez aún peor, y si alguna vez se hace ver es como sombra y rayo, y casi siempre en silencio. Esta mañana, encontrándome en lo sumo de la aflicción y de la torpeza por el sueño continuo, en cuanto se ha hecho ver me ha dicho:

(2) "Ánimo hija mía, el alma verdaderamente mía no sólo debe vivir para Dios, sino en Dios. Tú busca vivir en Mí, porque en Mí encontrarás el receptáculo de todas las virtudes, y paseando en medio de ellas te alimentarás de su perfume, tanto, de quedar llena de ellas, y tú misma no harás otra cosa que enviar luz y perfume celestial, porque el vivir en Mí es la verdadera virtud, y tiene virtud de dar al alma la misma forma de la Divina Persona en la cual hace su morada, y de transformarla en las mismas virtudes divinas de las cuales se nutre".

(3) Después de esto como relámpago ha desaparecido, y mi alma corriendo detrás de aquel relámpago se ha encontrado fuera de mí misma, pero ya había huido y no me ha sido dado el encontrarlo de nuevo, y sufrí la amargura de ver granizadas terribles que habían hecho grandes estragos, rayos que habían producido incendios y otras cosas que estaban preparadas. Después de haber visto esto, me he encontrado en mí misma, más afligida que antes.

3-93
Julio 10, 1900

Diferencia entre vivir para Dios y vivir en Dios.

(1) Encontrándome en la misma confusión, como un relámpago se ha hecho ver y me ha hecho entender que no había escrito todo lo que Él me había dicho ayer, esto es, que el alma no sólo debe vivir para Dios, sino en Dios. Entonces el bendito Jesús me repitió la diferencia que hay entre el vivir para Dios y el vivir en Dios, diciéndome:

(2) "En el vivir para Dios, el alma puede estar sujeta a las turbaciones, a las amarguras, a ser inconstante, a sentir el peso de las pasiones, a mezclarse en las cosas terrenas. Pero en el vivir en Dios no, todo es diferente, porque la cosa principal para hacer que una persona pueda entrar a habitar en otra persona, es dejar todo lo que es suyo, esto es, despojarse de todo, dejar las propias pasiones, en una palabra, dejar todo para encontrar todo en Dios. Ahora, cuando el alma no sólo se ha despojado, sino se ha reducido muy bien, entonces podrá entrar por la puerta estrecha de mi corazón a vivir en Mí, a mi modo y de mi misma vida, porque si bien mi corazón es grandísimo, tanto que no hay termino a sus confines, pero la puerta es estrechísima y sólo puede entrar quien está despojado de todo; y esto con razón, porque siendo Yo santísimo, no admitiría jamás a vivir en Mí alguien que fuese extraño a mi Santidad. Por eso hija mía, busca vivir en Mí y poseerás el paraíso anticipado".

(3) ¿Quién puede decir cuánto comprendía sobre este vivir en Dios? Pero después ha desaparecido y he quedado en mi mismo estado.

3-94
Julio 11, 1900

Los sufrimientos de Luisa hacen menos rigurosos los castigos.

(1) Esta mañana, habiendo recibido la comunión y continuando el mismo estado de confusión, estaba toda recogida en mí misma, cuando vi a mi adorable Jesús que venía deprisa hacia mí diciéndome:

(2) "¡Hija mía, mitiga un poco mi furor, de otra manera... !".

(3) Y yo, toda asustada he dicho: "¿Qué quieres que haga para calmar tu furor?"

(4) Y Él: "Con llamar en ti mis sufrimientos vendrás a aplacar mi furor".

(5) Mientras estaba en esto veía como si llamara al confesor, mandando un rayo de luz, y él enseguida ha puesto la intención de hacerme sufrir la crucifixión. El Señor bendito prontamente ha concurrido y yo me he encontrado en tantos sufrimientos, que por la fuerza de los dolores me sentí salir el alma del cuerpo; cuando creí que estaba a punto de expirar, y yo contenta de que Jesús recibiera mi alma, vi al confesor que con decir "basta, basta", me llamaba nuevamente en mí misma.

(6) Entonces Jesús me ha dicho: "La obediencia te llama".

(7) Y yo: "¡Ah Señor, me quiero venir!"

(8) Y Jesús: "¿Qué quieres de Mí? La obediencia continúa llamándote".

(9) Y así parece que esta nueva obediencia no dejó ir más allá los sufrimientos, pero obediencia ciertamente cruel para mí, porque mientras me parecía llegar al puerto, he sido arrojada fuera a navegar el camino. Después, si bien quedé sufriente, pero ya no me sentía morir, y mi benigno Señor ha continuado diciéndome:

(10) "Hija mía, si tú hoy no hubieras calmado mi furor, habría llegado al colmo, que no sólo habría destruido las plantas, sino también a los hombres, y si el mismo confesor no se hubiese interpuesto con llamar nuevamente en ti mis sufrimientos, no habría ni siquiera tenido consideración de él. Es verdad que son necesarios los castigos, pero es necesario que de vez en cuando, cuando mi furor avance, tú me lo calmes, de lo contrario hija mía, ¡cuántos flagelos de más mandaré!"

(11) Y mientras esto decía, me parecía verlo todo cansado, que lamentándose, ahora decía: "¡Hija mía!", y ahora: "¡Hijos míos! ¡Pobres hijos míos, cómo os veo reducidos!" Y con mi sorpresa me ha hecho entender que después de haberse calmado un poco debía volver a tomar el furor para continuar los castigos, y que esto había servido sólo para hacer que no castigara demasiado a las gentes. ¡Ah Señor, aplácate y ten piedad de aquellos que Tú mismo llamas "hijos míos"!

3-95

Julio 14, 1900

El decreto de los castigos está firmado.

(1) Parece que he pasado varios días sin estar sumergida en el letargo del sueño, y estando un poco junto a Jesús bendito, dándonos mutuamente un poco de alivio. Pero cuánto temo que me tenga que arrojar otra vez en aquel sueño tan profundo. Entonces esta mañana, después de haberme reconfortado con la leche que escurría de su boca al derramarla en mí, y yo lo reconforté quitándole la corona de espinas para clavarla en mi cabeza, todo afligido me ha dicho:

(2) "Hija mía, el decreto de los castigos está firmado, no queda más que decidir el tiempo de su ejecución".

3-96
Julio 16, 1900

Los castigos sirven para bien de las criaturas.

(1) Esta mañana mi adorable Jesús no venía. Después de mucho esperar ha venido y me ha dicho:

(2) "Hija mía, la mejor cosa es ponerte en Mí y en mi Querer, entonces, poniéndote en Mí, y siendo Yo paz, aunque vieras mandar castigos quedarías en paz, sin sentir turbación".

(3) Y yo: "¡Ah Señor, siempre estás en eso, en los castigos! Aplácate de una vez y no castigues más! Además, no puedo abandonarme en tu Querer en esto".

(4) Y Él ha agregado: "No puedo aplacarme. ¿Qué dirías tú si vieras a una persona desnuda, que en vez de cubrir su desnudez pusiera atención a adornarse con bagatelas, dejando las partes más íntimas expuestas a la desnudez?"

(5) Y yo: "Me daría horror verla y ciertamente la desaprobaría".

(6) Y Él: "Pues bien, así son las almas, desnudas del todo, no tienen más virtudes que las cubran. Por eso es necesario que las golpee, las castigue, las despoje, para hacerlas entrar en ellas mismas y que se fijen en la desnudez de sus almas, cosa más necesaria que la del cuerpo. Y si esto no hiciera, pondría más atención a las bagatelas, como la persona desaprobada por ti, las cuales son cosas que se refieren al cuerpo y no pondría atención a la cosa más esencial, cual es el alma, a la que han vuelto tan monstruosa que no se reconoce más".

(7) Después de esto me parecía que tuviera en la mano una cuerdita, que pasándola por detrás del cuello me ataba y después ataba el suyo a esa misma cuerda, y así ha hecho al corazón y a las manos, y con esto parecía que me ataba toda a su Querer. Habiendo hecho esto ha desaparecido.

3-97
Julio 17, 1900

Luisa da un alivio a Jesús. Él le hace considerar los castigos que evita.

(1) Habiendo recibido la comunión, no veía según la costumbre al bendito Jesús. Después de haber esperado mucho, me he sentido salir fuera de mí misma y lo he encontrado. En cuanto lo he visto me ha dicho:

(2) "Hija, estaba esperándote para poderme reposar un poco en ti, porque no puedo más. ¡Ah, dame un alivio!"

(3) Inmediatamente lo he tomado entre mis brazos para contentarlo, y vi que tenía una llaga profunda en el hombro, que daba compasión y horror mirarla. Entonces por pocos minutos se ha reposado; después de ese breve reposo vi y la llaga había casi sanado, y entre la maravilla y el asombro, y viéndolo más aliviado, he tomado valor y le he dicho: "Señor bendito, mi pobre corazón está desgarrado por el temor de que ya no me ames, temo que haya incurrido en tu indignación y por eso ya no vienes como antes y no derramas más en mí tus amarguras, y no me das más mi bien, cual es el sufrir, y negándome esto vienes a negarme a Ti mismo. ¡Ah, da la paz a un pobre corazón! Dime, asegúrame, júrame, ¿me amas? ¿Continúas amándome?"

(4) Y Él: "Sí, sí, sí, te amo".

(5) Y yo: "¿Cómo puedo estar segura de esto, si cuando a una persona se le ama en verdad todo lo que quiere se le da? Yo te digo: "no castigues a las gentes", y Tú las castigas; te digo, "derrama en mí tus amarguras", y no las derramas, más bien parece que esta vez avanzas demasiado en los castigos. Entonces, ¿en dónde puedo apoyarme para saber que me amas?"

(6) Y Él: "Hija mía, tú tomas en cuenta los castigos que mando, pero los que ahorro no los tomas en cuenta. ¿Cuántos otros castigos habría mandado, cuántas más matanzas y más sangre habría hecho derramar si no tomara en consideración a aquellos pocos que me aman, y a los que Yo amo con un amor especial?"

(7) Después de esto, parecía que Jesús tomaba el camino para ir a donde sucedían destrozos de carne humana, y yo, queriendo seguirlo, no me fue dado hacerlo, y con suma amargura mía me he encontrado en mí misma.

3-98
Julio 18, 1900

Los pecados de las gentes caen sobre ellas mismas, formando su ruina.

(1) Encontrándome en mi habitual estado, vi a mi adorable Jesús todo afligido dentro de mi corazón, y al mismo tiempo he visto mucha gente que cometían muchos pecados, estos pecados tomaban el vuelo hacia mí para venir a herir a mi amado Señor hasta dentro de mi corazón, pero Jesús los rechazaba de Sí, y caían sobre las mismas gentes, y cayendo sobre ellas formaban su misma ruina, cambiándose en tantas especies de flagelos sobre los pueblos, que daba horror aun a los corazones más duros. Entonces Jesús, afligiéndose todo me ha dicho:
(2) "Hija mía, hasta donde llega la ceguera de los hombres, pues mientras tratan de herirme a Mí, se hieren ellos mismos con sus propias manos".

3-99
Julio 19, 1900

Luisa se ofrece a sufrir para evitar el sufrimiento a las gentes.

(1) Esta mañana, después de haber estado toda la noche y gran parte de la mañana esperando a mi adorable Jesús, Él no se dignaba venir. Entonces, cansada de esperarlo me esforzaba por salir de mi habitual estado, pensando que no era más Voluntad de Dios. Mientras me esforzaba por salir, estando casi impaciente, mi benigno Jesús se ha movido dentro de mi corazón, haciéndose ver apenas y mirándome en silencio. Impaciente como estaba le he dicho: "Mi buen Jesús, ¡cómo eres cruel! ¿Se puede dar crueldad más grande que ésta, de abandonar a un alma en poder del despiadado tirano del amor que la hace vivir en continua agonía? ¡Oh, cómo has cambiado, de amante a cruel!" Mientras esto decía, ante mí veía muchos miembros de gente mutilada, y por eso agregué: "¡Ah Señor, cuánta carne humana mutilada! ¡Cuántas amarguras y penas! ¡Ay! ¿No habría sido menor crueldad si te hubieras satisfecho en este cuerpo mío, y lo hubieras reducido a tantos pedazos por cuantos

pedazos hiciste estos miembros? ¿No era menor mal ver sufrir a una sola que a tantos pobres pueblos?"

(2) Mientras esto decía, Jesús continuaba viéndome fijamente, como si quedara herido, no sé decir si también disgustado, y me ha dicho:

(3) "Sin embargo es el principio del juego, aún es nada en comparación de lo que vendrá".

(4) Dicho esto se ha escondido a mi vista, sin poderlo ver más, dejándome en un mar de amarguras.

3-100
Julio 21, 1900

Necesidad de la purgación.

(1) Después de haber pasado un día adormecida y tan somnolienta que no sabía de mí misma, y habiendo recibido la comunión, me he sentido salir fuera de mí misma, y no encontrando a mi sumo y único Bien, he comenzado a girar y girar, llegando al delirio. Mientras esto hacía, he sentido a una persona entre los brazos, toda velada, sin poder ver quién era, entonces, no pudiendo resistir más desgarré aquel velo y vi a mi suspirado Todo. Al verlo sentí que quería prorrumpir en quejas y desatinos, pero Jesús para terminar con mi impaciencia y mi delirio me ha dado un beso. Ese beso me infundió la vida, la calma, acabó con mi impaciencia, tanto que no supe decir nada más. Entonces, olvidando todas mis miserias, y tengo muchas, me acordé de las pobres gentes y le dije a Jesús: "Aplácate, libra a tantos pueblos de destrozos tan crueles; vayamos juntos a aquellos lugares donde suceden tales cosas, a fin de que reanimemos y consolemos a aquellos pobres cristianos que se encuentran en estado tan triste".

(2) Y Él: "Hija mía, no quiero llevarte porque tu corazón no resistiría ver matanza tan desgarradora".

(3) Y yo: "Ah Señor, ¿cómo ha sido que permitiste esto?"

(4) Y Él: "Es necesario, absolutamente, para la purga en todas las partes, porque en el campo sembrado por Mí han crecido tanto las malas hierbas, las espinas, que se han hecho árboles, y estos árboles espinosos no hacen otra cosa que inundar mi campo de aguas venenosas y pestíferas, que si alguna espiga se mantiene intacta, no recibe otra cosa que pinchazos y fetidez, tanto que no pueden germinar otras espigas, primero porque les falta el terreno, ocupado por tantas plantas nocivas; segundo, por los continuos pinchazos que reciben que no les dan paz. He aquí la

necesidad de la matanza, para extirpar tantas plantas malas, y el derramamiento de sangre para purgar mi campo de las aguas venenosas y pestíferas. Por eso no te quieras entristecer al principio, porque no sólo allá donde he mandado ya los flagelos, sino en todas las otras partes se necesita la purga".

(5) ¿Quién puede decir la consternación de mi corazón al oír este hablar de Jesús? Entonces de nuevo he insistido que quería ir a ver, pero Jesús no prestándome atención ha desaparecido, y yo quedándome sola he tomado el camino para ir, pero ahora encontraba a un ángel que me hacía retroceder, y ahora a almas purgantes, tanto que he sido obligada a regresar en mí misma.

3-101
Julio 25, 1900

En Jesús no hay crueldad alguna, sino que todo es amor.

(1) Esta mañana mi adorable Jesús ha venido y me ha hecho ver una máquina donde parecía que se trituraran muchos miembros humanos, y en el aire como dos señales de castigos que daban terror. ¿Quién puede decir la consternación de mi corazón al ver todo esto? Pero el bendito Jesús viéndome tan amargada me ha dicho:

(2) "Hija mía, alejemos por un poco lo que tanto nos aflige y reconfortémonos con jugar un poco juntos".

(3) ¿Quién puede decir lo que ha pasado entre Jesús y yo en este juego, las finezas de amor, las estratagemas, los besos, las caricias que recíprocamente nos dábamos? Si bien me sobrepasaba mi amado Jesús, porque yo, siendo débil, me sentía desfallecer, tan es verdad, que no pudiendo contener en mí lo que Él me daba he dicho: "Amado mío, basta, basta, que no puedo más, yo desfallezco, mi pobre corazón no es tan grande para ser capaz de recibir tanto, por eso basta por ahora".

(4) Entonces, queriéndome reprochar mi hablar del otro día, dulcemente me ha dicho:

(5) "Dime tus querellas, dilo, dilo, ¿soy cruel? ¿Mi Amor hacia ti se ha cambiado en crueldad?"

(6) Y yo avergonzándome toda he dicho: "No Señor, no eres cruel cuando vienes, pero cuando no vienes, entonces diré que eres cruel".

(7) Y Él sonriendo ante mis palabras ha agregado:

(8) "Sin embargo continuas diciendo que cuando no vengo soy cruel, no, no, en Mí no puede haber ninguna crueldad, sino que todo es amor; y

debes saber que si es como tú dices, entonces el mismo ser cruel, es amor más grande".

3-102
Julio 27, 1900

Ve los ataques a la Iglesia en la guerra de China.

(1) Me encontraba toda preocupada por mi miserable estado, especialmente de que éste no fuera más Voluntad de Dios, considerando como indicio cierto el escaso sufrir y sus continuas privaciones. Mientras estaba consumiendo mi pequeño cerebro en esto y esforzándome en salir de este estado, mi siempre buen Jesús, como relámpago se ha hecho ver diciéndome:

(2) "Hija mía, ¿qué quieres tú que haga? Dime, Yo haré lo que tú quieres".

(3) Ante esta propuesta tan inesperada no supe qué decir, sentía tal confusión de que el bendito Jesús debiese hacer lo que yo quería, mientras que soy yo la que debe hacer lo que Él quiere, que he quedado muda. Entonces, al ver que yo no decía nada, como relámpago ha huido, y yo, corriendo tras esa luz me he encontrado fuera de mí misma, pero no lo he encontrado y he girado por la tierra, por el cielo, por las estrellas, y ahora lo llamaba con la voz, y ahora con el canto, pensando entre mí que el bendito Jesús al oír mi voz y mi canto quedaría herido y con seguridad lo encontraría. Ahora, mientras giraba, he visto la matanza cruel que se continúa haciendo en la guerra de China, las iglesias demolidas, las imágenes de Nuestro Señor arrojadas por tierra, y esto es nada aún, lo que me ha dado más espanto ha sido el ver que si ahora lo hacen los bárbaros, los seglares, después lo harán los fingidos religiosos, que desenmascarándose y haciéndose conocer quienes son, uniéndose con los enemigos abiertos de la Iglesia, darán tal asalto, que parece increíble a mente humana. ¡Oh, cuántas matanzas más crueles aún! Parece que han jurado entre ellos terminar con la Iglesia. Pero el Señor tomará venganza de ellos destruyéndolos, por eso, sangre por una parte y sangre por la otra. Entonces me he encontrado dentro de un jardín que me parecía que era la Iglesia, y dentro había una multitud de gente bajo aspecto de dragones, de víboras y de otras bestias enfurecidas, que devastando aquel jardín y luego saliendo de él, formaban la ruina de las gentes. Mientras esto veía he encontrado en mis brazos a mi amado Señor y le he dicho: "Finalmente te has dejado encontrar, ¿eres Tú verdaderamente mi amado Jesús?"

(4) Y Él: "Sí, sí, soy tu Jesús".

(5) Yo quería decirle que librara a tantas gentes, pero Él no haciéndome caso, todo afligido ha agregado:

(6) "Hija mía, estoy bastante cansado, vamos al lecho a reposar si quieres que me entretenga contigo".

(7) Y yo, temiendo que se fuera hice silencio, haciéndole conciliar el sueño. Poco después ha reentrado en mi interior, dejándome reanimada, sí, pero sumamente afligida.

3-103
Julio 30, 1900

Luisa detiene la espada de la Justicia.

(1) He pasado una noche y un día inquieta. Desde el principio me sentía salir fuera de mí misma, sin que pudiese encontrar a mi adorable Jesús; no veía más que cosas que me daban terror y espanto. Veía que en Italia se levantaba un fuego y otro que se estaba levantando en China, que poco a poco, uniéndose, se confundían en uno solo. En este fuego veía al rey de Italia, muerto repentinamente por engaño, y esto era como medio para avivar y engrandecer el incendio. En suma, veía una rebelión, un tumulto, una matanza de gentes. Habiendo visto estas cosas me sentí en mí misma, y sentía desgarrárseme el alma, hasta sentirme morir, mucho más que no veía a mi adorable Jesús. Después de mucho esperar se ha hecho ver con una espada en la mano, en acto de usarla sobre las gentes. Yo, toda espantada y siendo un poco atrevida cogí la espada con la mano diciéndole: "Señor, ¿qué haces? ¿No ves cuántas aflicciones sucederán si usas esta espada? Lo que más me aflige es que veo que tomas en medio a Italia. ¡Ah Señor, aplácate! ¡Ten piedad de tus imágenes! Y si dices que me amas, evítame este acerbo dolor". Y mientras esto decía detenía la espada con toda la fuerza que podía. Jesús, dando un suspiro, todo afligido me ha dicho:

(2) "Hija mía, déjala, déjala caer sobre las gentes, porque no puedo más".

(3) Y yo tomándola más fuerte: "No puedo dejarla, no tengo valor para hacerlo".

(4) Y Él: "No te lo he dicho muchas veces, que estoy obligado a no hacerte ver nada, de otra manera no soy libre de hacer lo que quiero".

(5) Y mientras esto decía, bajó el brazo con la espada y se puso en actitud de calmarse de su furor. Poco después ha desaparecido y yo he quedado con un cierto temor, quién sabe y a lo mejor sin dejarme ver me

jalara la espada y la usara sobre las gentes. ¡Oh Dios, qué angustia al solo acordarme!

3-104
Agosto 1, 1900

La Humanidad de Jesús es el espejo de la Divinidad. Castigos.

(1) Continúa mi adorable Jesús viniendo poquísimas veces y por poco tiempo. Esta mañana me sentía toda aniquilada y casi no me atrevía a ir en busca de mi sumo Bien; pero Él siempre benigno ha venido, y queriéndome infundir confianza me ha dicho:

(2) "Hija mía, ante mi Majestad y pureza no hay quien pueda estar de frente, más bien todos están obligados a estar por tierra y golpeados por el fulgor de mi Santidad. El hombre quisiera casi huir de Mí, porque es tal y tanta su miseria, que no tiene valor para sostenerse delante del Ser Divino. Entonces haciendo uso de mi misericordia asumí mi Humanidad, la que atenuando los rayos de la Divinidad, es medio para infundir confianza y ánimo al hombre para venir a Mí, el cual poniéndose de frente a mi Humanidad, que expande rayos atenuados de la Divinidad, tiene el bien de poderse purificar, santificar y hasta divinizar en mi misma Humanidad deificada. Por eso tú estate siempre de frente a mi Humanidad, teniéndola como espejo en el cual limpiarás todas tus manchas; y no sólo esto, sino como espejo en el cual reflejándote adquirirás la belleza, y poco a poco irás adornándote a semejanza de Mí mismo, porque es propiedad del espejo hacer aparecer dentro de sí la imagen similar a aquella de quien se mira en él; si así es el espejo material, mucho más es el divino, porque mi Humanidad sirve al hombre como espejo para mirar mi Divinidad. He aquí por esto que todos los bienes para el hombre derivan de mi Humanidad".

(3) Mientras esto decía, me sentía infundir tal confianza, que me ha venido el pensamiento de quererle hablar de los castigos, tal vez me escuchara y haría el intento de aplacarlo del todo. Pero mientras me disponía a esto, como rayo ha desaparecido, y mi alma corriendo detrás de Él se ha encontrado fuera de mí misma; pero no lo he podido reencontrar más, y con suma amargura mía he visto muchas personas que iban a las cárceles, a otros sectarios que salían para atentar contra otras vidas de reyes y de otros jefes; veía que se carcomían de rabia porque les falta el medio para salir entre los pueblos y hacer matazón, sin

embargo llegará su tiempo. Después de esto me he encontrado en mí misma, toda oprimida y afligida.

3-105
Agosto 3, 1900

Dios obra sólo sobre la nada.

(1) Encontrándome en mi habitual estado, estaba deseando y buscando a mi amante Jesús. Después de haberlo esperado largamente, ha venido y me ha dicho:

(2) "Hija mía, ¿por qué me buscas fuera de ti, mientras que podrías encontrarme más fácilmente dentro de ti? Cuando tú me quieras encontrar entra en ti, llega hasta tu nada y ahí, sin ti, en el brevísimo giro de tu nada descubrirás los cimientos que ha puesto en ti y las construcciones que ha levantado en ti el Ser Divino. Esfuérzate y ve".

(3) Yo he mirado y he visto los sólidos cimientos y los muros altísimos que llegaban hasta el cielo, pero lo que más me asombraba era que veía que el Señor había hecho este gran trabajo sobre mi nada, y los muros estaban todos cerrados, sin ninguna abertura. Se veía sólo en el techo una abertura que correspondía al Cielo, y en esta abertura residía nuestro Señor, sobre de una columna estable que sobresalía de los cimientos formados sobre la nada. Ahora, mientras estaba toda asombrada mirando, el bendito Jesús ha agregado:

(4) "Los cimientos formados en la nada significan que la mano divina obra ahí, donde está la nada, y jamás mezcla sus obras con las obras materiales. Los muros sin abertura alrededor, significan que el alma no debe tener ninguna correspondencia con las cosas terrenas, tanto, que no haya ningún peligro que pueda entrar ni siquiera un poco de polvo, porque todo está bien cerrado. La única correspondencia que dan estos muros es para el Cielo, esto es, de la nada al Cielo, y del Cielo a la nada, este es el significado de la abertura hecha en el techo. La estabilidad de la columna significa que el alma está tan estable en el bien, que no hay viento contrario que la pueda mover. Y Yo que resido sobre ésta, es indicio cierto que la obra hecha es toda divina".

(5) ¿Quién puede decir lo que comprendía sobre esto? Pero mi mente se pierde y no sabe decir nada. Sea siempre bendito el Señor y sea todo para su gloria y honor.

3-106

Agosto 9, 1900

Todo lo que se quiere y desea, se debe querer y desear porque lo quiere Dios.

(1) Esta mañana mi adorable Jesús no venía, y después de esperarlo mucho, en cuanto se hizo ver me ha dicho:

(2) "Así como un instrumento musical suena agradable al oído de quien lo escucha, así tus deseos, tus esperas, tus suspiros, tus lágrimas, resuenan a mi oído como una música de las más agradables. Pero para hacer que descienda más dulce y placentera, te quiero enseñar otro modo, esto es, desearme no como deseo tuyo, sino como deseo mío, porque Yo amo grandemente manifestarme contigo. En suma, todo lo que tú quieres y deseas, debes quererlo y desearlo porque lo quiero Yo, esto es, tomarlo de dentro de Mí y hacerlo tuyo. Así será más agradable tu música a mi oído, porque es música salida de Mí mismo".

(3) Después ha agregado: "Todo lo que sale de Mí entra en Mí, es por esto que los hombres se lamentande que no obtienen tan fácilmente lo que me piden, porque no son cosas que salen de Mí, y no siendo cosas que salen de Mí, no es tan fácil que entren en Mí y salgan después para darse a ellos, porque sale de Mí y entra en Mí todo lo que es santo, puro y celestial. Entonces, ¿por qué asombrarse si les viene cerrada la audiencia si lo que piden no es así? Por eso tú ten en tu mente que todo lo que sale de Dios entra en Dios".

(4) ¿Quién puede decir lo que comprendía sobre estas palabras? Pero no tengo palabras para poderme explicar. ¡Ah Señor, dame la gracia de que pueda pedir todo lo que es santo y que sea deseo y Voluntad tuya, así podrás comunicarte conmigo más abundantemente!

3-107
Agosto 19, 1900

El amor estéril y el amor obrante.

(1) Esta mañana, habiendo recibido la comunión, mi amado Jesús se ha hecho ver en acto de quererme instruir, y poniendo como un ejemplo me ha dicho:

(2) "Hija mía, si un joven tomara esposa, y ella, llevada de amor hacia él, quisiera estar siempre junto a él, sin separarse ni un momento, sin poner atención a las otras cosas que le corresponden a una esposa para hacer

feliz a este joven, ¿qué diría él? Agradecería el amor de ella, pero ciertamente no estaría contento de su conducta, porque este modo de amar no sería más que un amor estéril, infecundo, que le causaría daño a ese pobre joven en vez de bien, y poco a poco este extraño amor produciría fastidio en vez de gusto, porque toda la satisfacción de este amor es de la joven. Y como el amor estéril no tiene leña para fomentar el fuego, muy pronto se reduciría a cenizas, porque sólo el amor obrante es duradero, los demás amores, como humo se disipan en el aire, y después se llega al fastidio, a no tomar en cuenta y quizá a despreciar lo que tanto se amaba.

(3) Así es la conducta de las almas que ponen atención sólo a sí mismas, esto es, a su satisfacción, a los fervores y a todo lo que les agrada, diciendo que esto es amor por Mí, mientras que todo es satisfacción de ellas, porque se ve con los hechos que no ponen atención a mis intereses y a las cosas que me pertenecen, y si llega a faltar lo que les satisface, no ponen más atención de Mí, y llegan aun a ofenderme. ¡Ah! hija, sólo el amor obrante es el que distingue a los verdaderos de los falsos amantes, porque todo lo demás es humo".

(4) Mientras esto decía, veía a personas y como si yo quisiera poner atención a ellas, pero Jesús me ha distraído al decirme:

(5) "No quieras entrometerte en los actos ajenos, dejémoslos hacer, porque cada cosa tiene su tiempo. Cuando sea el tiempo del juicio entonces será el tiempo de discernir todas las cosas, porque cribándolas muy bien se vendrá a conocer el grano, las pajas y la semilla estéril y nociva. ¡Oh, cuántas cosas que parecen grano se encontrarán en aquel día como pajas y semillas estériles, dignas sólo de ser arrojadas al fuego!"

3-108
Agosto 20, 1900

(1) Esta mañana mi adorable Jesús no venía, entonces después de mucho esperar, cuando mi pobre corazón no podía más, se ha hecho ver desde dentro de mi interior y me ha dicho:

(2) "Hija mía, no quieras afligirte porque no me ves, porque estoy dentro de ti, y desde aquí, por medio tuyo estoy viendo al mundo".

(3) Después ha continuado haciéndose ver de vez en cuando, sin decirme nada más.

3-109
Agosto 24, 1900

Todo se convierte en bien para quien verdaderamente ama a Jesús.

(1) Habiendo pasado un día inquieta, me sentía toda llena de tentaciones y pecados. ¡Oh Dios, qué desgarradora pena es el ofenderte! Hacía cuanto más podía por estarme en Dios, por resignarme a su santo Querer, para ofrecerle por amor suyo ese mismo estado inquieto, para no ponerle atención al enemigo mostrándome con suma indiferencia, a fin de que no lo incitara yo misma a tentarme mayormente, pero con todo esto no podía hacer menos que oír el murmullo que el enemigo suscitaba a mi alrededor. Entonces, encontrándome en mi habitual estado, no me atrevía a desear a mi amado Jesús, tan fea y miserable me veía. Pero Él siempre benigno con esta pecadora, sin que yo lo pidiera ha venido, y como si me compadeciera me ha dicho:

(2) "Hija mía, ánimo, no temas. ¿No sabes tú que ciertas aguas frías e impetuosas son más potentes para purificar de cualquier mínima mancha que el mismo fuego? Y además, todo se convierte en bien para quien verdaderamente me ama".

(3) Dicho esto ha desaparecido, dejándome reanimada, sí, pero débil, como si hubiese sufrido una fiebre.

3-110
Agosto 30, 1900

Luisa va al purgatorio para aliviar al difunto rey de Italia.

(1) Habiendo pasado algunos días de privación y de amargura, en que a lo más he visto a Jesús alguna vez como sombra y relámpago. Esta mañana encontrándome en lo sumo de la amargura, y no sólo eso, sino como si hubiese perdido la esperanza de volverlo a ver. Después de haber recibido la comunión me parecía que el confesor ponía la intención de la crucifixión, entonces el bendito Jesús para hacerme obedecer se ha mostrado y me ha participado sus penas. Mientras tanto he visto a la Reina Mamá, que tomándome me ofrecía a Él a fin de que se aplacara. Y Jesús, teniendo consideración de la Mamá, aceptó el ofrecimiento y parecía que se aplacaba un poco. Después de esto la Mamá Reina me ha dicho:

(2) "¿Quieres ir al purgatorio para aliviar al rey de las penas horribles en las cuales se encuentra?"

(3) Y yo: "Mamá mía, como Tú quieras".

(4) En un instante me ha tomado, y me ha transportado a un lugar de suplicios atroces, todos mortales. Ahí estaba aquel miserable, que de un suplicio pasaba al otro, parecía que por cuantas almas se habían perdido por causa suya, otras tantas muertes él debía sufrir. Entonces, después de haber pasado yo por algunos de aquellos suplicios, él ha quedado un poco más aliviado y la Mamá Reina me sustrajo de ese lugar de penas y me encontré en mí misma.

3-111
Agosto 31, 1900

En las almas interiores no puede estar la turbación.

(1) Encontrándome en mi habitual estado y no viniendo mi adorable Jesús, estaba toda afligida y un poco pensativa sobre el por qué no venía. Después de mucho esperar y esperar ha venido, y viendo que de sus manos brotaba sangre, le pedí que de su mano izquierda derramara sangre sobre el mundo en provecho de los pecadores que estaban por morir y en peligro de perderse, y de la mano derecha que derramara su sangre en el purgatorio; y Él escuchándome benignamente se sacudió y derramó su sangre sobre una y otra parte. Después de esto me ha dicho:
(2) "Hija mía, en las almas interiores no puede estar la turbación, y si ésta entra es porque el alma se sale fuera de sí misma, y haciendo esto hace de verdugo a sí misma, porque saliendo fuera de ella se aferra a tantas cosas que ve y que no son Dios, y a veces ni siquiera cosas que se refieren al verdadero bien del alma, por lo que regresando en sí misma y llevando cosas que le son extrañas, se tortura por ella misma y con esto viene a enfermarse a sí misma y a la gracia. Por eso, estate siempre en ti misma y estarás siempre en calma".
(3) ¿Quién puede decir cómo comprendía con claridad, y cómo encontraba la verdad en estas palabras de Jesús? ¡Ah Señor, si te dignas instruirme, dame gracia para aprovechar tus santas enseñanzas, de otra manera todo será para mi condena!

3-112
Septiembre 1, 1900

La obediencia pone la paz entre Dios y el alma.

(1) Continuando Jesús sin venir, estaba yo diciendo: "Mi buen Jesús, ven, no me hagas esperar tanto, esta mañana no tengo ganas de inquietarme y de buscarte hasta llegar a cansarme. Ven de una vez, pronto, pronto, así, por la buena". Y viendo que no venía continuaba diciendo: "Se ve que quieres que me canse y que llegue hasta inquietarme, de otra manera no vienes".

(2) Mientras esto y otros desatinos decía, Jesús vino y me ha dicho:

(3) "¿Me sabrías decir qué mantiene la correspondencia entre el alma y Dios?"

(4) Y yo, pero siempre con una luz que me venía de Él he dicho: "La oración".

(5) Y Jesús, aprobando lo que dije ha agregado: "¿Pero qué atrae a Dios a conversaciones familiares con el alma?"

(6) Y yo no sabía responder, pero enseguida la luz se ha movido en mi inteligencia y he dicho: "Si la oración vocal sirve para mantener la correspondencia, ciertamente la meditación interior debe servir de alimento para mantener la conversación entre Dios y el alma".

(7) Él, contento de esto, ha replicado: "Ahora, ¿me sabrías tú decir quién rompe las dulces controversias, quién quita los amorosos enfados que pueden surgir entre Dios y el alma?"

(8) Y yo al no responder, Él mismo ha dicho:

(9) "Hija mía, sólo la obediencia tiene este oficio, porque ella sola decide las cosas relacionadas entre el alma y Yo, y surgiendo controversias, o bien algún enfado para mortificar al alma, al llegar la obediencia rompe las contiendas, quita los enojos y pone paz entre Dios y el alma".

(10) Y yo: "¡Ah! Señor, muchas veces parece que tampoco la obediencia quiere tomarse la molestia y se queda indiferente, y la pobre alma es obligada a estarse en aquel estado de controversias y de enfado".

(11) Y Jesús: "Esto lo hace por un cierto tiempo, queriendo también ella complacerse en asistir a esas amables controversias, pero después toma su oficio y pacifica todo. Así que la obediencia pone la paz entre el alma y Dios".

(12) Dicho esto, ha desaparecido.

3-113
Septiembre 4, 1900

La impureza y las obras buenas imperfectamente hechas, son alimento repugnante para Jesús.

(1) Habiendo recibido la comunión, mi adorable Jesús me ha transportado fuera de mí misma, haciéndose ver sumamente afligido y amargado. Entonces le pedí que derramara en mí sus amarguras, pero Jesús no me hacía caso, pero insistiendo, después de mucho tiempo se ha complacido en derramarlas. Después de haber derramado un poco de amargura le pregunté: "Señor, ¿no te sientes mejor ahora?"

(2) Y Él: "Sí, pero no era lo que derramé lo que me causaba tanta pena, sino un alimento nauseante e insípido que no me deja reposar".

(3) Y yo: "Derrama un poco en mí, así te aliviarás un poco".

(4) Y Él: "Si no puedo digerirlo y soportarlo Yo, ¿cómo lo podrás tú?"

(5) Y yo: "Conozco que mi debilidad es grande, pero Tú me darás gracia y fuerza, y así tendré éxito en contenerlo en mí". Comprendía que ese alimento nauseante eran las impurezas, lo insípido, las obras buenas malamente hechas, todas deterioradas, que a Nuestro Señor le son más bien de fastidio, de peso y casi desdeña recibirlas, porque no pudiendo soportarlas las quiere arrojar de su boca. ¡Quién sabe cuántas de las mías estaban ahí! Entonces, como obligado por mí ha derramado también un poco de aquel alimento. ¡Cuánta razón tenía Jesús, que era más tolerable lo amargo que aquel alimento nauseante e insípido! ¡Si no fuese por su amor, a ningún costo lo habría aceptado!

(6) Después de esto, el bendito Jesús me ha puesto el brazo detrás del cuello, y apoyando su cabeza sobre mi hombro se ha puesto en actitud de tomar reposo. Mientras reposaba me he encontrado en un lugar donde había por piso muchas tablas móviles, y abajo el abismo. Yo, temiendo precipitarme, lo desperté, invocando su ayuda, y Él me ha dicho:

(7) "No temas, es el camino que todos recorren. No se necesita otra cosa que toda la atención, y como la mayor parte caminan distraídos, esta es la causa por la que muchos se precipitan al abismo, y pocos son lo que llegan al puerto de la salvación".

(8) Después de esto ha desaparecido, y yo me he encontrado en mí misma.

Deo Gratias.

Nihil obstat
Canonico Annibale
M. Di Francia
Eccl.

Imprimatur
Arzobispo Giuseppe M. Leo
Octubre de 1926

[1] Este libro ha sido traducido directamente del original manuscrito de Luisa Piccarreta.
[2] O sea que se puso en este estado en el año 1888, a la edad de 23 años.
[3] No se tiene noticia de este libro
[1]

I. M. I.
Año 1900

4-1
Septiembre 5, 1900

La Esperanza, alimento del Amor.

(1) Como en los días pasados mi adorable Jesús no se hacía ver, yo me sentía desconfiada en la esperanza de tenerlo de nuevo; más bien creía que todo había terminado para mí: visitas de Nuestro Señor y estado de víctima. Pero esta mañana al venir el bendito Jesús, traía una horrible corona de espinas, y se puso junto a mí, lamentándose todo, en actitud de querer un alivio; entonces yo se la he quitado poco a poco, y para darle más gusto la he puesto sobre mi cabeza. Poco después me ha dicho:

(2) "Hija mía, el verdadero amor es cuando está sostenido por la esperanza, y por la esperanza perseverante, porque si hoy espero y mañana no, el amor se enferma, porque el amor siendo alimentado por la esperanza, por cuanto alimento se le suministra tanto más fuerte se vuelve, más robusto, más vivo el amor, y si esto viene a faltar, primero se enferma el pobre amor, y si queda solo, sin sostén, termina con morir del todo. Por eso, por cuán grandes sean tus dificultades, jamás, ni siquiera por un instante debes apartarte de la esperanza con el temor de perderme, más bien debes hacer de modo que la esperanza, superando todo, te haga encontrarte siempre unida Conmigo, y entonces el amor tendrá vida perpetua".

(3) Después de esto continuó viniendo sin decirme nada más.

4-2
Septiembre 6, 1900

Estado de víctima.

(1) Continúa viniendo mi dulcísimo Jesús. Esta mañana en cuanto ha venido quiso verter un poco sus amarguras en mí, y después me ha dicho:
(2) "Hija mía, Yo quiero dormir un poco, tú haz mi oficio de sufrir, rogar y aplacar la justicia".
(3) Así Él se ha dormido, y yo me he puesto a rezar junto a Jesús. Después, despertándose, hemos girado un poco entre las gentes, y me ha hecho ver diversos planes que están ideando para hacer revoluciones, y especialmente veía que estaban maquinando un ataque de improviso para tener mejor resultado en su propósito, y para hacer que ninguno se pueda defender ni prevenirse contra el enemigo. ¡Cuántos espectáculos funestos! Pero parece que el Señor aún no les da libertad para hacer eso, y no sabiendo ellos la razón se roen de rabia, porque a pesar de su perversa voluntad se ven impotentes para realizarlo. No se necesita otra cosa sino que el Señor les conceda esta libertad, porque todo está preparado. Después de esto hemos regresado, y Jesús se mostraba todo llagado y me ha dicho:
(4) "Mira cuántas llagas me han abierto y la necesidad del estado continuo de víctima, de tus sufrimientos, porque no hay momento en que dejen de ofenderme, y siendo continuas las ofensas, continuos deben ser los sufrimientos y las plegarias para aliviarme en algo; y si te ves suspendido el sufrir, tiembla y teme, porque no viéndome aliviado en mis penas, no vaya a ser que les conceda a los enemigos esa libertad tan deseada por ellos".
(5) Al oír esto, me he puesto a rogarle que me hiciera sufrir a mí, y mientras estaba en esto veía al confesor que con sus intenciones forzaba a Jesús a hacerme sufrir. Entonces el bendito Señor me ha participado tales y tantas penas, que yo misma no sé cómo he quedado viva, pero el Señor en mis penas no me ha dejado sola, más bien parecía que no resistía su corazón el dejarme, y he pasado algunos días junto con Jesús, y me ha comunicado tantas gracias y me hacía comprender muchas cosas; pero, parte por el estado de sufrimiento, y parte porque no sé expresarme, paso adelante y hago silencio.

4-3
Septiembre 9, 1900

Jesús prepara el alma de Luisa para la comunión.
Amenaza contra los gobernantes de los pueblos.

(1) Continúa viniendo, pero he estado la mayor parte de la noche sin Jesús, entonces al venir me ha dicho:

(2) "Hija mía, ¿qué quieres que con tanta ansia me estás esperando? ¿Acaso necesitas alguna cosa?"

(3) Y yo como sabía que tenía que comulgar he dicho:

(4) "Señor, toda la noche te estuve esperando, sobre todo que debiendo recibir la comunión temía que mi corazón no estuviese bien dispuesto para poderte recibir, por eso tengo necesidad de que mi alma sea revisada por Ti, para poderse disponer a unirme Contigo sacramentalmente".

(5) Y Jesús, benignamente ha revisado mi alma para prepararme a recibirlo, y después me ha transportado fuera de mí misma, y junto he encontrado a nuestra Reina Mamá que le decía a Jesús:

(6) "Hijo mío, esta alma estará siempre dispuesta a hacer y a sufrir lo que Nosotros queramos; y esto es como una atadura que ata a la justicia, por eso Tú evita tantas matanzas y tanta sangre que deben derramar las gentes".

(7) Y Jesús ha dicho: "Madre mía, es necesario el derramamiento de sangre porque quiero que esta estirpe del rey caiga de su reinar, y esto no puede ser sin sangre, y también para purgar a mi Iglesia porque está muy infectada; a lo más puedo conceder el evitar en parte, en consideración de los sufrimientos".

(8) Mientras estaba en esto veía a la mayor parte de los diputados que estaban planeando cómo hacer caer al rey, y pensaban poner en el trono a uno de aquellos diputados que estaban maquinando. Después de esto me he encontrado en mí misma. ¡Cuántas miserias humanas! ¡Ah Señor, ten compasión de la ceguera en la cual está inmersa la pobre humanidad! Después, al continuar viendo al Señor y a la Reina Madre, he visto al confesor junto a ellos, y la Virgen Santísima ha dicho:

(9) "Mira Hijo mío, tenemos un tercero, que es el confesor, que se quiere unir con Nosotros y hacer su trabajo comprometiéndose a concurrir para hacerla sufrir, para satisfacer a la divina justicia, y también esto es un volver más fuerte la cuerda que te ata para aplacarte; y además, ¿cuándo has resistido a la fuerza de la unión de quien sufre y ruega y de quien concurre Contigo solamente con el único fin de glorificarte y para el bien de los pueblos?"

(10) Jesús oía a la Madre, tenía consideración del confesor, pero no ha pronunciado sentencia del todo favorable, sino que se limitaba a evitar en parte.

4-4
Septiembre 10, 1900

Amenaza contra los perversos.

(1) Esta mañana me he encontrado fuera de mí misma y veía las tantas infamias y pecados enormes que se comenten, así como también los cometidos contra la Iglesia y el Santo Padre. Después, regresando en mí misma ha venido mi adorable Jesús y me ha dicho:
(2) "¿Qué dices tú del mundo?"
(3) Y yo, sin saber a donde quería llegar con esta pregunta, impresionada como estaba por las cosas vistas, he dicho: "Señor bendito, ¿quién puede decir la perversidad, la dureza, la fealdad del mundo? No tengo palabras para decirte cuán malo es".
(4) Y Él, tomando ocasión de mis mismas palabras ha agregado: "¿Has visto cómo es perverso? Tú misma lo has dicho, no hay modo de hacer que se rinda, después de que casi le he quitado el pan, permanece en la misma obstinación, más bien peor, y por ahora va a procurárselo con los robos y con las rapiñas, haciendo daño a sus semejantes, por tanto es necesario que le toque la piel, de otra manera se pervertirá mayormente".
(5) Quién puede decir cómo he quedado petrificada ante este hablar de Jesús, me parece que he sido yo la ocasión para hacer que se irritara contra el mundo; en vez de excusarlo lo he pintado negro, después he hecho cuanto he podido por disculparlo, pero no me ha prestado atención; el mal ya estaba hecho. ¡Ah Señor, perdóname esta falta de caridad y usa misericordia!

4-5
Septiembre 12, 1900

Sufrimiento despiadado, Jesús la alivia. Maquinaciones de revoluciones contra la Iglesia.

(1) Continúa casi lo mismo, esta mañana al venir ha derramado sus amarguras, y yo he quedado tan sufriente que he comenzado a pedirle al Señor que me diese la fuerza y que me aliviase un poco, porque no podía

resistir. Mientras estaba en eso, me ha venido una luz a la mente haciendo que pensara que cometía pecado al hacer esto, y además, ¿qué dirá el bendito Jesús?, mientras en otras ocasiones le he rogado tanto que derramara, esta vez que sin hacerse rogar había derramado, estaba buscando alivio, de parece que me voy haciendo más mala, y llega a tanto mi maldad, que aun delante de Él mismo no me abstengo de cometer defectos y pecados. Entonces, no sabiendo qué hacer para reparar, he resuelto en mi interior que por esta vez, para hacer un mayor sacrificio y darme una penitencia a fin de que mi naturaleza en otra ocasión no osara buscar alivio, renunciar a la venida de Nuestro Señor, y si viniese debía decirle: "No vengas amor, ten compasión de mí, no me alivies". Así he hecho y he pasado algunas horas en intenso sufrimiento y sin Jesús; cuán amargo me resultaba. Pero Jesús teniendo compasión de mí, sin que lo buscara ha venido, y yo pronto le he dicho: "Ten paciencia, no vengas, que no quiero alivio".

(2) Y Él: "Hija mía, estoy contento de tu sacrificio, pero tienes necesidad de un consuelo, de otro modo desfallecerías".

(3) Y yo: "No Señor, no quiero alivio".

(4) Pero Él acercándose a mi boca, casi a la fuerza ha derramado de su boca alguna gota de leche dulce, que han mitigado mi sufrir; quién puede decir la confusión, la vergüenza que sentía delante de Él, esperándome un regaño, pero Jesús como si no hubiera advertido mi falta se mostraba más afable, más dulce. Yo, viéndolo así he dicho: "Mi adorable Jesús, una vez que has derramado en mí y yo sufro, debes perdonar al mundo, ¿no es verdad?".

(5) Y Él: "Hija mía, ¿crees tú que Yo haya derramado todo en ti? Y además, ¿cómo podrías afrontar todo lo que de castigo derramaré sobre el mundo? Tú misma has visto que aquel poco que he derramado no podías resistirlo, y si no hubiese venido a ayudarte habrías sucumbido, ahora, ¿qué sería si derramara todo en ti? Amada mía, te he dado mi palabra, te contentaré en parte".

(6) Después de esto me ha transportado fuera de mí misma, en medio de las gentes, y continuaba viendo los tantos males, especialmente maquinaciones de revoluciones contra la Iglesia, y entre la sociedad, planes para matar al Santo Padre y a sacerdotes. Yo me sentía desgarrar el alma al ver estas cosas, y pensaba entre mí: "Si, jamás sea, llegaran a efectuarse estas maquinaciones, ¿qué pasará? ¿Cuántos males vendrán?" Y toda afligida he mirado a Jesús, y Él me ha dicho:

(7) "Y de aquella revuelta sucedida acá, ¿qué dices tú?".

(8) Y yo: "¿Cuál revuelta? En mi país no ha sucedido nada".

(9) Y Él: "¿No te acuerdas de la revuelta de Andria?".

(10)"Sí Señor".

(11) "Y bien, parece que es nada, pero no es así, aquella fue toda una ocasión, y es un fomento, una fuerza para otras ciudades para moverse y derramar sangre, causando ultraje a las personas consagradas, y a mis templos, y como cada uno quiere mostrar cuánto es más fiero en exaltar el mal, harán competencia para ver quién puede hacer más mal".

(12) Y yo: "¡Ah Señor, da la paz a la Iglesia y no permitas tantas desgracias!" Y queriendo decir más, se me desapareció, dejándome toda afligida y pensativa.

4-6
Septiembre 14, 1900

Jesús vierte para aplacar su justicia. El heroísmo de la verdadera virtud.

(1) Esta mañana mi adorable Jesús no venía, y después de mucho esperar se hacía ver dentro de mi interior, que apoyándose en mi corazón ceñía sus brazos a su alrededor y apoyaba su sacratísima cabeza en él, todo afligido, serio, de modo que te imponía silencio, y volteado de espaldas al mundo. Después de haber estado un poco en mudo silencio, porque el aspecto con que se mostraba no permitía el atreverse a decir una palabra, se ha quitado de esa posición y me ha dicho:

(2) "Había resuelto no derramar, pero han llegado a tal punto las cosas, que si no derramara estallarían inminentemente tales alborotos, de mover revoluciones que harían sangrientas matanzas".

(3) Y yo: "Sí Señor, derrama, este es mi único deseo, que desahogues sobre mí tu ira y perdones a las criaturas". Así ha derramado un poco. Después, como si se hubiese calmado ha agregado:

(4) "Hija mía, como cordero me hice conducir al matadero y estuve mudo ante quien me sacrificó, así será de aquellos pocos buenos de estos tiempos; sin embargo esto es el heroísmo de la verdadera virtud".

(5) De nuevo ha agregado: "He derramado, ¿quieres tú que derrame otro poco, así me aligero más?"

(6) Y yo: "Señor mío, no me lo preguntes siquiera, estoy a vuestra disposición, puedes hacer de mí lo que quieras". Así ha derramado de nuevo y ha desaparecido dejándome sufriente y contenta por el pensamiento de que había aligerado las penas de mi amado Jesús.

4-7
Septiembre 16, 1900

Andria

(1) Mi amable Jesús continúa viniendo, y me ha participado algunas penas de su Pasión, y después me ha transportado fuera de mí misma, haciéndome ver los pueblos circunvecinos, especialmente me parecía que fuese Andria, que si el Señor no hace uso de su omnipotencia para su castigo, las revueltas se harán serias, mucho más que parecía que había incitación por parte de algunos sacerdotes para estas revueltas, lo que amargaba más a Nuestro Señor. Entonces, después de haber visitado varias iglesias junto con Jesús bendito, haciendo actos de reparación y adoración por las tantas profanaciones que se cometen en las iglesias, Jesús me ha dicho:

(2) "Hija mía, déjame derramar un poco, pues son tales y tantas las amarguras que no puedo sufrirlas solo, y mi corazón no las puede soportar".

(3) Así ha derramado y ha desaparecido, regresando otras veces sin decirme más nada.

4-8
Septiembre 18, 1900

La Caridad al prójimo. Le ruega que se la lleve al Cielo.

(1) Esta mañana mi adorable Jesús me ha transportado fuera de mí misma y me hacía ver los muchos males que se cometen contra la caridad del prójimo, cuánta pena daban al pacientísimo Jesús, parecía que los recibía Él mismo; entonces todo afligido me ha dicho:

(2) "Hija mía, quien hace daño al prójimo se hace daño a sí mismo, y matando al prójimo mata su alma, y así como la caridad predispone al alma a todas las virtudes, así el no tener la caridad predispone al alma a cometer toda suerte de vicios".

(3) Después de esto nos hemos retirado, y como desde hacía varios días sufría un dolor intenso en las costillas, me sentía por ello sin fuerzas. Y el bendito Jesús, compadeciéndome me ha dicho:

(4) "Amada mía, tú te quisieras venir, ¿no es verdad?"

(5) Y yo: "Quiera el Cielo Señor mío, que este dolor fuese causa para venir a Ti; cómo le estaría agradecida, cuán querido me sería, y lo tendría

por uno de mis más fieles amigos, pero creo que quieres tentarme como las otras veces, y excitarme con tus invitaciones, y quedando después desilusionada vendrás a hacer más crudo y desgarrador mi martirio. Pero, ¡ah, ten compasión de mí y no me dejes mucho más tiempo sobre la tierra!, absorbe en Ti este mísero gusano que tiene razón, porque de Ti mismo ha salido". El amable Jesús enterneciéndose todo al oírme, me ha dicho:

(6) "Pobre hija, no temas, porque es cierto que vendrá tu día en el cual quedarás absorbida en Mí, sin embargo, debes saber que tus continuas violencias de venir a Mí, especialmente tras mis invitaciones, te sirven mucho y te hacen vivir en la atmósfera del aire, sin la sombra de ningún peso terreno; tanto, que tú eres como aquellas flores que no tienen ni siquiera la raíz en la tierra, y viviendo así suspendida en el aire, vienes a recrear al Cielo y a la tierra, y tú mirando el Cielo, sólo en él te recreas y te nutres de todo lo que es celestial, y viendo la tierra tienes compasión de ella, y la ayudas por cuanto puedes por parte tuya; pero en comparación con el olor del Cielo adviertes inmediatamente la peste que exhala de la tierra y la aborreces. ¿Podría ponerte en una posición para Mí y para el Cielo más querida, y para ti y para el mundo más provechosa?"

(7) Y yo: "Sin embargo, oh Señor mío, deberías tener compasión de mí con no alargar mi morada aquí, por las tantas razones que tengo; especialmente por los tristes tiempos que se preparan; ¿quién tendrá corazón para ver carnicería tan sangrienta? Y además, por tus continuas privaciones que me cuestan más que la muerte". Mientras esto decía, he visto una multitud de ángeles entorno a Nuestro Señor que decían:

(8) "Señor y Dios nuestro, no os hagáis más importunar, conténtala, nosotros con ansia la esperamos. Heridos por su voz hemos venido aquí para escucharla, y estamos impacientes por llevarla con nosotros. Y tú, oh elegida, ven a alegrarnos en nuestra celestial morada".

(9) El bendito Jesús, conmovido, parecía que quisiera condescender y ha desaparecido, y encontrándome en mí misma me sentía aumentado el dolor, tanto, que deliraba continuamente; pero no me entendía a mí misma por el contento.

4-9
Septiembre 19, 1900

Obediencia de pedir alivio en las penas a Jesús.

(1) Duplicándose siempre más el espasmo del dolor, habría querido esconderlo y hacer que nadie se diera cuenta, y habría querido tenerlo en secreto, sin decir al confesor lo que he dicho arriba; pero era tan fuerte el espasmo que me ha resultado imposible, y el confesor valiéndose de su acostumbrada arma de la obediencia, me ha ordenado que le manifestara todo; entonces, después de haberle manifestado todas las cosas, me ha dicho que por obediencia debía pedirle al Señor que me liberara, de otra manera cometería pecado. ¡Oh, qué clase de obediencia es esta, es siempre ella la que se atraviesa en mis planes! Entonces, de mala gana he aceptado esta nueva obediencia, pero a pesar de esto no tenía corazón para rogar al Señor que me liberara de un amigo tan querido, como lo es el dolor, mucho más que esperaba salir del exilio de esta vida. El bendito Jesús me toleraba, y al venir me ha dicho:

(2) "Tú sufres mucho, ¿quieres que te libere?"

(3) Y yo, habiéndoseme olvidado un momento la obediencia he dicho: "No Señor, no, no me liberes, me quiero ir; y además Tú sabes que no sé amarte, soy fría, no hago grandes cosas por Ti, al menos te ofrezco este sufrir para satisfacer a lo que no sé hacer por amor tuyo".

(4) Y Él: "Y Yo hija mía, infundiré tanto amor y tanta gracia en ti, de modo que ninguno me pueda amar y desear como tú, ¿no estás contenta?"

(5) "Sí, pero me quiero venir". Jesús ha desaparecido, y yo volviendo en mí misma me he acordado de la obediencia recibida, y he tenido que acusarme con el confesor, y me ha ordenado que absolutamente no quería que me fuera, y que el Señor me debía liberar. ¡Qué pena sentía al recibir esta obediencia! parece que quiere tocar los extremos de mi paciencia.

4-10
Septiembre 20, 1900

Signos de cruz para recobrar la salud.

(1) Continúo sufriendo, es más, más que nunca sentía un resentimiento en mi interior porque me era negado el poder morir. Entonces al venir mi adorable Jesús me ha reprendido por mi tardanza en el obedecer, porque hasta entonces parecía que me tolerase; mientras tanto veía al confesor y Jesús volteándose hacia él le ha tomado la mano y le ha dicho:

(2) "Cuando vengas márcala con la señal de la cruz en la parte del dolor, que la haré obedecer".

(3) Y ha desaparecido. Entonces, quedando sola sentía más intenso el dolor. Después ha venido el confesor y encontrándome sufriente, también él me ha reprendido porque no obedecía, y habiéndole dicho lo que había visto y lo que Nuestro Señor había dicho al confesor, él al oírme me hizo la señal de la cruz en la parte donde sufría, y en dos minutos he podido respirar y moverme, mientras que antes no podía hacerlo sin sentir espasmos atroces; me parece que la obediencia y aquellas señales de cruz han atado el dolor, de modo que no puedo más dolerme, y he aquí por qué he quedado desilusionada en mis planes, porque esta señora obediencia ha tomado tal poder sobre mí, que no me deja hacer nada de lo que quiero, hasta en el mismo sufrir quiere ella dominar, y debo estar en todo y para todo bajo su imperio.

4-11
Septiembre 21, 1900

Fuerza de la obediencia. La obediencia debe ser todo para ella.

(1) ¿Quién puede decir mi aflicción al quedar privada de mi amadísimo amigo dolor? Admiraba, sí, el prodigioso imperio de la santa obediencia, como también la virtud que el Señor había comunicado al confesor, que con la obediencia y con hacerme la señal de la cruz me había liberado de un mal que yo consideraba grave, y que era suficiente para deshacer mi cuerpo; pero con todo esto no podía hacer menos que sentir la pena de estar privada de un dolor tan bueno, que apiadaba y enternecía al bendito Jesús, de modo que lo hacía venir casi continuamente. Entonces al venir Nuestro Señor me he lamentado con Él diciéndole: "Amado Bien mío, ¿qué me has hecho? Me has hecho liberar por el confesor, por tanto he perdido la esperanza de dejar por ahora la tierra, y además para qué tantos rodeos, podías Tú mismo liberarme, ¿por qué pusiste al padre en medio? ¡Ah! quizá no quisiste disgustarme directamente, ¿no es verdad?"
(2) Y Él: "¡Ah hija mía, qué pronto has olvidado que la obediencia fue todo para Mí; la obediencia quiero que sea todo para ti! Y además he puesto en medio al padre para hacer que tú lo tengas en consideración como a mi misma persona".
(3) Dicho esto ha desaparecido dejándome toda amargada. ¡Cuántas sabe hacer la señora obediencia!, se necesita conocerla y tener que ver con ella por largo tiempo, no por poco, para poder decir realmente quién es ella, y bravo, bravo a la señora obediencia, cuanto más se está en contacto con ella más se hace conocer. Yo por mí, para decir la verdad, te

admiro, estoy obligada también a amarte; así que no puedo hacer menos que no sentirme enojada Contigo, especialmente cuando me haces una grande. Por eso te pido, oh amada obediencia, ser más indulgente, más indulgente en hacerme sufrir.

4-12
Septiembre 22, 1900

Por cuantas veces se dispone a hacer el sacrificio de la muerte, otras tantas veces Jesús le vuelve a dar el mérito como si realmente muriera.

(1) Encontrándome toda oprimida y afligida, al venir mi adorable Jesús me ha dicho:
"Hija mía, ¿por qué te estás toda sumergida en tu aflicción?"
(2) Y yo: "Ah, Amado mío, ¿cómo no debo estar afligida si aun no me quieres llevar contigo y me dejas más tiempo sobre esta tierra?"
(3) Y Él: "Ah no, no quiero que tú respires este aire triste, porque todo lo que he puesto dentro y fuera de ti, todo es santo, tan es verdad, que si se acerca a ti alguna cosa o persona que no es recta y santa, tú sientes fastidio, advirtiendo inmediatamente la peste de lo que no es santo. Ahora, ¿por qué quieres ensombrecer con este aire de tristeza lo que he puesto dentro de ti? Sin embargo debes saber que cada vez que te dispones a hacer el sacrificio de la muerte, otras tantas veces te doy el mérito, como si realmente murieses, y esto debe ser de gran consolación para ti, mucho más porque te conformas mayormente a Mí, porque mi Vida fue un continuo morir".
(4) Y yo: "Ah Señor, no me parece que la muerte sea un sacrificio, más bien, sacrificio me parece la vida". Y queriendo decir más ha desaparecido.

4-13
Septiembre 29, 1900

Las almas víctimas son apoyos y puntales para Jesús.

(1) Habiendo pasado algunos días de silencio entre Jesús y yo, y con poco sufrimiento, a lo más me parece que quisiera continuar tentándome para hacerme ejercitar un poco más la paciencia, y he aquí cómo:

(2) Al venir decía: "Amada mía, desde el Cielo te suspiro, en el Cielo, en el Cielo te espero".

(3) Y como rayo desaparecía. Después, regresando repetía: "Cesa ya de tus encendidos suspiros, que me haces languidecer continuamente, hasta desfallecer".

(4) Otras veces: "Tu ardiente amor, tus ansias son consuelo a mi triste corazón".

(5) ¿Pero quién puede decirlo todo? Me parecía que tenía ganas de hacer versos, y estos versos a veces los expresaba cantándolos; pero sin darme tiempo de decirle una palabra, pronto huía. Después, esta mañana habiendo puesto el confesor la intención de hacerme sufrir la crucifixión, he visto a la Reina Mamá que lloraba y casi discutía con Jesús para librar al mundo de los tantos castigos, pero Él se mostraba reacio, y sólo para contentar a la Mamá ha concurrido para hacerme sufrir. Poco después, como si se hubiera aplacado un poco ha dicho:

(6) "Hija mía, es verdad que quiero castigar al mundo, tengo en la mano los castigos para golpearlo, pero es también verdad que si os interesáis tanto tú como el confesor en rogarme y sufrir, es siempre un apoyo, y vendríais a poner tantos puntales para librar al mundo, al menos en parte, de otro modo no encontrando ningún apoyo y puntal, a manos libres me desahogaré sobre las gentes".

(7) Dicho esto ha desaparecido.

4-14
Septiembre 30, 1900

Jesús le pide consolar a su afligida Mamá.

(1) Esta mañana mi dulcísimo Jesús no venía y he debido tener mucha paciencia en esperarlo, llegué hasta esforzarme en salir de mi habitual estado porque no tenía fuerza para continuar en él. Jesús no venía, el sufrir me parecía que había huido de mí, los sentidos me los sentía en mí misma, no me quedaba más que hacer un esfuerzo para salir, pero mientras esto hacía, el bendito Jesús ha venido y ha hecho un cerco alrededor de mi cabeza con sus brazos, y desde ese momento no me he sentido más en mí misma, y veía a Nuestro Señor muy indignado con el mundo, y al querer aplacarlo me ha dicho:

(2) "Por ahora no quieras ocuparte de Mí, sino que te pido que te ocupes de mi Mamá, consuélala porque está muy afligida por los castigos más pesados que estoy por derramar sobre la tierra".

(3) ¿Quién puede decir cuán afligida quedé?

4-15
Octubre 2, 1900

Estado de victima por Italia y Corato.

(1) Temiendo que no fuera más Voluntad de Dios mi estado, al venir el bendito Jesús he dicho: "Cuánto temo que no sea ya Voluntad tuya mi estado, porque veo que me faltan las dos cosas principales que me tenían atada, esto es: El sufrir y tu presencia".

(2) Y Él: "Hija mía, no es que no quiera tenerte más en este estado, pero como quiero castigar al mundo, por eso no vengo y te hago faltar el sufrir".

(3) Y yo: "¿Con qué provecho estoy en este estado?"

(4) Y Él: "Tu posición de víctima y tu continuo esperarme me desarman los brazos, porque tú no me ves, Yo en cambio te veo muy bien y numero todos tus suspiros, tus penas, tus deseos de quererme, y este tu estar toda atenta en Mí, es siempre un acto de reparación por tantos que no se preocupan de Mí, ni me desean, más bien me desprecian y están todos atentos a las cosas terrenas, enfangados en la suciedad de los vicios. Entonces, tu estado siendo totalmente opuesto al de ellos, viene siempre a desarmar la justicia, tanto, que tenerte a ti en este estado y comenzar las guerras sangrientas en Italia, me resulta casi imposible".

(5) Y yo: "¡Ah! Señor, estar en este estado sin sufrir me resulta casi imposible, siento que me faltan las fuerzas, porque la fuerza para estar en este estado me viene de los sufrimientos. Entonces faltándome éstos, algún día que no vengas yo trataré de salirme, te lo digo antes a fin de que no te disgustes".

(6) Y Él: "Ah sí, sí, saldrás de este estado cuando empiece la matanza en Italia, entonces te lo suspenderé del todo".

(7) Mientras esto decía me hacía ver las guerras fierísimas que deberán suceder tanto entre los seglares, como aquellas en contra de la Iglesia; la sangre inundaba las ciudades como cuando hay una lluvia tupida, mi pobre corazón se retorcía por el dolor al ver esto, y acordándome de mi ciudad he dicho: "¡Ah! Señor, ¿si Tú dices que me suspenderás del todo, das a entender que ni siquiera del pobre Corato tendrás compasión, ni lo perdonarás?".

(8) Y Él: "Si los pecados llegan a un cierto número, de modo que no merezcan tener almas víctimas, y aquellos que te tienen víctima no se interesan, Yo no tendré ninguna consideración de Corato".

(9) Dicho esto desapareció, y yo quedé toda afligida y oprimida.

4-16
Octubre 4, 1900

Jesús sufre al castigar al hombre porque son sus imágenes.

(1) Después de haber pasado un día de privación y con escaso sufrimiento, me sentía convencida de que el Señor no quería tenerme más en este estado; sin embargo la obediencia, aun en esto, no quiere ceder, y quiere que continúe estando en él, aunque deba morir. Sea siempre bendito el Señor y en todo sea hecho su santo y amable Querer. Entonces, esta mañana al venir el bendito Jesús, se hacía ver en un estado que daba compasión, parecía que sufría en sus miembros, y su cuerpo era cortado en tantos pedazos que era imposible numerarlos; y con voz lastimosa decía:

(2) "Hija mía, ¡qué siento! ¡Qué siento! son penas inenarrables e incomprensibles a la naturaleza humana; es carne de mis hijos que es lacerada, y es tanto el dolor que siento, que me siento lacerar mi misma carne".

(3) Y mientras esto decía gemía y se dolía. Yo me sentía enternecer al verlo en este estado, y he hecho cuanto he podido por compadecerlo y rogarle que me participara sus penas. Me contentó en parte y apenas he podido decirle: "Ah Señor, ¿no te lo decía yo, que no echaras mano de los castigos, porque lo que más me disgusta es que quedarás herido en tus mismos miembros? ¡Ah, esta vez no hubo modos ni oraciones para aplacarte!" Pero Jesús no puso atención a mis palabras, parecía que tenía una cosa seria en el corazón que lo llevaba a otra parte, y en un instante me ha transportado fuera de mí misma, llevándome a lugares donde sucedían matanzas sangrientas. ¡Oh, cuántas escenas dolorosas se veían en el mundo, cuántas carnes humanas atormentadas, hechas pedazos, pisoteadas como se pisa la tierra y dejadas sin sepultar; cuántas desgracias, cuántas miserias!, y lo peor era que otras cosas más terribles debían suceder. El bendito Señor ha mirado, y conmoviéndose todo se ha puesto a llorar amargamente. Yo, no pudiendo resistir he llorado junto con Él la triste condición del mundo, tanto que mis lágrimas se mezclaban con las de Jesús. Después de haber llorado un buen rato, admiré otro rasgo de la bondad de Nuestro Señor: Para hacer que dejara de llorar ha ocultado su rostro de mí, se ha secado las lágrimas, y luego volteándose de nuevo con rostro alegre me ha dicho:

(4) "Amada mía, no llores, basta, basta, lo que ves sirve para justificar mi Justicia".

(5) Y yo: "Ah Señor, digo bien que ya no es Voluntad tuya mi estado, ¿en qué aprovecha mi estado de víctima si no me es dado librar a tus queridísimos miembros y exentar al mundo de tantos castigos?"

(6) Y Él: "No es como tú dices; también Yo fui víctima, y a pesar de serlo no me fue dado librar al mundo de todos los castigos; le abrí el Cielo, lo libre de la culpa, sí, llevé sobre Mí sus penas, pero es justicia que el hombre reciba sobre sí parte de aquellos castigos que él mismo se atrae pecando. Y si no fuera por las víctimas merecería no sólo el simple castigo, o sea la destrucción del cuerpo, sino también la pérdida del alma; y he aquí la necesidad de las víctimas, que quien se quiera servir de ellas, porque el hombre es siempre libre en su voluntad, puede encontrar el perdón de la pena y el puerto de su salvación".

(7) Y yo: "¡Ah Señor, cómo me quisiera ir antes que avancen más estos castigos!"

(8) Y Él: "Si el mundo llega a tal impiedad de no merecer ninguna víctima, seguro que te llevaré".

(9) Al oír esto he dicho: "Señor, no permitas que permanezca acá, y asistir a escenas tan dolorosas".

(10) Y Jesús, casi reprochándome ha agregado: "En vez de pedirme que los libre, tú dices que te quieres venir; si Yo me llevara a todos los míos, ¿qué sería del pobre mundo? Ciertamente que no tendría más qué hacer con él, y no le tendría ya ninguna consideración".

(11) Después de esto he pedido por varias personas, Él ha desaparecido y yo he regresado en mí misma.

4-17
Octubre 10, 1900

Estos escritos manifiestan claramente al mundo el modo como Jesús ama a las almas. El alma sólo puede salir del cuerpo, por fuerza del dolor o del amor.

(1) Mientras escribía estaba pensando entre mí: "Quién sabe cuántos desatinos habrá en estos escritos, merecen ser arrojados al fuego, si la obediencia me lo concediera, de buena gana lo haría, porque siento como un enfado en el alma, especialmente si llegaran a ser vistos por alguna persona, ya que en algunos puntos hacen ver como si amara o hiciera alguna cosa por Dios, mientras que no hago nada, no lo amo, y soy el

alma más fría que se pueda encontrar en el mundo, y entonces me tendrían en un concepto diferente de lo que soy, y esto es una pena para mí; pero como es la obediencia la que quiere que escriba, siendo esto para mí uno de los más grandes sacrificios, por tanto me entrego toda a ella, con la esperanza cierta que ella me excusará y justificará mi causa ante Dios y ante los hombres". Pero mientras esto digo, el bendito Jesús se ha movido en mi interior y me está reprochando y quiere que retire lo que he dicho, y si no lo hago no quiere que siga escribiendo. Me está diciendo que al decir esto me he apartado de la verdad, siendo que la cosa más esencial de un alma es el no salir jamás del círculo de la verdad. ¡Cómo! ¿no me amas tú? Con qué intrepidez lo dices, ¿no quieres tú sufrir por Mí?".

(2) Y yo avergonzándome toda: "Sí Señor".

(3) Y Él: "Y bien, ¿cómo es que vienes a salirte de la verdad?"

(4) Dicho esto se ha retirado en mi interior, sin hacerse oír más, quedando yo como si hubiera recibido un golpe. ¡Cuántas me hace la señora obediencia, si no fuera por ella no me encontraría en estas luchas con mi amado Jesús!; ¡cuánta paciencia se necesita con esta bendita obediencia!

(5) Ahora, voy a decir lo que debía decir, pues el Señor me distrajo un poco de lo que había comenzado, entonces, al venir el bendito Jesús ha respondido a mi pensamiento diciéndome:

(6) "Seguro que merecen ser quemados estos escritos tuyos, ¿pero quieres saber en cuál fuego? En el fuego de mi amor, porque no hay página en ellos que no manifieste claramente el modo como amo a las almas; tanto si son cosas que se refieren a ti, como si se refieren al mundo; y mi amor en estos tus escritos encuentra un desahogo a mis preocupados y amorosos desfallecimientos".

(7) Después de esto me ha transportado fuera de mí misma, y encontrándome sola, sin cuerpo, he dicho: "Mi amado y único Bien, qué castigo es para mí tener que regresar tantas veces a mi cuerpo, porque es cierto que ahora no lo tengo, es sólo mi alma la que está junto Contigo; y después, no sé cómo me encuentro aprisionada en mi mísero cuerpo como dentro de una cárcel tenebrosa, y ahí pierdo aquella libertad que me viene dada al salir de él. ¿No es esto un castigo para mí, el más duro que se pueda dar?"

(8) Y Jesús: "Hija mía, no es castigo lo que tú dices, ni por culpa tuya que esto te sucede, más bien debes saber que sólo por dos razones el alma puede salir del cuerpo: Por fuerza del dolor, porque sucede la muerte natural; o por fuerza de amor recíproco entre el alma y Yo, porque siendo este amor tan fuerte, ni el alma aguantaría, ni Yo puedo aguantar mucho

sin gozar de ella, por eso la voy atrayendo a Mí, y luego la devuelvo a su estado natural; y el alma más que atraída por un hilo eléctrico va y viene como a Mí me place. He aquí que lo que tú crees castigo es amor finísimo".

(9) Y yo: "¡Ah Señor, si mi amor fuera bastante y fuerte, creo que tendría la fuerza de subsistir ante Ti, y no estaría sujeta a regresar a mi cuerpo; pero como es muy débil, por eso es que estoy sujeta a estas vicisitudes".

(10) Y Él: "Más bien te digo que es amor más grande, es extraído del amor del sacrificio, porque por amor mío y por amor de tus hermanos te privas y regresas a las miserias de la vida".

(11) Después de esto el bendito Jesús me ha transportado a una ciudad, donde eran tantas las culpas que se cometían, que salía como una neblina densísima, maloliente, que se levantaba hacia el cielo; y del cielo descendía otra neblina tupida, y dentro estaban condensados tantos castigos, que parecía que fueran suficientes para exterminar esta ciudad, entonces yo he dicho: "Señor, ¿dónde nos encontramos? ¿Qué lugares son estos?"

(12) Y Él: "Aquí es Roma, donde son tantas las maldades que se cometen, no sólo por los seglares sino también por los religiosos, que merecen que esta niebla los termine de cegar, mereciéndose con ello su exterminio".

(13) En un instante he visto el estrago que sucedía, y parecía que el Vaticano recibía parte de las sacudidas; no eran librados ni siquiera los sacerdotes, por eso toda consternada he dicho: "Mi Señor, libra a tu ciudad predilecta, a tantos ministros tuyos, al Papa. ¡Oh, de buena gana te ofrezco a mí misma para sufrir sus tormentos, con tal de que los perdones!"

(14) Y Jesús conmovido me ha dicho: "Ven Conmigo y te haré ver hasta donde llega la malicia humana".

(15) Y me ha transportado dentro de un palacio, y en una habitación secreta estaban cinco o seis diputados y decían entre ellos: "Sólo cederemos cuando hayamos destruido a los cristianos". Y parecía que querían obligar al rey a escribir de su propio puño el decreto de muerte contra los cristianos, y la promesa de dejarlos adueñarse de los bienes de éstos, diciéndole que con tal de que consintiera con ellos, él no haría nada, porque no lo harían por ahora, sino que en tiempo y circunstancias oportunas lo habrían hecho. Después de esto me ha transportado a otra parte, y me hacía ver que debía morir uno de aquellos que se dicen jefes, y este tal parecía tan unido con el demonio, que ni siquiera en ese punto se apartaba, toda su fuerza la tomaba de los demonios que lo cortejaban

como su fiel amigo. Los demonios al verme se han agitado, y alguno me quería golpear, otro me quería hacer una cosa y otro otra, sin embargo yo, no haciendo caso a sus molestias, porque me importaba más la salvación de aquella alma, me he esforzado y he llegado junto a aquel hombre. ¡Oh Dios, qué vista tan espantosa, más que los mismos demonios! ¡en qué estado tan lamentable yacía él! Más duro que piedra, en nada lo conmovió nuestra presencia, más bien parecía que se burlaba. Jesús enseguida me quitó de ese lugar, y yo empecé a rogarle por la salvación de esa alma.

4-18
Octubre 12, 1900

Los enemigos más potentes del hombre son: El amor a los placeres, a las riquezas y a los honores.

(1) Continúa viniendo mi adorable Jesús; esta mañana traía una tupida corona de espinas; se la he quitado poco a poco y la he puesto en mi cabeza, y he dicho: "Señor, ayúdame a clavarla".
(2) Y Él: "Esta vez quiero que tú misma te la claves, quiero ver qué cosa saber hacer, y cómo quieres sufrir por amor mío".
(3) Yo la he clavado muy bien, mucho más que se trataba de hacerle ver hasta donde llegaba mi amor de sufrir por Él, tanto que Él mismo, todo enternecido y estrechándome me ha dicho:
(4) "Basta, basta, que mi corazón no resiste más el verte sufrir".
(5) Y dejándome muy sufriente, mi amado Jesús no hacía otra cosa que ir y venir. Después de esto ha tomado el aspecto de crucificado y me ha participado sus penas, y me ha dicho:
(6) "Hija mía, los enemigos más potentes del hombre son: El amor a los placeres, a las riquezas y a los honores, que hacen infeliz al hombre, porque estos enemigos se introducen hasta en el corazón y lo roen continuamente, lo amargan, lo abaten, tanto, de hacerle perder toda la felicidad, y Yo sobre el Calvario derroté a estos tres enemigos, y obtuve gracia para el hombre de que pudiera vencerlos también él, y le restituí la felicidad perdida, pero el hombre siempre ingrato y desagradecido rechaza mi gracia y ama rabiosamente estos enemigos, que ponen el corazón humano en una tortura continua".
(7) Dicho esto ha desaparecido y yo comprendía con tal claridad la verdad de estas palabras, que sentía una repugnancia, un odio hacia estos enemigos.
(8) Sea siempre bendito el Señor y todo sea para su gloria.

4-19
Octubre 14, 1900

El peligroso flagelo de los burgueses. Sólo la inocencia atrae la misericordia y mitiga la justa indignación.

(1) Esta mañana me sentía tan aturdida, que no reaccionaba, ni podía ir según lo acostumbrado en busca de mi sumo Bien. De vez en cuando se movía dentro de mi interior y se hacía ver, y abrazándome toda y compadeciéndome me decía:

(2) "Pobre hija, tienes razón de no poder estar sin Mí, ¿cómo podrías vivir sin tu amado?"

(3) Y yo, turbada por sus palabras he dicho: "Ah, amado mío, qué duro martirio es la vida por los intervalos en que estoy obligada a estar sin Ti. Tú mismo lo dices, que tengo razón en esto, ¿y luego me dejas?"

(4) Y Él, furtivamente se ha escondido como si no quisiera que oyera lo que me decía, y yo he quedado de nuevo en mi turbación, sin poder decir más nada; cuando me ha visto de nuevo turbada ha salido y dijo:

(5) "Tú eres todo mi contento, en tu corazón encuentro el verdadero reposo, y reposándome siento en él las más queridas delicias".

(6) Y yo sacudiéndome de nuevo le he dicho: "También para mí Tú eres todo mi contento, tanto, que todas las otras cosas no son para mí más que amarguras".

(7) Y Él retirándose de nuevo me dejó a medio hablar, quedando más turbada que antes, y así continuó esta mañana, parecía que tenía ganas de jugar un poco. Después de esto me he sentido fuera de mí misma, y he visto que venían personas desconocidas vestidas de burgueses, y la gente al verlas, todas se horrorizaban y daban un grito de espanto y de dolor, especialmente los niños, y decían: "Si estos nos caen encima, para nosotros todo terminó", y agregaban: "Escondan a las jóvenes; pobre juventud si llega a manos de estos". Entonces yo, dirigiéndome al Señor le dije: "Piedad, misericordia, aleja este flagelo tan peligroso para la mísera humanidad, te muevan a compasión las lágrimas de la inocencia".

(8) Y Él: "¡Ah! hija mía, sólo por la inocencia tengo consideración de los otros, sólo ella me arranca la misericordia y mitiga mi justa ira".

4-20
Octubre 15, 1900

Lucha entre el confesor y Jesús por la crucifixión de Luisa.

(1) Esta mañana habiendo recibido la comunión, el bendito Jesús me hizo oír su voz que decía:

(2) "Hija mía, esta mañana siento toda la necesidad de ser reconfortado, ¡ah, toma un poco mis penas sobre ti, y déjame reposar en tu corazón!"

(3) Y yo: "Sí mi Bien, hazme partícipe de tus penas, y mientras yo sufro en lugar tuyo, tendrás todo el tiempo para poderte restaurar y tomar un dulce reposo; sólo te pido que esperes otro poco hasta que me quede sola, porque me parece que está el confesor todavía, a fin de que nadie me pueda ver sufrir".

(4) Y Él: "Qué importa que esté presente el padre, ¿no sería mejor que en vez de tener uno que me alivie, tenga dos, tú sufriendo y él concurriendo conmigo con mi misma intención?"

(5) Entre tanto, he visto al confesor que ponía la intención de la crucifixión, y de inmediato el Señor, sin la mínima demora me ha participado las penas de la cruz. Después de haber estado un poco en aquellos sufrimientos, el confesor me llamó a la obediencia, Jesús se retiró y yo trataba de someterme a quien me ordenaba. Cuando en un instante, de nuevo ha venido mi dulce Jesús que me quería someter por segunda vez a las penas de la crucifixión, y el padre no quería; y yo, cuando me uniformaba con Jesús, esto es a sufrir, Él venía; cuando el confesor veía que empezaba a sufrir, con la obediencia detenía el sufrir y Jesús se retiraba, yo sufría una pena grande al verlo retirarse, pero hacía cuanto más podía por obedecer, y a veces, como veía presente al confesor, los dejaba hacer a Ellos, esperando a ver quién vencía: La obediencia o Nuestro Señor. Ah, me parecía ver luchar a la obediencia y a Jesús, ambos potentes, capaces de poder enfrentar una lucha. Después de que han luchado, en el momento de ver quién vencía, ha venido la Reina Mamá, que acercándose al padre le dijo:

(6) "Hijo mío, esta mañana en que Él mismo quiere que sufra, déjalo hacer, de otra manera no seréis librados, ni siquiera en parte de los castigos".

(7) En aquel momento, el padre cesó, como si se hubiera distraído en sostener la lucha, y Jesús vencedor me ha sometido de nuevo a las penas, pero con tal vehemencia y acerbos dolores, que yo misma no sé cómo he quedado viva; cuando creía morir, la obediencia me ha llamado de nuevo y me he encontrado en mí misma. Reconfortado el bendito Jesús, pero no contento aún, regresando quería repetir por tercera vez, pero la obediencia armándose de fuerza, esta vez se hizo vencedora,

perdiendo mi amado Jesús. Con todo esto de vez en cuando lo intentaba, quién sabe y a lo mejor podría vencer nuevamente Él, tanto que no me daba calma, y he debido decir: "Pero Señor mío, estate un poco quieto y déjame en paz; ¿no ves que la obediencia se puso en armas, y no quiere ceder? Por eso ten paciencia, y si quieres repetir la tercera vez prométeme que me harás morir".

(8) Y Jesús: "Sí, ven".

(9) Se lo he dicho al padre y también en esto la obediencia se volvió inexorable, a pesar de que mi dulce Bien me llamaba diciéndome: "Luisa ven", yo le decía que me llamaba, pero me respondía con un no terminante. Qué obediencia es esta que quiere hacer en todo, y sobre todo, de señora, se quiere meter en cosas que a ella no le pertenecen, como es el morir; y además, bonita cosa, expone a una pobre infeliz a los peligros de morir, le hace tocar con la mano el puerto de la felicidad eterna, y luego para hacer ver que en todo sabe hacer de señora, por la fuerza que posee la detiene y la hace permanecer en la mísera prisión del cuerpo, y si se le pregunta por qué todo esto, primero no te contesta, y después en su mudo lenguaje te dice: "¿Por qué? Porque soy señora y tengo imperio sobre todo". Parece que si se quiere estar en paz con esta bendita obediencia, se necesita una paciencia de santo, y no sólo, sino la misma de Nuestro Señor; de otra manera se está en continuas fricciones, porque se trata de que quiere tocar los extremos. Entonces viendo que no podía vencer en nada, el bendito Señor se ha calmado ante la obediencia y me ha dejado en paz, me ha mitigado las penas que sufría y me ha dicho:

(10) "Amada mía, en las penas que has sufrido, he querido hacerte sentir el furor de mi justicia al derramarla un poco sobre ti. Si tú pudieras ver con claridad el punto hasta donde la han hecho llegar los hombres, y cómo el furor de mi justicia se ha armado contra ellos, tú temblarías de pies a cabeza, y no harías otra cosa que pedirme que lluevan sobre ti las penas".

(11) Entonces parecía que me sostenía en mis sufrimientos, y para animarme me decía:

(12) "Yo me siento mejor, ¿y tú?"

(13) Y yo: "¡Ah! Señor, ¿quién puede decirte lo que siento?, me parece como si hubiera sido triturada dentro de una máquina, siento tal aniquilamiento de fuerzas, que si Tú no me infundes vigor no puedo recuperarme".

(14) Y Él: "Amada mía, es necesario que al menos de vez en cuando sientas con intensidad las penas; primero por ti, porque por cuan bueno sea un fierro, si se deja largamente sin ponerlo al fuego, siempre adquiere

algo de herrumbre; segundo por Mí, que si por largo tiempo no me descargara sobre ti, mi furor se encendería en tal modo, que no tendría ninguna consideración, ni libraría a nadie, y si no pusiera sobre ti mis penas, ¿cómo podría mantenerte la palabra de perdonar en parte al mundo de los castigos?"

(15) Después de esto ha venido el confesor a llamarme a la obediencia, y así he regresado en mí misma.

4-21
Octubre 17, 1900

Un alma sufriente y una oración humilde, hacen perder toda la fuerza a Jesús, y lo vuelve tan débil de dejarse atar por aquella alma. El aspecto de la justicia.

(1) Al venir mi adorable Jesús, me parecía verlo tan sufriente que daba compasión, y arrojándose entre mis brazos me ha dicho:

(2) "Hija mía, calma el furor de mi justicia, de otra manera"...

(3) Mientras estaba en esto, me ha parecido ver a la justicia divina armada de espadas, de saetas de fuego, que daba terror, y al mismo tiempo la fuerza con la que puede obrar. Por eso toda asustada he dicho: "¿Cómo puedo calmar tu furor si te veo tan fuerte que puedes en un simple instante aniquilar cielo y tierra?"

(4) Y Él: "Sin embargo un alma sufriente, y una oración humildísima, me hacen perder toda mi fuerza, y me hacen tan débil que me dejo atar por esa alma como a ella le parece y le place".

(5) Y yo: "¡Ah Señor, en qué aspecto tan feo se hace ver la justicia!".

(6) Y Jesús ha agregado: "No es fea, si tú la ves tan armada, esto lo han provocado los hombres, pero en sí misma es buena y santa, como mis otros atributos, porque en Mí no puede haber ni siquiera la sombra del mal; es verdad que su aspecto aparece áspero, punzante, amargo, pero los frutos son dulces y sabrosos".

(7) Dicho esto ha desaparecido.

4-22
Octubre 20, 1900

La Justicia quiere la satisfacción de lo que es injusto, así el amor quiere el desahogo de amar y de ser amado.

(1) Esta mañana, al venir mi adorable Jesús me hacía ver sus atributos y me ha dicho:

(2) "Hija mía, todos mis atributos están en continua actitud hacia los hombres, y todos exigen su tributo".

(3) Después ha agregado: "Así como la justicia quiere la satisfacción de lo que es injusto, así mi amor quiere el desahogo de amar y de ser amado. Tú ponte en la justicia y reza, repara, y cuando recibas algún golpe ten la paciencia de soportarlo; después pasa a mi amor y dame el desahogo del amor, de otra manera quedaría defraudado en el amor. Esta vez siento toda la necesidad de dar desahogo a mi amor reprimido, y si me fuera dado hacerlo, languidecería y desfallecería".

(4) Mientras esto decía ha comenzado a besarme, a acariciarme y a hacerme tantas ternuras de amor, que no tengo palabras para saberlas manifestar; y quería que yo le correspondiera, diciéndome:

(5) "Así como Yo siento la necesidad de desahogarme contigo en amor, así tú tienes necesidad de desahogarte en amor Conmigo, ¿no es verdad?"

(6) Entonces, después de habernos desahogado mutuamente en amor, ha desaparecido.

4-23
Octubre 22, 1900

Dudas de Luisa acerca de las cosas que le suceden, ella quiere saber si son de Dios o del demonio. La obediencia no tiene razón humana, su razón es divina.

(1) Esta mañana me encontraba toda oprimida y con temor de que no fuera Jesús bendito el que obraba en mí, sino el demonio, pero a pesar de esto no me sabía contener en buscarlo y desearlo, y en cuanto se ha dignado venir me ha dicho:

(2) "¿Qué es lo que asegura que sale el sol sino la luz que pone en fuga las tinieblas nocturnas y el calor que expande en la misma luz? Si se dijera que ha salido el sol, y sin embargo se ve más densa la oscuridad de la noche y no se siente ningún calor, ¿qué dirías tú? Que no es sol verdadero el que salió, sino falso, porque no se ven los efectos del sol. Ahora, si mi vista te aleja las tinieblas y te muestra la luz de la verdad, haciéndote sentir el calor de mi gracia, ¿por qué quieres cansarte el cerebro pensando que no soy Yo quien obra en ti?"

(3) Agrego porque así lo quiere la obediencia, que el otro día estaba pensando que si de verdad suceden tantos castigos que he escrito en estos cuadernos, ¿quién tendrá corazón de ser espectador? Y el bendito Señor con claridad me hizo comprender que algunos se realizarán mientras esté todavía sobre esta tierra, otros después de mi muerte, y algunos otros serán disminuidos en parte. Así que quedé un poco más aliviada pensando que no me tocaba verlos todos. He aquí satisfecha la señora obediencia, que había empezado a fruncir el ceño, a dar lamentos y a regañar; parece que esta bendita señora no quiere en ningún modo adaptarse a la razón humana, no quiere investirse de ninguna circunstancia, más bien parece que no tiene razón, y en verdad es un martirio tener que ver con alguien que no tiene razón, porque para poder estar un poco bien es necesario perder la propia razón, porque la señorita se va jactando: "Yo no tengo ninguna razón humana, por eso no sé adaptarme a la manera humana, mi razón es divina, y quien quiera vivir en paz Conmigo es absolutamente necesario que pierda la suya, para hacer adquisición de la mía". Así es como razona la señorita, ¿qué se puede decir? Es mejor callar, porque al derecho o al revés siempre quiere la razón, y se gloría de negártela siempre.

4-24
Octubre 23, 1900

El verdadero amor jamás está solo.

(1) Esta mañana, habiendo recibido la comunión, mi adorable Jesús me hacía ver al confesor que ponía la intención de hacerme sufrir la crucifixión; mi pobre naturaleza sentía repugnancia, no porque no quisiera sufrir, sino por otras razones que no es necesario describirlas aquí, pero Jesús, como lamentándose de mí decía al padre:
(2) "No quiere someterse".
(3) Yo me he enternecido ante el lamento, el padre ha renovado la orden y me he sometido. Después de haber sufrido un poco, como veía al padre presente, el Señor ha dicho:
(4) "Amada mía, he aquí el símbolo de la Sacrosanta Trinidad: Yo, el padre y tú. Mi amor desde "ab eterno" jamás ha estado solo, sino siempre unido en perfecta y recíproca unión con las Divinas Personas, porque el verdadero amor jamás está solo, sino que produce otros amores y goza el ser amado por los amores que él mismo ha producido, y si está solo, o no es de la naturaleza del amor divino, o bien está solo aparentemente. Si

supieras cuanto me complazco y me gusta poder continuar en las criaturas aquel amor que desde "ab eterno" reinaba y reina todavía ahora en la Santísima Trinidad. He aquí el por qué digo que quiero el consentimiento de la intención del confesor unido Conmigo, para poder continuar más perfectamente este amor que simboliza a la Trinidad Sacrosanta".

4-25
Octubre 29, 1900

La cosa más esencial y necesaria en un alma es la caridad.

(1) Después de haber pasado algunos días de privación y de silencio, esta mañana al venir el bendito Jesús he dicho: "Se ve que no es más Voluntad tuya mi estado".

(2) Y Él: "Sí, sí; levántate y ven a mis brazos".

(3) Por este hablar he olvidado el penoso estado de los días pasados y corrí a sus brazos, y como se veía el costado abierto he dicho: "Amado mío, hace ya algún tiempo que no me has admitido a chupar de tu costado, te pido que me admitas hoy".

(4) Y Jesús: "Amada mía, bebe pues a tu placer y sáciate".

(5) ¿Quién puede decir mi contento y con qué avidez puse mi boca para beber de aquella fuente divina? Después que he bebido a saciedad, hasta no tener más donde poner ni siquiera otra gota, me separé, y Jesús me ha dicho:

(6) "¿Te has saciado? Si no, sigue bebiendo".

(7) Y yo: "Saciada no, porque de esta fuente por cuanto más se bebe, más crece la sed, sólo que siendo muy pequeña mi capacidad, no soy capaz de contener más".

(8) Después de esto veía junto con Jesús a otras personas, y ha dicho:

(9) "La cosa más esencial y necesaria en un alma, es la caridad; si no hay caridad, sucede como a aquellas familias o reinos que no tienen regidores, todo está trastornado, las cosas más bellas quedan oscurecidas, no se ve ninguna armonía, quién quiere hacer una cosa y quién otra. Así sucede en el alma donde no reina la caridad, todo está en desorden, las más bellas virtudes no armonizan entre ellas, por esto la caridad se llama reina, porque tiene régimen, orden, y dispone todo".

4-26
Octubre 31, 1900

La medicina más saludable y eficaz en los momentos más tristes de la vida, es la resignación.

(1) Encontrándome en mi habitual estado, me he sentido fuera de mí misma, y he encontrado a la Reina Mamá; en cuanto me vio comenzó a hablar de la justicia, de cómo está por descargarse con todo el furor contra las gentes; dijo muchas cosas sobre esto, pero no tengo palabras para expresarlo, y mientras estaba en eso veía todo el cielo lleno de puntas de espadas contra el mundo. Después ha agregado:

(2) "Hija mía, tú, muchas veces has desarmado a la justicia divina, y te has contentado en recibir sobre ti sus golpes, ahora que la ves en el colmo del furor no te desalientes, sino sé animosa, con ánimo lleno de santa fortaleza entra en esa justicia y desármala, no tengas temor de las espadas, del fuego y de todo lo que puedas encontrar; para obtener este propósito, si te ves herida, golpeada, quemada, rechazada, no retrocedas, sino más bien te sea de estímulo para proseguir. Mira, para hacer esto he venido Yo en tu ayuda trayéndote una vestidura, con la cual, usándola tu alma, adquirirás valor y fortaleza para no temer nada".

(3) Dicho esto, de su manto sacó una vestidura entretejida de oro jaspeado de varios colores y vistió mi alma; luego me dio a su Hijo diciéndome:

(4) "Y he aquí que como prenda de mi amor te doy en custodia a mi amadísimo Hijo para que lo custodies, lo ames y lo contentes en todo; trates de hacer mis veces, para que encontrando en ti todo su contento, el disgusto que le dan los demás no le pueda causar tanta pena".

(5) ¿Quién puede decir cómo he quedado feliz y fortificada al ser vestida por esa vestidura, y con la amorosa prenda entre mis brazos? Felicidad más grande ciertamente no podría desear. Entonces la Reina Mamá ha desaparecido y yo he quedado con mi dulce Jesús. Hemos girado un poco por la tierra, y entre tantos encuentros nos hemos encontrado con un alma en poder de la desesperación; teniendo compasión de ella nos hemos acercado, y Jesús quiso que yo le hablara para hacerle comprender el mal que hacía, y con una luz que Jesús mismo me infundía le he dicho:

(6) "La medicina más provechosa y eficaz en las circunstancias más tristes de la vida es la resignación. Tú con desesperarte, en vez de tomar la medicina estás tomando el veneno para matar tu alma. ¿No sabes tú que el remedio más oportuno para todos los males, la cosa principal que nos hace nobles, nos diviniza y nos asemeja a Nuestro Señor y tiene virtud de convertir en dulzura las mismas amarguras, es la resignación?

¿Qué cosa fue la vida de Jesús sobre la tierra sino un continuar el Querer del Padre, y mientras estaba en la tierra estaba unido con el Padre en el Cielo? Así el alma resignada, mientras vive en la tierra, el alma y su voluntad está unida con Dios en el Cielo. ¿Se puede dar cosa más querida y deseable que ésta?"

(7) Aquella alma, como sacudida ha comenzado a calmarse, y yo junto con Jesús nos hemos retirado. Sea todo para gloria de Dios y sea siempre bendito.

4-27
Noviembre 2, 1900

Quien mora en Jesús, nada en el océano de todos los contentos.

(1) Esta mañana me sentía toda oprimida y afligida, con la añadidura que el bendito Jesús no se hacía ver; después de mucho esperar ha salido de dentro de mi interior, y abriéndome su corazón me ponía dentro diciéndome:

(2) "Estate dentro de Mí, sólo aquí encontrarás la verdadera paz y estable contento, porque dentro de Mí no penetra nada de lo que no pertenece a la paz y felicidad, y quien mora en Mí no hace otra cosa que nadar en el océano de todos los contentos; mientras que al salir fuera de Mí, aunque el alma no se tomara la molestia de nada, sólo con ver las ofensas que me hacen y el modo como me disgustan, ya viene a participar en las aflicciones, y queda perturbada por ello; por eso tú de vez en cuando olvídate de todo, entra dentro de Mí y ven a gustar mi paz y felicidad, después sal fuera y hazme el oficio de reparadora mía".

(3) Dicho esto ha desaparecido.

4-28
Noviembre 8, 1900

La obediencia restituye al alma su estado original.

(1) Continuando sus acostumbradas demoras al venir, yo sentía todo el peso de su privación; cuando repentinamente ha venido y sin saber por qué me ha hecho esta pregunta:

(2) "¿Me sabrías decir por qué la obediencia es tan glorificada y causa tanto honor de imprimir en el alma la imagen divina?"

(3) Yo toda confundida no he sabido qué responder, pero el bendito Jesús con una luz intelectual que me mandaba, me ha respondido Él mismo, pero como es por medio de luz y no de palabras, no tengo palabras para expresarlo, pero la obediencia quiere que lo intente para ver si logro escribirlo, aunque creo que diré disparates y escribiré cosas que no concordarán, pero pongo toda mi fe en la obediencia, especialmente que son cosas que se refieren directamente a ella, y ahora empiezo a intentarlo. Entonces parecía que me decía:

(4) "La obediencia es tan glorificada porque tiene virtud de descubrir, desde las raíces, las pasiones humanas, destruye en el alma todo lo que es terreno y material, y con gran honor suyo le restituye al alma su estado original, esto es, como fue creada por Dios en la justicia original, antes de ser arrojada del Edén terrestre, y en este sublime estado el alma se siente atraída fuertemente a todo lo que es bien, siente connatural a ella todo lo que es bueno, santo y perfecto, con un horror grandísimo aun a la sombra del mal. Con esta naturaleza feliz, recibida por la expertísima mano de la obediencia, el alma no experimenta más dificultad para seguir las órdenes recibidas, mucho más que quien manda, debe mandar siempre lo bueno, y he aquí cómo la obediencia sabe imprimir bien la imagen divina, y no sólo eso, sino cambia la naturaleza humana en la divina, porque como Dios es bueno, santo y perfectísimo, y es llevado a todo lo que es bueno y odia sumamente el mal, así la obediencia tiene virtud de divinizar la naturaleza humana y de hacerle adquirir las propiedades divinas; y cuanto más el alma se deja manejar por esta expertísima mano, tanto más adquiere de divino y destruye el propio ser. Por eso es tan glorificada y honrada, tanto que Yo mismo me sometí a ella y por ella quedé honrado y glorificado, y restituí por medio suyo el honor y la gloria a todos mis hijos que por la desobediencia habían perdido".

(5) Esto más o menos he sabido manifestar, lo demás lo tengo en la mente pero me faltan las palabras, porque es tanta la altura del concepto de esta virtud, que mi pobre lenguaje humano no sabe adaptarse a ponerlo en palabras...

4-29
Noviembre 10, 1900

Jesús le enseña donde está el verdadero amor.

(1) Continuaba sin venir, y yo me sentía inmersa en la más grande amargura, mi alma quedaba desgarrada de mil modos. Sentía como una sombra junto a mí y oía la voz de mi adorable Jesús, pero sin verlo, que me ha dicho:

(2) "El amor más perfecto está en la verdadera confianza que se debe tener hacia el objeto amado, y aunque se viera perdido el objeto que se ama, entonces más que nunca es tiempo de demostrar esta viva confianza. Este es el medio más fácil para ponerse en posesión de lo que ardientemente se ama".

(3) Dicho esto ha desaparecido la sombra y la voz. ¿Quién puede decir la pena que siento por no haber visto a mi amado Bien?

4-30
Noviembre 11, 1900

Saliendo del Divino Querer se pierde el conocimiento de Dios y de sí mismo.

(1) Parece que el Señor bendito quiere ejercitarme en la paciencia, no tiene compasión ni de mis lágrimas ni de mi dolorosísimo estado. Yo sin Él me veo inmersa en las más grandes miserias, creo que no haya alma más perversa que la mía, si bien estando con Jesús me veo más que nunca mala, pero como me encuentro con Él que posee todos los bienes, mi alma encuentra el remedio a todos los males. Así que faltándome Él, todo para mí termina, no hay ningún remedio a mis grandes miserias, mucho más me oprime el pensamiento de que no sea más Voluntad suya mi estado, y no estando en su Querer me parece estar fuera del centro, y muchas veces pienso en el modo cómo poder salir. Ahora, estando con estas disposiciones lo he oído atrás de mi espalda que me decía:

(2) "Te has cansado, ¿no es verdad?"

(3) Y yo: "Sí Señor, me siento bastante cansada".

(4) Y Él continuó: "¡Ah! hija mía, no salgas de mi Querer, porque saliendo de dentro de Él vienes a perder mi conocimiento, y no conociéndome vienes a perder el conocimiento de ti misma, porque sólo se distingue con claridad si hay oro o fango con los reflejos de la luz, porque si todo es tinieblas fácilmente se pueden confundir los objetos. Ahora, luz es mi Querer, que dándote mi conocimiento, a los reflejos de esta luz vienes a conocer quién eres tú, y viendo tu debilidad, tu pura nada, te pegas a mis brazos y unida con mi Querer vives Conmigo en el Cielo. Pero si quieres salir de mi Querer, lo primero que perderás es la verdadera humildad, y

después vendrás a vivir sobre la tierra y estarás obligada a sentir el peso terreno, a gemir y suspirar como todos los demás desventurados que viven fuera de mi Voluntad".

(5) Dicho esto se ha retirado sin ni siquiera hacerse ver. ¿Quién puede decir el desgarro de mi alma?

4-31
Noviembre 13, 1900

Ve las muchas miserias humanas, el envilecimiento y despojamiento de la Iglesia la misma degradación de los sacerdotes.

(1) Después de haber pasado varios días de privaciones amarguísimas, habiendo recibido la santa comunión, dentro de mi interior he visto tres niños; era tanta su belleza e igualdad, que parecían los tres nacidos de un mismo parto. Mi alma quedó sorprendida y estupefacta al ver tanta belleza encerrada en el círculo de mi interior tan miserable, y más crecía mi asombro porque veía a estos tres Niños como si tuvieran en la mano muchas cuerdas de oro, con las cuales se ataban totalmente a mí y ataban todo mi corazón a ellos. Luego, como si cada uno tomara su lugar, empezaron a discutir entre ellos; pero yo no entendía y no encuentro palabras para poder repetir su altísimo lenguaje, sólo puedo decir que en un abrir y cerrar de ojos he visto las tantas miserias humanas, el envilecimiento y despojo de la Iglesia, la misma degradación de los sacerdotes, que en vez de ser luz para los pueblos, son tinieblas, entonces toda amargada por estas escenas he dicho: "Santísimo Dios, da la paz a la Iglesia, haz que le restituyan lo que le han quitado, no permitas que los malos rían a espaldas de los buenos". Y mientras esto decía, los niños han dicho:
(2) "Son arcanos incomprensibles de Dios".
(3) Dicho esto han desaparecido y yo he regresado en mí misma.

4-32
Noviembre 14, 1900

La Reina Mamá reconforta a Jesús. La transporta al Purgatorio.

(1) Esta mañana al venir mi adorable Jesús, me ha transportado fuera de mí misma y me ha pedido un consuelo a sus penas, yo, no teniendo nada

he dicho: "Dulcísimo amor mío, si estuviera la Reina Mamá podría reanimarte con su leche, porque yo no tengo otra cosa que miserias". En ese momento ha venido la Santísima Reina, y yo enseguida le he dicho: "Jesús siente la necesidad de un alivio, dale tu dulcísima leche para que quede aliviado". Entonces nuestra amadísima Mamá le ha dado su leche, y mi amado Jesús ha quedado todo aliviado. Después dirigiéndose a mí ha dicho:

(2) "Yo me siento reconfortado, también tú acércate a mis labios y bebe parte de esa leche que he recibido de mi Madre, para que podamos quedar ambos reanimados".

(3) Así lo he hecho; ¿pero quién puede decir la virtud de aquella leche que salía a borbotones de Jesús, y que contenía tanta que parecía una fuente inmensa, que aunque bebieran todos los hombres no disminuiría en nada? Después de esto hemos girado un poco por la tierra, y en un lugar parecía que estaban gentes sentadas alrededor de una mesita que decían: "Habrá una guerra en Europa, y lo que será más doloroso es que será producida por parientes". Jesús escuchaba pero no decía nada referente a eso; por eso no estoy segura si sucederá o no, siendo los juicios humanos mutables y lo que hoy dicen mañana desdicen. Después me ha transportado dentro de un jardín en el que sobresalía un edificio grandísimo, como si fuera un monasterio, poblado de tanta gente que resultaba difícil contarla. Mi adorable Jesús a la vista de aquella gente se volteó de espaldas y se abrazó a mí, poniendo su cabeza apoyada en mi hombro junto al cuello y me ha dicho:

(4) "Amada mía, no me las hagas ver, de otra manera sufriría mucho".

(5) También yo lo abracé, y acercándome a una de aquellas almas he dicho: "Al menos decidme quiénes sois". Y ella ha respondido: "Todas somos almas purgantes, y nuestra liberación está condicionada a la satisfacción de aquellos piadosos legados que dejamos a nuestros sucesores, y como no se satisfacen nosotras estamos obligadas a estarnos aquí, lejos de nuestro Dios; qué pena es para nosotras, porque Dios es para nosotras un Ser necesario, del cual no podemos prescindir, sentimos una continua muerte que nos martiriza en el modo más despiadado, y si no morimos es porque nuestra alma no está sujeta a eso, así que dolientes como estamos, quedando privadas de un objeto que forma toda nuestra vida, imploramos a Dios que haga sentir a los mortales una mínima parte de nuestras penas, con privarlos de lo que es necesario al mantenimiento de la vida corporal, a fin de que aprendan por su propia cuenta cómo es doloroso el estar privado de lo que es absolutamente necesario".

(6) Después de esto el Señor me ha transportado a otra parte, y yo sintiendo compasión por aquellas almas he dicho: "¡Cómo, oh mi buen Jesús! Volteaste tu rostro de aquellas almas benditas que tanto te suspiran, mientras que bastaba sólo hacerte ver para hacer que quedaran libres de las penas y quedaran beatificadas".

(7) Y Él: "Ah hija mía, si Yo me mostrase a ellas, como no están del todo purgadas no habrían podido sostener mi presencia, y en vez de arrojarse entre mis brazos, confundidas se habrían retirado y no habría hecho otra cosa que acrecentar mi martirio y el suyo. Por eso hice así".

(8) Dicho esto ha desaparecido.

4-33
Noviembre 16, 1900

Jesús le quita el corazón, y le da su amor por corazón.

(1) Esta mañana, habiendo recibido la comunión, mi adorable Jesús hacía ver todo mi interior lleno de flores, como si fuera una cabaña, y a Él que estaba dentro recreándose y complaciéndose todo. Yo, viéndolo en esa actitud le he dicho: "Mi dulcísimo Jesús, ¿cuándo será que tomes este corazón mío para uniformarlo todo al tuyo, de modo que pueda vivir de la vida de tu corazón?" Mientras esto decía, mi sumo y único bien ha tomado una lanza y me ha abierto la parte que corresponde al corazón; después con sus manos lo ha sacado y lo miraba todo para ver si estaba despojado, y tuviese las cualidades para poder estar en su santísimo corazón. También yo lo he mirado, y con mi sorpresa he visto impresa en una parte la cruz, la esponja y la corona de espinas, pero queriendo verlo por la otra parte y por dentro porque parecía hinchado, como si pudiera abrirse, mi amado Jesús me lo ha impedido diciéndome:

(2) "Quiero mortificarte no dejándote ver todo lo que he derramado en este corazón. Ah, sí, aquí, dentro de este corazón están todos los tesoros de mis gracias, que humana naturaleza puede llegar a contener".

(3) En ese momento lo encerró en su santísimo corazón, agregando:

(4) "Tu corazón ha tomado posesión en mi corazón, y Yo por corazón te doy mi amor, que te dará vida".

(5) Y acercándose a esa parte ha mandado tres respiros conteniendo luz, que tomaban el lugar del corazón, y después ha cerrado la herida diciéndome:

(6) "Ahora más que nunca te conviene fijarte en el centro de mi Querer, teniendo por corazón sólo mi amor; ni siquiera por un solo instante debes

salir de Él, y mi amor sólo encontrará en ti su verdadero alimento, si encuentra en ti, en todo y por todo, mi Voluntad, en Ella encontrará su contento y la verdadera y fiel correspondencia".

(7) Después acercándose a la boca me ha mandado otros tres respiros, y al mismo tiempo ha derramado un licor dulcísimo que toda me embriagaba. Entonces, como llevado por entusiasmo decía:

(8) "Mira, tu corazón está en el mío, así que no es más tuyo".

(9) Y me besaba y me volvía a besar, y me hacía mil finezas de amor; ¿pero quién puede decirlas todas? Me resulta imposible manifestarlas. ¿Quién puede decir lo que sentía al encontrarme en mí misma? Sólo sé decir que me sentía como si no fuera más yo, sin pasiones, sin inclinaciones, sin deseos, toda abismada en Dios; en la parte del corazón sentía un frío sensible en comparación con las otras partes.

4-34
Noviembre 18, 1900

La unión del corazón con el de Jesús, hace pasar al estado de perfecta consumación.

(1) Jesús sigue teniendo mi corazón en su corazón, y de vez en cuando se digna hacérmelo ver, haciendo fiesta como si hubiera hecho una gran adquisición, y en estos días encontrándome fuera de mí misma, en la parte que corresponde al corazón, en vez del corazón veo la luz que el bendito Jesús me envió en aquellos tres respiros. Después, esta mañana al venir, mostrándome su corazón me ha dicho:

(2) "Amada mía, ¿cuál quieres, mi corazón o el tuyo? Si quieres el mío te tocará sufrir más; pero debes de saber que he hecho esto para hacerte pasar a otro estado, porque cuando se llega a la unión se pasa a otro estado, que es el de la consumación, y el alma para pasar a este estado de perfecta consumación, tiene necesidad, o de mi corazón para vivir, o del suyo todo transformado en el mío, de otra manera no puede pasar a este estado de consumación".

(3) Y yo temiendo toda respondí: "Dulce amor mío, mi voluntad no es más mía sino tuya, haz lo que quieras y yo estaré más contenta". Después de esto me he acordado de algunas dificultades del confesor, y Jesús viendo mi pensamiento me ha hecho ver como si yo estuviera dentro de un cristal, y éste impedía hacer ver a los demás lo que el Señor obraba en mí, y ha agregado:

(4) "Sólo se conoce el cristal y lo que contiene dentro, a los reflejos de la luz; así es para ti, quien trae la luz de la creencia tocará con mano lo que Yo obro en ti, si no, advertirá las cosas naturalmente".

4-35
Noviembre 20, 1900

Debiendo vivir del corazón de Jesús, Él le da reglas para aprender un vivir más perfecto.

(1) Encontrándome fuera de mí misma, mi adorable Jesús continúa haciéndome ver mi corazón en el suyo, pero tan transformado que no reconozco más cuál es el mío y cual el de Jesús. Lo ha conformado perfectamente con el suyo, le ha impreso todas las insignias de la Pasión, haciéndome entender que su corazón, desde que fue concebido, fue concebido con estas insignias de la Pasión, tanto, que lo que sufrió en lo último de su vida fue un desbordamiento de lo que su corazón había sufrido continuamente. Me parecía verlos como el uno así el otro. Me parecía ver a mi amado Jesús ocupado en preparar el lugar donde tenía que poner el corazón, perfumándolo y adornándolo con tantas diversas flores, y mientras esto hacía me ha dicho:
(2) "Amada mía, debiendo vivir de mi corazón te conviene emprender un modo de vivir más perfecto, por eso quiero de ti:
(3) 1° Uniformidad perfecta a mi Voluntad, porque jamás podrás amarme perfectamente sino hasta que me ames con mi misma Voluntad; más bien te digo que amándome con mi misma Voluntad, llegarás a amarme a Mí y al prójimo con mi mismo modo de amar.
(4) 2° Humildad profunda, poniéndote ante Mí y ante las criaturas como la última de todas.
(5) 3° Pureza en todo, porque cualquier mínima falta de pureza, tanto en el amar como en el obrar, todo se refleja en el corazón, y éste queda manchado, por eso quiero que la pureza sea como el rocío sobre las flores al despuntar el sol, en el que reflejándose los rayos, transmuta esas pequeñas gotitas como en tantas perlas preciosas que encantan a las gentes. Así todas tus obras, pensamientos y palabras, latidos y afectos, deseos e inclinaciones, si están adornadas por el rocío celestial de la pureza, tejerás un dulce encanto no sólo a los ojos humanos, sino a todo el Empíreo.
(6) 4° La obediencia va unida con mi Voluntad, porque si esta virtud se refiere a los superiores que te he dado en la tierra, mi Voluntad es

obediencia que se refiere a Mí directamente, tanto que se puede decir que la una y la otra, ambas son virtud de obediencia, con esta sola diferencia, que una se refiere a Dios y la otra se refiere a los hombres, las dos tienen el mismo valor y no puede estar la una sin la otra, por lo que a las dos las debes amar de una misma manera".

(7) Después ha agregado: "Debes saber que de ahora en adelante vivirás con mi corazón, y debes entendértela a modo de mi corazón, para encontrar en ti mis complacencias, por eso te lo encomiendo, porque no es más corazón tuyo, sino corazón mío".

4-36
Noviembre 22, 1900

Jesús se pone en el lugar del corazón de Luisa.
Le dice el alimento que quiere de ella.

(1) Continúa haciéndose ver mi adorable Jesús. Esta mañana, habiendo recibido la comunión, lo veía en mi interior, y los dos corazones tan fundidos que parecían uno, y mi dulcísimo Jesús me ha dicho:

(2) "Hoy he decidido darte en lugar del corazón, a Mí mismo".

(3) En ese momento he visto que Jesús tomaba lugar en aquel punto donde está el corazón, y de dentro de Jesús recibía la respiración y sentía el latido del corazón; ¡cómo me sentía feliz viviendo de esta manera!.

(4) Después de esto ha agregado: "Habiendo Yo tomado el lugar del corazón, te conviene tener un alimento siempre preparado para nutrirme, el alimento será mi Querer, y todo lo que te mortificarás y de lo que te privarás por amor mío".

(5) Pero quién puede decir todo lo que en mi interior ha pasado entre Jesús y yo, creo que es mejor callar, de otra manera siento como si lo estropeara. No estando mi lengua adiestrada para hablar de gracias tan grandes que el Señor ha hecho a mi alma, no me queda otra cosa que agradecer al Señor que tiene consideración de un alma tan miserable y pecadora.

4-37
Noviembre 23, 1900

Modo en el cual están las almas en Jesús.

(1) Encontrándome en mi habitual estado, mi amante Jesús me ha transportado fuera de mí misma, y saliendo de dentro de mi interior se hacía ver tan grande que absorbía en Él toda la tierra, y extendía tanto su grandeza que mi alma no encontraba el término, me sentía dispersa en Dios, no sólo yo, sino todas las criaturas quedaban dispersas; y ¡oh, cómo parecía impropio, qué afrenta se hace a Nuestro Señor, el que nosotros, pequeños gusanos, viviendo en Él osemos ofenderlo! ¡Oh, si todos pudieran ver el modo como estamos en Dios, cómo se cuidarían de no darle ni siquiera la sombra de un disgusto! Después se hacía tan alto que absorbía en Él todo el Cielo, así que en Dios mismo veía a todos los ángeles y santos, oía su canto, entendía muchas cosas de la felicidad eterna. Después de esto veía que de Jesús salían muchos arroyos de leche y yo bebía de ellos, pero siendo yo muy restringida, y Jesús tan grande y alto que no tenía límite ni de grandeza ni de altura, no lograba absorberlo todo en mí; muchos corrían fuera, si bien permanecían en Dios mismo, y yo sentía un disgusto por ello y hubiera querido que todos corrieran a beber de estos arroyos, pero escasísimo era el número de los viadores que bebían; Nuestro Señor disgustado también por esto me ha dicho:

(2) "Esto que tú ves es la misericordia contenida, y esto irrita mayormente a la justicia; ¿cómo no debo hacer justicia, mientras que ellos mismos me impiden la misericordia?"

(3) Y yo, tomándole las manos lo he estrechado diciendo: "No Señor, no puedes hacer justicia, no lo quiero yo, y no queriéndolo yo tampoco Tú lo quieres, porque mi voluntad no es más mía, sino tuya, y siendo tuya, todo lo que yo no quiero tampoco Tú lo quieres; ¿no me lo has dicho Tú mismo, que debo vivir en todo y por todo de tu Querer?"

(4) Mi hablar ha desarmado a mi dulce Jesús, se ha empequeñecido de nuevo y se ha encerrado en mi interior, y yo me he encontrado en mí misma.

4-38
Noviembre 25, 1900

La naturaleza del verdadero amor es de transformar las penas en alegrías, las amarguras en dulzuras.

(1) Tardando en venir mi dulcísimo Jesús, me sentí casi con temor, y aún no venía, pero después con mi sorpresa, todo de improviso ha venido y me ha dicho:

(2) "Amada mía, ¿quieres saber cuándo una obra se hace por la persona amada? Cuando encontrando sacrificios, amarguras y penas, tiene virtud de cambiarlas en dulzuras y delicias, porque esta es la naturaleza del verdadero amor, la de transformar las penas en alegrías, las amarguras en dulzuras, si se experimenta lo contrario es señal de que no es el verdadero amor el que obra. ¡Oh, en cuántas obras se dice: lo hago por Dios, pero en las dificultades retroceden!, con esto hacen ver que no era por Dios, sino por el propio interés y el placer que sentían".

(3) Después ha agregado: "Generalmente se dice que la propia voluntad estropea todas las cosas e infecta las obras más santas, sin embargo si esta voluntad propia está conectada con la Voluntad de Dios, no hay otra virtud que la pueda superar, porque donde hay voluntad hay vida en el obrar el bien, pero donde no hay voluntad hay muerte en el obrar, o bien se obrará fatigosamente como si se estuviera en agonía".

4-39
Diciembre 3, 1900

La naturaleza de la Santísima Trinidad está formada de amor purísimo, simplísimo y comunicativo.

(1) Esta mañana encontrándome fuera de mí misma, me he encontrado con el niño Jesús entre los brazos, y mientras me deleitaba en mirarlo, sin saber como, del mismo Niño ha salido un segundo, y después de breves instantes un tercer Niño, los dos semejantes al primero, si bien distintos entre ellos. Asombrada al mirar esto he dicho: "¡Oh, cómo se toca con la mano el misterio sacrosanto de la Santísima Trinidad, que mientras sois Uno, sois también Tres!" Me parecía que los Tres me decían, pero al salir la palabra formaba una sola voz:

(2) "Nuestra naturaleza está formada de amor purísimo, simplísimo y comunicativo, y la naturaleza del verdadero Amor tiene como propiedad especial producir de sí mismo imágenes todas semejantes en la potencia, en la bondad, en la belleza y en todo lo que él contiene, y sólo para dar un realce más sublime a nuestra omnipotencia pone la marca de la distinción, de modo que esta nuestra naturaleza, derritiéndose en amor, como es simple, sin ninguna materia que pudiera impedir la unión, de ella forma Tres y volviéndose a derretir forma Uno solo. Y es tan cierto que la naturaleza del verdadero Amor tiene esto de producir imágenes todas similares a sí, o de asumir la imagen de quien se ama, que la Segunda

Persona al redimir al género humano asumió la naturaleza y la imagen del hombre, y comunicó al hombre la Divinidad".

(3) Mientras esto decían, yo distinguía muy bien a mi amado Jesús, reconociendo en Él la imagen de la naturaleza humana, y sólo por Él tenía la confianza de permanecer ante la presencia de ellos, ¿de otra manera ¿quién se habría atrevido? Ah, sí, me parecía que la Humanidad asumida por Jesús había abierto el comercio a la criatura, a fin de hacerla subir hasta el trono de la Divinidad para ser admitida a su conversación, y obtener reescritos de gracias. ¡Oh, qué momentos felices he gustado, cuántas cosas comprendía!; pero para escribir algunas cosas necesitaría describirlas cuando mi alma se encuentra con mi amado Jesús, porque entonces me parece liberada del cuerpo, pero al encontrarme de nuevo aprisionada, las tinieblas de la prisión, la lejanía de mi místico Sol, la pena de no verlo, me vuelven incapaz de describirlas y me hacen vivir muriendo, pero estoy obligada a vivir atada, encarcelada en este mísero cuerpo. ¡Ah! Señor, ten compasión de una miserable pecadora que vive enferma y prisionera, rompe pronto los muros de esta cárcel para volar a Ti y no regresar más.

4-40
Diciembre 23, 1900

Delante a la Santidad de la Divina Voluntad, las pasiones no osan presentarse, y pierden por sí mismas la vida.

(1) Después de haber pasado largos días de silencio entre el bendito Jesús y yo, sentía un vacío en mi interior; y esta mañana al venir me ha dicho:

(2) "Amada mía, ¿qué cosa quieres decirme que tanto ansías hablar Conmigo?"

(3) Y yo avergonzándome toda he dicho: "Mi dulce Jesús, quiero decirte que ansío ardientemente el quererte a Ti y a tu Santo Querer, y si esto me concedes me harás totalmente feliz y contenta". Y Él ha agregado:

(4) "Tú en una palabra has aferrado todo, pidiéndome lo más grande que hay en el Cielo y en la tierra, y Yo, en este Santo Querer deseo y quiero mayormente conformarte, y para hacer que te sea más dulce y gustoso mi Querer, ponte en el círculo de mi Voluntad y observa en Ella sus diversas virtudes y cualidades, deteniéndote ahora en la Santidad de mi Querer, ahora en la bondad, ahora en la humildad, ahora en la belleza, ahora en la pacífica morada que produce mi Querer, y en estas paradas que hagas

adquirirás siempre más nuevas e inauditas noticias de mi Santo Querer, y por eso quedarás tan atada y enamorada, que no saldrás nunca más de Él, y esto te traerá un gran provecho, porque estando tú en mi Voluntad no tendrás necesidad de combatir con tus pasiones y de estar siempre en armas contra ellas, pues mientras parece que mueren renacen nuevamente más fuertes y vivas, sino que sin combatir, sin estrépito, dulcemente se mueren, porque ante la Santidad de mi Voluntad las pasiones no se atreven a presentarse, y pierden por sí mismas la vida, y si el alma siente los movimientos de sus pasiones, es señal que no hace morada continua en los confines de mi Querer, que hace sus salidas, sus escapaditas a su propio querer, y está obligada a sentir la peste de la naturaleza corrupta. Mientras que si estás fija en mi Voluntad, estarás libre del todo y tu única ocupación será el amarme y ser amada por Mí".

(5) Después de esto, mirando al bendito Jesús, vi que tenía la corona de espinas y se la he quitado poco a poco y la he puesto sobre mi cabeza, y Él me la encajó y desapareció, y yo me he encontrado en mí misma, con un deseo ardiente de estar siempre en su Santísima Voluntad.

4-41
Diciembre 25, 1900

Ve el Nacimiento de Jesús.

(1) Encontrándome en mi habitual estado me he sentido fuera de mí misma, y después de haber girado me encontré dentro de una cueva, y he visto a la Reina Mamá que estaba en el momento de dar a luz al Niñito Jesús. ¡Qué estupendo prodigio! Me parecía que tanto la Madre como el Hijo estaban cambiados en luz purísima, pero en esa luz se distinguía muy bien la naturaleza humana de Jesús, que contenía en sí la Divinidad, que le servía como de velo para cubrir a la Divinidad, de modo que abriendo el velo de la naturaleza humana era Dios, y cubierto con ese velo era hombre, y he aquí el prodigio de los prodigios: Dios y Hombre, Hombre y Dios, que sin dejar al Padre y al Espíritu Santo viene a habitar con nosotros y toma carne humana, porque el verdadero amor no se desune jamás. Ahora, me ha parecido que la Madre y el Hijo en ese felicísimo instante quedaron como espiritualizados, y sin el mínimo obstáculo Jesús salió del seno materno, desbordándose ambos en un exceso de amor, o sea, esos Santísimos cuerpos transformados en Luz, sin el mínimo impedimento, Jesús luz ha salido de dentro de la luz Madre, quedando sanos e intactos tanto el Uno como la Otra, regresando

después al estado natural. ¿Pero quién puede decir la belleza del Niñito, que en ese momento de su nacimiento traslucía aun externamente los rayos de su Divinidad? ¿Quién puede decir la belleza de la Madre que quedaba toda absorbida en aquellos rayos Divinos? Me parecía que San José no estaba presente en el momento del parto, sino que permanecía en otro rincón de la cueva, todo absorto en aquel profundo misterio, y si no vio con los ojos del cuerpo, vio muy bien con los ojos del alma, porque estaba raptado en éxtasis sublime.

(2) Ahora, en el momento en que el Niñito salió a la luz, yo habría querido volar para tomarlo entre mis brazos, pero los ángeles me lo impidieron, diciéndome que le correspondía a la Madre el honor de ser la primera en tomarlo. Entonces la Virgen Santísima como sacudida ha vuelto en sí, y de las manos de un ángel recibió al Hijo en sus brazos, lo estrechó tan fuerte en el arrebato de amor en que se encontraba, que parecía que lo quisiera meter de nuevo en Ella, después queriendo dar un desahogo a su ardiente amor, lo puso a mamar de sus pechos. Mientras tanto yo permanecía toda aniquilada, esperando ser llamada para no recibir otro regaño de los ángeles. Entonces la Reina me dijo:

(3) "Ven, ven a tomar a tu amado y gózalo también tú, desahoga con Él tu amor".

En cuanto dijo esto me acerqué, y la Mamá me lo puso en los brazos. ¿Quién puede decir mi contento, los besos, los abrazos, las ternuras? Después de que me desahogué un poco le dije: "Amado mío, Tú has tomado leche de nuestra Mamá, hazme partícipe". Y Él condescendiendo, de su boca derramó parte de esa leche en la mía, y después me ha dicho:

(4) "Amada mía, Yo fui concebido unido al dolor, nací al dolor y morí en el dolor, y con los tres clavos con que me crucificaron clavé las tres potencias: inteligencia, memoria y voluntad de aquellas almas que desean amarme, haciéndolas quedar todas atraídas a Mí, porque la culpa las había vuelto enfermas, dispersas de su Creador y sin ningún freno".

(5) Y mientras esto decía, ha dado una mirada al mundo y comenzó a llorar sus miserias. Yo, viéndolo llorar he dicho: "Amable Niño, no entristezcas una noche tan alegre con tu llanto a quien te ama, en lugar de dar desahogo al llanto demos desahogo al canto". Y así diciendo comencé a cantar; Jesús se distrajo al oírme cantar y dejó de llorar. Al terminar mi verso Él cantó el suyo, con una voz tan fuerte y armoniosa, que todas las demás voces desaparecían ante su voz dulcísima. Después de esto le pedí al Niño Jesús por mi confesor, por aquellos que me pertenecen, y finalmente por todos, y Él parecía todo condescendiente. Mientras estaba en esto ha desaparecido y yo volví en mí misma.

4-42
Diciembre 26, 1900

Continúa en la gruta.

(1) Al continuar viendo al santo Niño, veía a la Reina Madre de un lado y a San José del otro, que estaban adorando profundamente al infante divino. Estando todos atentos a Él, me parecía que la continua presencia del Niñito los tenía absortos en éxtasis continuo, y si obraban era un prodigio que el Señor obraba en ellos, de otra manera habrían quedado inmóviles, sin poder externamente atender a sus deberes. También yo he hecho mi adoración y me he encontrado en mí misma.

4-43
Diciembre 27, 1900

Dios no está sujeto a cambiarse, el demonio y la naturaleza humana frecuentemente se cambian.

(1) Esta mañana me encontraba con temor sobre mi estado, que no fuera el Señor el que obrara en mí, con el agregado de que no se dignaba venir; entonces, después de mucho esperar, en cuanto lo he visto le he expuesto mi temor y Él me ha dicho:
(2) "Hija mía, antes que todo, para ponerte en este estado está el concurso de mi potencia, y después, ¿quién te habría dado la fuerza, la paciencia de estar por tan largo tiempo en este estado dentro de una cama? La sola perseverancia es una señal cierta de que la obra es mía, porque solamente Dios no está sujeto a cambiarse, pero el demonio y la naturaleza humana muy frecuentemente se cambian, y lo que hoy aman, mañana aborrecen, y lo que hoy aborrecen, mañana aman y encuentran en eso su satisfacción".

4-44
Enero 4, 1901

Estado infeliz de un alma sin Dios.

(1) Después de haber pasado días amarguísimos de privación y de turbación, me sentía dentro de mí un místico infierno; sin Jesús todas mis pasiones han salido a la luz, y expandiendo cada una sus tinieblas me

han obscurecido de tal manera, que no sabía más donde me encontraba. ¡Cuán infeliz es el estado de un alma sin Dios! Basta decir que sin Dios el alma siente viviente dentro de sí el infierno; tal era mi estado, me sentía desgarrar el alma por penas infernales. ¿Quién puede decir lo que he pasado? Para no alargarme paso adelante. Entonces, esta mañana habiendo comulgado y estando en lo sumo de la aflicción, he sentido moverse dentro de mí a Nuestro Señor, yo al ver su imagen quise ver si era de madera, o estaba vivo, de carne; he mirado y era el Crucificado vivo, de carne, que mirándome me ha dicho:

(2) "Si mi imagen dentro de ti fuera de madera, el amor sería aparente, porque sólo el amor verdadero y sincero, unido a la mortificación, me hace renacer vivo, crucificado en el corazón de quien me ama".

(3) Yo al ver al Señor habría querido sustraerme de su presencia, tan mala me veía, pero Él prosiguió diciendo:

(4) "¿Adónde quieres ir? Yo soy luz, y mi luz dondequiera que vayas te inviste por todas partes".

(5) A la presencia de Jesús, ante su luz, a su voz, mis pasiones han desaparecido, no sé yo misma a dónde se han ido, he quedado como una niña y he regresado en mí misma, toda cambiada. Sea todo para gloria de Dios y para bien de mi alma.

4-45
Enero 5, 1901

La Humanidad de Jesús fue hecha expresamente para obedecer y para destruir la desobediencia. Luisa reconforta a Jesús.

(1) Encontrándome fuera de mí misma, veía al confesor que ponía la intención de la crucifixión, yo temía someterme, pero Jesús me ha dicho:

(2) "¿Qué quieres de Mí? Yo no puedo hacer más que obedecer, porque mi Humanidad fue hecha expresamente para obedecer y para destruir la desobediencia, y estando tan unida Conmigo esta virtud, que en Mí se puede decir que la obediencia es naturaleza, y el distintivo para Mí más querido y glorioso, tanto, que si mi Humanidad no tuviera esto como propio, la aborrecería y jamás me habría unido con Ella. Entonces, ¿quieres tú desobedecer? Puedes hacerlo, pero lo harás tú, no Yo".

(3) Yo, toda confundida al ver un Dios tan obediente he dicho: "También yo quiero obedecer". Y me he sometido, y Jesús me ha participado los dolores de la cruz.

(4) Después de esto me ha transportado fuera de mí misma y Jesús bendito me dio un beso, y mientras esto hacía ha salido un aliento amargo, y estaba en actitud de querer verter sus amarguras, pero no lo ha hecho, porque para hacerlo quería que yo se lo pidiera. Yo enseguida he dicho: "¿Quieres alguna reparación? Hagámosla juntos, así mis reparaciones unidas a las tuyas tendrán sus efectos, porque por mí sola creo que te disgustarán más". Entonces he tomado su mano que chorreaba sangre, y besándola he recitado el Laudate Dominum con el Gloria Patri; Jesús rezó una parte y yo la otra, para reparar las tantas obras malas que se hacen, poniendo la intención de alabarlo tantas veces por cuantas ofensas recibe por las malas obras. ¡Cómo era conmovedor ver orar a Jesús! Después hice lo mismo a la otra mano, poniendo la intención de alabarlo tantas veces por cuantas ofensas recibe por los pecados de acción. Enseguida los pies con la intención de alabarlo tantas veces por cuantos pasos malos y por tantos caminos torcidos recorridos, aun bajo aspecto de piedad y santidad. Al último el corazón, con la intención de alabarlo tantas veces por cuantas veces el corazón humano no late para Dios, no ama a Dios, no desea a Dios. Mi amado Jesús parecía todo reconfortado con estas reparaciones hechas junto con Él, pero no contento aún, parecía que quería verter, y yo he dicho: "Señor, si quieres verter, te pido que lo hagas". Y Él ha vertido sus amarguras, y después ha agregado:

(5) "Hija mía, cuánto me ofenden los hombres, pero vendrá el tiempo en que los castigaré de modo que saldrán muchos gusanillos (hombres viles y despreciables) que producirán nubes de mosquitos (personas de cuerpo minúsculo) y mucho los oprimirán. Entonces, después saldrá el Papa".

(6) Y yo: "¿Y por qué saldrá el Papa?"

(7) Y Él: "Saldrá para consolar a los pueblos, que oprimidos, cansados, abatidos, traicionados por tantas falsedades, buscarán ellos mismos el puerto de la verdad, y todos humillados pedirán al Santo Padre que vaya en medio de ellos para liberarlos de tantos males y ponerlos en el puerto de la salvación".

(8) Y yo: "Señor, ¿esto sucederá después de las guerras que otras veces Tú has dicho?"

(9) Y Él: "Sí".

(10) Y yo: "Cómo me quisiera ir antes de que estas cosas sucedan".

(11) Y Él: "¿Y entonces Yo a dónde iré a entretenerme?"

(12) "Ah Señor, hay tantas almas buenas con las cuales puedes entretenerte, que comparándome yo con ellas, ¡oh! cuán mala me veo".

Pero Jesús no poniéndome atención ha desaparecido, y yo he regresado en mí misma.

4-46
Enero 6, 1901

Jesús se comunica a los tres magos con el amor, con la belleza y con la potencia.

(1) Encontrándome fuera de mí misma, me parecía ver cuando los santos Magos llegaron a la cueva de Belén; apenas llegados a la presencia del Niño, Él se complació en hacer relucir externamente los rayos de su Divinidad, comunicándose a los Magos en tres modos: Con el amor, con la belleza y con la potencia. De modo que quedaron raptados y postrados ante la presencia del Niñito Jesús; tanto, que si el Señor no hubiera retirado a su interior los rayos de su Divinidad, habrían permanecido ahí para siempre sin poderse mover más. Entonces, en cuanto el Niño retiró la Divinidad, volvieron en sí mismos los santos Magos, se sacudieron estupefactos al ver un exceso de amor tan grande, porque en esa luz el Señor les había hecho comprender el misterio de la Encarnación. Luego se levantaron y ofrecieron los dones a la Reina Madre, y Ella habló largamente con ellos, pero no sé decir todo lo que dijo, sólo recuerdo que les inculcó fuertemente no sólo su salvación, sino que tomaran a pecho la salvación de sus pueblos, no teniendo temor ni siquiera de exponer sus vidas para obtener el intento.

(2) Después de esto me he retirado en mí misma y me he encontrado junto con Jesús, y Él quería que yo le dijera alguna cosa, pero yo me veía tan mala y confundida que no me atrevía a decirle nada; entonces viendo que no decía nada, Él mismo prosiguió hablando sobre los santos Magos diciéndome:

(3) "Con haberme comunicado en tres modos a los Magos, les obtuve tres efectos, porque jamás me comunico a las almas inútilmente, sino que siempre reciben algún provecho. Entonces, comunicándome con el amor obtuvieron el desapego de ellos mismos, con la belleza obtuvieron el desprecio de las cosas terrenas, y con la potencia quedaron sus corazones atados a Mí, y obtuvieron el valor de arriesgar la sangre y la vida por Mí".

(4) Después ha agregado: "Y tú, ¿qué quieres? Dime, ¿me quieres mucho? ¿Cómo me quisieras amar?".

(5) Y yo, no sabiendo qué decir, aumentando mi confusión he dicho: "Señor, no quisiera otra cosa que a Ti, y si me preguntas que si te quiero, no tengo palabras para saberlo manifestar, sólo sé decir que siento esta pasión de que nadie me pueda ganar en amarte, y que yo sea la primera en amarte sobre todos, y que ninguno me pueda sobrepasar, pero esto no me contenta aún, para estar contenta quisiera amarte con tu mismo amor, y así poderte amar como te amas Tú mismo. ¡Ah sí! Sólo entonces cesarían mis temores sobre el amarte".

(6) Y Jesús, contento, se puede decir de mis desatinos, me ha estrechado tanto a Él, de modo que me veía dentro y fuera transfundida en Él, y me ha comunicado parte de su amor. Después de esto he regresado en mí misma, y me parecía que por cuanto amor me es dado, tanto poseo a mi Bien; y si poco lo amo, poco lo poseo.

4-47
Enero 9, 1901

Jesús la quiere unida a Él como un rayo al sol, del cual recibe la vida, el calor y el esplendor.

(1) Esta mañana me sentía toda oprimida y aplastada, tanto, que estaba en busca de alivio; mi único Bien me ha hecho esperar largamente su venida, y al venir me ha dicho:

(2) "Hija mía, ¿no tomé Yo sobre Mí por amor tuyo tus pasiones, miserias y debilidades? ¿Y no quisieras tú tomar sobre ti las de los demás por amor mío?"

(3) Después ha agregado: "Lo que quiero es que tú estés siempre unida Conmigo, como un rayo de sol que está siempre fijo en el centro del sol, y que de él recibe la vida, el calor y el esplendor. Supón tú que un rayo se pudiera separar del centro del sol, ¿en qué se convertiría? En cuanto saliera perdería la vida, la luz y el calor, y volvería a las tinieblas reduciéndose a la nada. Tal es el alma, mientras está unida Conmigo, en mi centro, se puede decir que es como un rayo de sol que vive y recibe luz del sol, camina donde él quiere, en suma, está en todo a disposición y a la voluntad del sol; si después se distrae de Mí, se desune, queda toda en tinieblas, fría, y no siente en sí aquel impulso supremo de Vida Divina".

(4) Dicho esto ha desaparecido.

4-48
Enero 15, 1901

Jesús le dice que ella forma su más grande martirio.

(1) Como en los días pasados mi amado Jesús se ha hecho ver en cierto modo enojado con el mundo, esta mañana al no verlo venir pensaba entre mí: "Quién sabe, quizá no viene porque quiere mandar algún castigo, ¿y qué culpa tengo yo de que como quiere mandar castigos no se digna venir a mí? Que bonita cosa, que mientras quiere castigar a los otros, me da a mí el más grande de los castigos, que es su privación". Ahora, mientras decía estos y otros desatinos, mi amable Jesús apenas se hizo ver me ha dicho:

(2) "Hija mía, tú formas para Mí el más grande martirio, porque debiendo mandar algún castigo no puedo estar contigo, porque me atas por todas partes y no quieres que haga nada, y no viniendo, tú me ensordeces con tus demandas, con tus lamentos y tus esperas, tanto, que mientras me ocupo en castigar estoy obligado a pensar en ti, a oírte, y mi corazón es lacerado al verte en tu estado doloroso de mi privación, porque el martirio más doloroso es el martirio del amor, y por cuanto más se aman dos personas, tanto más resultan dolorosas esas penas, que no por otros, sino por medio de ellos mismos se suscitan, por eso estate tranquila, calmada, no quieras acrecentar mis penas por medio de tus penas".

(3) Entonces Él ha desaparecido y yo he quedado toda mortificada al pensar que yo formo el martirio de mi amado Jesús, y que para no hacerlo sufrir tanto, cuando no viene debo estarme tranquila, ¿pero quién puede hacer este sacrificio? Me parece imposible, y estaré obligada a seguir martirizándonos mutuamente.

4-49
Enero 16, 1901

Jesucristo le explica el orden de la caridad.

(1) Como continúo viéndolo un poco enojado con el mundo, yo quería ocuparme en aplacarlo, pero Él me distrajo diciéndome:

(2) "La caridad más aceptable a Mí es la que se hace por aquellos que me están más cercanos, y los más cercanos a Mí son las almas purgantes, porque ya están confirmadas en mi gracia y no hay ninguna oposición entre mi Voluntad y la suya, viven continuamente en Mí, me aman ardientemente, y estoy obligado a verlas sufrir en Mí mismo, impotentes por sí mismas para darse el más mínimo alivio. ¡Oh! cómo es lacerado mi corazón por el estado de esas almas, porque no están lejos de Mí sino

cerca, no sólo cerca, sino dentro de Mí y, cómo es grato a mi corazón quien se interesa por ellas. Supón tú que tuvieras una madre, una hermana, que convivieran contigo en un estado de dolor, incapaces de ayudarse por sí mismas, y un extraño que viviera fuera de tu habitación, también en un estado de dolores, pero que se puede ayudar por sí mismo; ¿no agradecerías más si alguna persona se ocupara en aliviar a tu madre o a tu hermana, que al extraño que puede ayudarse por sí mismo?"

(3) Y yo: "Ciertamente, oh Señor".

(4) Después ha agregado: "La segunda caridad más aceptable a mi corazón, es por aquellas que, si bien viven sobre esta tierra, pero son casi como las almas purgantes, esto es, me aman, hacen siempre mi Voluntad, se interesan de mis cosas como si fueran propias; ahora, si éstas se encuentran oprimidas, necesitadas, en un estado de sufrimientos, y alguien se ocupa en aliviarlas y ayudarlas, a mi corazón le resulta más agradable que si se les hicieran a otros".

(5) Jesús se ha retirado, y yo, encontrándome en mí misma, me parecía que eran cosas que no iban según la verdad. Entonces al regresar mi adorable Jesús, me ha hecho entender que esto que me había dicho era según la verdad, sólo quedaba hablar sobre los miembros separados de Él, que son los pecadores, y que quien se ocupa en reunir estos miembros sería muy aceptable a su corazón. La diferencia que hay es esta: Que encontrándose un pecador oprimido por una desventura y uno se ocupa no en convertirlo, sino en aliviarlo y ayudarlo materialmente, el Señor agradecería más esto que si se hiciera a aquellos que están en el orden de la gracia, porque si estos sufren, es siempre un producto, o del amor de Dios hacia ellos o del amor de ellos hacia Dios, y si los pecadores sufren, el Señor ve en ellos la marca de la culpa y de su obstinada voluntad. Me parece que así he entendido; pero dejo el juicio a quien tiene el derecho de juzgarme, si va o no va según la verdad.

4-50
Enero 24, 1901

Luisa pregunta a Jesús la causa de su privación. Jesús la reprende.

(1) Habiendo pasado los días anteriores en silencio y algunas veces también privada de mi adorable Jesús, esta mañana al venir me he lamentado con Él diciendo: "Señor, cómo es que no vienes, cómo han cambiado las cosas, se ve que es, o por castigo de mis pecados que me privas de tu amable presencia, o que no me quieres más en este estado

de víctima, ¡ah! te pido que me hagas conocer tu Voluntad; si no pude oponerme cuando quisiste de mí el sacrificio, mucho menos ahora, que no siendo más merecedora de ser víctima me quieres quitar".

(2) Y Jesús, interrumpiendo mi hablar me ha dicho: "Hija mía, Yo, con haberme hecho víctima por el género humano, tomando sobre Mí todas las debilidades, las miserias, y todo lo que merecía el hombre, ante la Divinidad represento la cabeza de todos, y la naturaleza humana, siendo Yo la cabeza ante la Divinidad, encuentra en Mí un escudo potentísimo que la defiende, protege, excusa e intercede. Ahora, como tú te encuentras en el estado de víctima, vienes a representar ante Mí la cabeza de la generación presente, por lo que debiendo mandar algún castigo para bien de los pueblos y para llamarlos a Mí, si Yo viniera contigo según mi costumbre, sólo con mostrarme a ti ya me siento aliviado y los dolores se mitigan, y me sucede como a uno que sintiera un fuerte dolor y por el espasmo grita, si a este le cesara el dolor dejaría de gritar y lamentarse. Así me sucede a Mí, mitigándose mis penas, naturalmente no siento más la necesidad de mandar ese castigo; además tú, al verme, también naturalmente buscas repararme y tomar sobre ti las penas de los demás, no puedes hacer menos que hacer tu oficio de víctima ante mi presencia, y si tú no lo hicieras, lo que no puede ser jamás, Yo quedaría disgustado contigo. He aquí la causa de mi privación, no es porque quiera castigar tus pecados, tengo otros modos para purificarte, sin embargo te recompensaré, en los días que venga te duplicaré mis visitas, ¿no estás contenta por ello?"

(3) Y yo: "No Señor, te quiero siempre, cualquiera que sea la causa no cedo en quedarme un solo día privada de Ti". Mientras esto decía, Jesús ha desaparecido y yo he regresado en mí misma.

4-51
Enero 27, 1901

La firmeza de la fe está en la firmeza de la caridad.

(1) Encontrándome en mi habitual estado, mi adorable Jesús por poco se ha hecho ver, y no sé por qué me ha dicho:
(2) "Hija mía, toda la solidez de la fe católica está en la solidez de la caridad, que une los corazones y los hace vivir en Mí".
(3) Después, arrojándose entre mis brazos quería que yo lo reconfortara. Habiendo hecho por cuanto he podido, luego Él me lo hizo a mí y desapareció.

4-52
Enero 30, 1901

Las virtudes, los meritos de Jesús, son tantas torres de fuerza, en las cuales cada uno puede apoyarse en el camino a la Eternidad. El veneno del interés.

(1) Esta mañana al venir el bendito Jesús me ha transportado fuera de mí misma, en medio de muchas personas de diferentes condiciones: Sacerdotes, monjas, seglares, y Jesús dando un doloroso lamento ha dicho:

(2) "Hija mía, el veneno del interés ha entrado en todos los corazones, y como esponjas han quedado empapados de este veneno. Este veneno pestífero ha penetrado en los monasterios, en los sacerdotes, en los seglares. Hija mía, lo que no cede a la luz de la verdad y a la potencia de la virtud, cede ante un vilísimo interés, y las virtudes más sublimes y excelsas, ante este veneno, como frágil vidrio caen hechas pedazos".

(3) Y mientras esto decía lloraba amargamente. Ahora, ¿quién puede decir el desgarro de mi alma al ver llorar a mi amorosísimo Jesús? No sabiendo qué hacer para que dejara de llorar he dicho disparates: "Amado mío, ¡ah! no llores, si los demás no te aman, te ofenden y tienen los ojos cegados por el veneno del interés, de modo que por él quedan todos embebidos, estoy yo que te amo, te alabo, y miro como inmundicia todo lo que es terreno, y no anhelo más que a Ti, por eso deberías quedar contento con mi amor y dejar de llorar, y si te sientes amargado derrama en mí tus amarguras, que estaré más contenta, antes que verte llorar".

(4) Al oírme dejó de llorar, derramó un poco y luego me participó los dolores de la cruz, y después ha agregado:

(5) "Mis virtudes y los méritos adquiridos para el hombre en mi Pasión, son tantas torres de fortaleza en las cuales cada uno puede apoyarse en el camino hacia la Eternidad, pero el hombre ingrato, huyendo de estas torres de fortaleza, se apoya en el fango, y se conduce por el camino de la perdición".

(6) Entonces Jesús ha desaparecido, y yo me he encontrado en mí misma.

4-53
Enero 31, 1901

Jesucristo le explica la grandeza de la virtud de la paciencia.

(1) Encontrándome en mi habitual estado, mi dulce Jesús no venía, y después de mucho esperar, en cuanto lo he visto me ha dicho:

(2) "Hija mía, la paciencia es superior a la pureza, porque sin paciencia el alma fácilmente se desenfrena y es difícil mantenerse pura, y cuando una virtud tiene necesidad de otra para tener vida, se dice que ésta es superior a aquella, es más, se puede decir que la paciencia es custodia de la pureza, y no sólo, sino es escalera para subir al monte de la fortaleza, de modo que si uno subiera sin la escalera de la paciencia, pronto se precipitaría de lo más alto a lo más bajo. Además de esto, la paciencia es germen de la perseverancia, y este germen produce unas ramas llamadas firmeza. ¡Oh! cómo es firme y estable en el bien emprendido el alma paciente, no toma en cuenta ni la lluvia, ni la escarcha, ni el hielo, ni el fuego, sino que toda su atención está en llevar a término el bien comenzado, porque no hay insensatez mayor de aquel que hoy, porque le gusta hace un bien, y mañana porque no encuentra más gusto lo deja. ¿Qué se diría de un ojo que a cierta hora posee la vista, y a otra hora queda ciego? ¿De una lengua que ahora habla, y ahora queda muda? ¡Ah sí, hija mía, sólo la paciencia es la llave secreta para abrir el tesoro de las virtudes, sin el secreto de esta llave, las otras virtudes no salen para dar vida al alma y ennoblecerla!".

4-54
Febrero 5, 1901

Ve dos doncellas que sirven a la justicia: La tolerancia y la disimulación.

(1) Esta mañana el bendito Jesús me ha transportado fuera de mí misma, se hacía ver en un estado que movía a compasión aun a las piedras. ¡Oh! cómo sufría, y parecía que no pudiendo aguantar más quería aliviarse un poco, casi como buscando ayuda. Mi pobre corazón me lo sentía despedazar por la ternura, y enseguida le quité la corona de espinas poniéndomela yo para darle alivio, luego le he dicho: "Dulce Bien mío, hace tiempo que no me has renovado las penas de la cruz, te ruego que me las renueves hoy, así quedarás más aliviado".

(2) Y Él: "Amada mía, para hacerlo es necesario preguntarle a la justicia para hacerlo, porque han llegado a tanto las cosas que no puede permitir que tú sufras".

(3) Yo no sabía cómo hacer para preguntarle a la justicia, cuando se han presentado dos doncellas que parecía que servían a la justicia, una tenía nombre de tolerancia, la otra de disimulación; y habiéndoles pedido a ellas que me crucificaran, la tolerancia me tomó una mano y me la ha clavado, sin querer terminar. Entonces he dicho: "¡Oh! santa disimulación, termina tú de crucificarme, ¿no ves que la tolerancia me ha dejado? Haz ver cómo eres más hábil en disimular". Entonces ha terminado de crucificarme, pero con tal espasmo que si el Señor no me hubiera sostenido entre sus brazos, ciertamente habría muerto por el dolor. Después de esto, el bendito Jesús ha agregado:

(4) "Hija, es necesario que a lo menos algunas veces sufras estas penas, si así no fuera, ¡ay del mundo! ¿Qué sería de él?"

(5) Luego le pedí por varias personas y me he encontrado en mí misma.

4-55
Febrero 6, 1901

La perfecta complacencia de Jesús, es al encontrarse a Sí mismo en el alma.

(1) Encontrándome en mi habitual estado, el bendito Jesús al venir me ha dicho:

(2) "Hija mía, cuando mi gracia se encuentra en posesión de muchas personas, festeja más; sucede como con aquellas reinas que por cuantas más doncellas están atentas de sus órdenes y les hacen corona alrededor, tanto más gozan y hacen fiesta. Tú quédate fija en Mí y mírame, y quedarás tan adherida a Mí, que todo lo material quedará muerto para ti, y tanto debes fijarte en Mí, hasta atraerme todo en ti, porque Yo encontrando en ti a Mí mismo, puedo encontrar en ti mi perfecta complacencia. Ahora, encontrando en ti todos mis placeres posibles que puedo encontrar en una criatura humana, no puede disgustarme tanto lo que me hacen los demás".

(3) Y mientras esto decía se ha internado dentro de mí y todo se complacía. Cómo sería afortunada si llegara a atraer en mí a todo mi amado Jesús.

4-56
Febrero 10, 1901

La obediencia tiene una vista aguda, el amor propio es muy corto de vista.

(1) Al venir mi adorable Jesús, se hacía ver con los ojos resplandecientes de vivísima y purísima luz; yo he quedado cautivada y sorprendida ante aquella luz deslumbrante, y Jesús viéndome tan cautivada, sin que le dijera nada me ha dicho:

(2) "Amada mía, la obediencia tiene la vista agudísima y vence en belleza y en penetración a la misma luz del sol, mientras que el amor propio es muy corto de vista, tanto que no puede dar un paso sin tropezar. Y no creas tú que esta vista agudísima la tienen las almas que están siempre agitadas y haciendo escrúpulo de todo, más bien ésta es una red que les teje el amor propio, porque siendo muy corto de vista, primero las hace caer y luego les suscita mil turbaciones y escrúpulos, y lo que hoy detestan con tantos escrúpulos y temores, mañana caen en eso nuevamente, tanto, que su vivir se reduce a estarse siempre sumergidos en esta red artificiosa que les sabe tejer muy bien el amor propio, a diferencia de la vista agudísima de la obediencia que es homicida del amor propio, porque siendo agudísima y clarísima, inmediatamente prevé donde puede dar un paso en falso, y con ánimo generoso se abstiene de darlo y goza la santa libertad de los hijos de Dios. Y así como las tinieblas atraen más tinieblas y la luz atrae más luz, así esta luz llega a atraer la luz del Verbo, y uniéndose tejen la luz de todas las virtudes".

(3) Sorprendiéndome al oír esto he dicho: "Señor, ¿qué dices? A mí me parece que es santidad ese modo de vivir escrupuloso".

(4) Y Él con tono más serio ha agregado: "Más bien te digo que ésta es la verdadera marca de la obediencia, y la otra es la verdadera marca del amor propio, y ese modo de vivir me mueve más a indignación que a amor, porque cuando es la luz de la verdad la que hace ver una falta, aun mínima, debería haber una enmienda, pero como es la vista corta del amor propio, no hace otra cosa que tenerlas oprimidas, sin que avancen en el camino de la verdadera santidad".

4-57
Febrero 17, 1901

El hombre viene de Dios y debe regresar a Dios.

(1) Esta mañana, encontrándome toda oprimida y sufriente, he visto a mi amado Jesús, y a muchas gentes sumergidas en muchas miserias, y Él rompiendo el silencio que tenía desde hace muchos días me ha dicho:

(2) "Hija mía, el hombre primero nace en Mí, y por eso recibe la marca de la Divinidad, y saliendo de Mí para renacer del seno materno le doy orden de caminar un pequeño tramo de camino, y al término de ese camino, haciéndome encontrar por él, lo recibo de nuevo en Mí, haciéndolo vivir eternamente Conmigo. Mira un poco cuán noble es el hombre, de donde viene, a donde va y cuál es su destino. Ahora, ¿cuál debería ser la santidad de este hombre saliendo de un Dios tan Santo? Pero el hombre al recorrer el camino para venir otra vez a Mí, destruye en él lo que ha recibido de divino, se corrompe de modo que en el encuentro que tenemos para recibirlo en Mí no lo reconozco más, no descubro más en él la marca divina, nada encuentro de mío en él, y no reconociéndolo más, mi justicia lo condena a andar disperso en el camino de la perdición".

(3) Cuán tierno era oír hablar a Jesucristo sobre esto, cuántas cosas hacía comprender, pero mi estado de sufrimientos no me permite escribir más extensamente.

4-58
Marzo 8, 1901

**Jesús le dice que la cruz lo hizo conocer como Dios.
Le explica acerca de la cruz del dolor y del amor.**

(1) Continuando mi pobre estado y el silencio de Jesús bendito, esta mañana, encontrándome más que nunca oprimida, al venir me ha dicho:

(2) "Hija mía, no las obras, ni la predicación, ni la misma potencia de los milagros me hicieron conocer con claridad como el Dios que soy, sino cuando fui puesto en la cruz y levantado sobre ella como sobre mi propio trono, entonces fui reconocido como Dios; así que sólo la cruz reveló al mundo y a todo el infierno quién era Yo verdaderamente; entonces todos quedaron sacudidos, y reconocieron a su Creador. Así que es la cruz la que revela a Dios al alma, y hace conocer si el alma es verdaderamente de Dios, se puede decir que la cruz descubre todas las partes íntimas del alma y revela a Dios y a los hombres quién es esta alma".

(3) Después ha agregado: "Sobre dos cruces Yo consumo a las almas, una es de dolor, la otra es de amor; y así como en el Cielo todos los nueve coros angélicos me aman, sin embargo cada uno tiene su oficio especial, como los Serafines, que su oficio especial es el amor y su coro

es puesto más enfrente para recibir las reverberaciones de mi amor, tanto que mi amor y el de ellos saeteándose juntos se acoplan continuamente. Así a las almas sobre la tierra les doy su oficio diferente, a quien la vuelvo mártir de dolor, y a quien de amor, siendo ambos hábiles maestros en sacrificar a las almas y hacerlas dignas de mis complacencias".

4-59
Marzo 19, 1901

Le explica el modo de sufrir.

(1) Esta mañana, encontrándome toda oprimida y sufriente, sobre todo por la privación de mi dulce Jesús, después de mucho esperar, en cuanto lo he visto me ha dicho:

(2) "Hija mía, el verdadero modo de sufrir es no mirar de quién vienen los sufrimientos, ni qué cosa se sufre, sino al bien que debe venir de los sufrimientos; este fue mi modo de sufrir, no miré ni a los verdugos, ni al sufrir, sino al bien que quería hacer por medio de mi sufrir, aun a aquellos mismos que me daban el sufrimiento, y mirando el bien que debía producir a los hombres desprecié todo lo demás, y con intrepidez seguí el curso de mi sufrir. Hija mía, este es el modo más fácil y más provechoso para sufrir no sólo con paciencia, sino con ánimo invicto y animoso".

4-60
Marzo 22, 1901

Ve los grandes pecados de Roma. Jesús quiere castigar y ella se opone.

(1) Continuando mi estado de privación, y por tanto, de amarguras indecibles, esta mañana mi adorable Jesús ha venido y me ha transportado fuera de mí misma, me parecía que fuera Roma. Qué espectáculos se veían en todas las clases de personas, hasta en el Vaticano se veían cosas que daban horror. ¿Y qué decir de los enemigos de la Iglesia? Cómo se roen de rabia contra Ella, cuántos estragos van maquinando, pero no pueden efectuarlos porque Nuestro Señor los tiene como atados todavía. Pero lo que más me ha espantado, es que veía a mi amante Jesús casi en acto de darles la libertad. ¿Quién puede decir cuán consternada quedé? Entonces, viendo Jesús mi consternación me ha dicho:

(2) "Hija, son absolutamente necesarios los castigos, en todas las clases ha entrado la podredumbre y la gangrena, por lo que es necesario el fierro y el fuego para hacer que no perezcan todos, por eso esta es la última vez que te digo que te conformes a mi Querer, y Yo te prometo perdonar en parte".

(3) Y yo: "Amado Bien mío, no tengo corazón para conformarme contigo en castigar a las gentes".

(4) Y Él: "Si tú no te conformas, siendo de absoluta necesidad hacer esto, Yo no vendré según mi costumbre y no te manifestaré cuándo enviaré los castigos, y no sabiéndolo tú, y no encontrando Yo quien de algún modo rompa mi justa indignación, daré libre desahogo a mi furor y no tendrás ni siquiera el bien de hacer perdonar en parte el castigo. Además de esto, el no venir y no derramar en ti aquellas gracias que habría querido derramar, es también una amargura para Mí, como en estos días pasados en que no he venido tanto, tengo la gracia contenida en Mí".

(5) Y mientras esto decía mostraba que quería aligerarse, y acercándose a mi boca ha derramado una leche dulcísima y ha desaparecido.

4-61
Marzo 30, 1901

Jesús le habla acerca de la Divina Voluntad y de la perseverancia.

(1) Continuando el estado de privación me sentía como un tedio y un cansancio de mi pobre situación, y mi pobre naturaleza quería liberarse de dicho estado. Mi adorable Jesús teniendo compasión de mí, ha venido y me ha dicho:

(2) "Hija mía, en cuanto te retiras de mi Querer, así empiezas a vivir de ti misma, en cambio si te estás fija en mi Voluntad, vivirás siempre de Mí mismo, muriendo del todo a ti misma".

(3) Después ha agregado: "Hija mía, ten paciencia, resígnate en todo a mi Voluntad, y no por poco sino siempre, siempre, porque sólo la perseverancia en el bien es lo que hace conocer si el alma es verdaderamente virtuosa, sólo ella es la que une todas las virtudes, se puede decir que sólo la perseverancia une perpetuamente a Dios y al alma, virtudes y gracias, y como cadena se pone alrededor y atando todo junto forma el nudo segurísimo de la salvación; pero donde no hay perseverancia hay mucho que temer".

(4) Dicho esto ha desaparecido.

4-62
Marzo 31, 1901

Inconstancia y volubilidad.

(1) Esta mañana, sintiéndome toda amargada, me veía aún tan mala que casi no me atrevía a ir en busca de mi sumo y único Bien, pero el Señor no mirando mis miserias, se ha dignado venir diciéndome:

(2) "Hija mía, es a Mí a quien quieres, pues bien, he venido a alegrarte, estémonos juntos, pero estémonos en silencio".

(3) Después de haber estado así por un poco, me ha transportado fuera de mí misma, y veía que la Iglesia festejaba el día de las palmas, y Jesús rompiendo el silencio me ha dicho:

(4) "¡Cuánta volubilidad, cuánta inconstancia! Así como hoy gritaron hosanna proclamándome como su Rey, otro día gritaron crucifícalo, crucifícalo. Hija mía, la cosa que más me disgusta es la inconstancia y la volubilidad, porque esto es señal de que la verdad no ha tomado posesión de tales almas, y aun en cosas de religión puede ser que encuentren su satisfacción, su propia comodidad y el interés, o bien porque se encuentran en tal partido, pero mañana pueden cambiar estas cosas y se pueden encontrar en medio de otros partidos, y he aquí que se desvían de la religión, y sin disgusto se entregan a sectas; porque cuando la verdadera luz de la verdad entra en un alma y se posesiona de un corazón, esta alma no está sujeta a inconstancia, más bien todo lo sacrifica por amor de aquella y para hacerse dominar por ella, y con ánimo firme desprecia todo lo demás que no pertenece a la verdad".

(5) Y mientras esto decía, lloraba sobre la condición de la presente generación, que peor que antes está sujeta a la inconstancia según soplan los vientos.

4-63
Abril 5, 1901

Compadeciendo a la Mamá se compadece a Jesús.
En el calvario, en la crucifixión, ve en Jesús
a todas las generaciones.

(1) Continuando el estado de privación, esta mañana parece que lo he visto por un poco junto con la Reina Madre, y como el adorable Jesús

tenía la corona de espinas, se la he quitado y lo compadecí todo; y mientras esto hacía me ha dicho:

(2) "Compadece al mismo tiempo a mi Madre, porque siendo mi sufrir la razón de sus dolores, compadeciéndola a Ella vienes a compadecerme a Mí mismo".

(3) Después de esto me parecía encontrarme en el monte Calvario en el momento de la crucifixión de Nuestro Señor, y mientras sufría la crucifixión veía, no sé cómo, en Jesús a todas las generaciones pasadas, presentes y futuras, y cómo Jesús teniéndonos a todos en Él, sentía todas las ofensas que cada uno de nosotros le hacía y sufría por todos en general y por cada individuo en particular, de modo que descubría también mis culpas y las penas que por mí sufría especialmente, como también veía el remedio que a cada uno de nosotros, sin castigar a ninguno, nos suministraba para nuestros males y para nuestra salvación eterna. ¿Pero quién puede decir todo lo que veía en Jesús bendito? Desde el primero hasta el último hombre. Ahora, estando fuera de mí misma veía las cosas claras y distintas, pero encontrándome en mí misma las veo todas confusas. Así que para evitar disparates termino.

4-64
Abril 7, 1901

Ve la Resurrección de Jesús. Habla de la obediencia.

(1) Mi adorable Jesús continúa privándome de su presencia, siento una amargura y como traspasado el corazón por un cuchillo, que me da tal dolor, de hacerme llorar y gritar como un niño. ¡Ah! verdaderamente me parece haber llegado a ser como un niño, que por poco que se aleje la madre llora y grita tanto, que trastorna toda la casa, y no hay ningún remedio para hacer que deje de llorar mientras no se vea de nuevo en los brazos de la madre. Así soy yo, verdadera niña en la virtud, que si me fuera posible trastornaría Cielos y tierra para encontrar a mi sumo y único Bien, y sólo me calmo cuando me encuentro en posesión de Jesús. Pobre niña que soy, siento todavía que los pañales de la infancia me cubren, no sé caminar por mí sola, soy muy débil, no tengo la capacidad de los adultos que se dejan guiar por la razón, y esta es la suma necesidad que tengo de estar con Jesús, con razón o sin razón, no quiero saber nada, lo que quiero saber es que quiero a Jesús. Espero que el Señor quiera perdonar a esta pobre niñita, que a veces comete desatinos.

(2) Entonces, encontrándome en este estado, por poco tiempo he visto a mi adorable Jesús en el momento de su Resurrección, con un rostro tan resplandeciente que no se puede comparar a ningún otro esplendor, y me parecía que la Humanidad Santísima de Nuestro Señor, si bien era carne viva, pero estaba resplandeciente y transparente de modo que se veía con claridad la Divinidad unida a la Humanidad. Ahora, mientras lo veía tan glorioso, una luz que venía de Él, parecía que me dijera:

(3) "Tanta gloria le vino a mi Humanidad por medio de la perfecta obediencia, que destruyendo del todo la naturaleza antigua Me dio la nueva naturaleza gloriosa e inmortal. Así el alma por medio de la obediencia puede formar en sí la perfecta resurrección a las virtudes, como por ejemplo: Si el alma está afligida, la obediencia la hará resurgir a la alegría; si está agitada, la obediencia la hará resurgir a la paz; si tentada, la obediencia le suministrará la cadena más fuerte para atar al enemigo y la hará resurgir victoriosa de las insidias diabólicas; si asediada por pasiones y vicios, la obediencia matándolos la hará resurgir a las virtudes. Esto al alma, y a su tiempo formará también la resurrección del cuerpo".

(4) Después de esto la luz se ha retirado, Jesús ha desaparecido, y yo he quedado con tal dolor, viéndome de nuevo privada de Él, que me sentía como si tuviera una fiebre ardiente que me hace agitar y dar en delirio. ¡Ah Señor, dame la fuerza para aguantarte en estas tardanzas, porque me siento desfallecer!

4-65
Abril 9, 1901

Si los fervores y virtudes no están bien arraigados en la Humanidad de Jesús, ante las tribulaciones, ante los infortunios, rápidamente se secan.

(1) Encontrándome en la plenitud del delirio, decía disparates, y creo que mezclaba también defectos; mi pobre naturaleza sentía todo el peso de mi estado, la cama le parecía peor que el estado de los condenados a las cárceles, hubiera querido desvincularse de este estado, con el agregado de mi estribillo, que mi estado no es más Voluntad de Dios y por eso Jesús no viene, e iba pensando lo que debía hacer. Mientras esto hacía, mi paciente Jesús ha salido de dentro de mi interior, pero con un aspecto grave y serio que daba temor, y me ha dicho:

(2) "¿Qué piensas tú que habría hecho Yo si me encontrara en tu situación?"

(3) En mi interior decía: "Ciertamente la Voluntad de Dios".

(4) Y Él de nuevo: "Pues bien, eso haz tú".

(5) Y ha desaparecido. Era tanta la gravedad de Nuestro Señor, que en aquellas palabras que dijo sentía toda la fuerza de su palabra, no sólo creadora, sino también destructora. Mi interior ha quedado de tal manera sacudido, oprimido y amargado por estas palabras, que no hacía otra cosa que llorar, especialmente recordaba la gravedad con la cual Jesús me había hablado y no me atrevía a decirle "ven".

(6) Ahora, estando durante el día en este estado he hecho mi meditación sin llamarlo, cuando en lo mejor ha venido y con un aspecto dulce, todo cambiado en comparación de la mañana me ha dicho:

(7) "Hija mía, ¡qué ruina, qué destrucción está por suceder!"

(8) Y mientras esto decía he sentido todo mi interior cambiado, porque no era por otra cosa que no venía, sino por los castigos; y mientras estaba en esto veía a cuatro personas venerables que lloraban ante las palabras que Jesús había dicho; pero Jesús bendito, como queriéndose distraer dijo algunas pocas palabras sobre las virtudes:

(9) "Hay ciertos fervores y ciertas virtudes que se asemejan a aquellos arbustos que nacen en torno a ciertos árboles, y que no estando bien arraigados en el tronco, un viento impetuoso, una helada un poco fuerte y se secan, y si bien después de algún tiempo puede ser que reverdezcan de nuevo, pero estando expuestos a la intemperie y por tanto a cambiarse, jamás llegan a ser árboles hechos. Así son esos fervores y esas virtudes que no están bien arraigados en el tronco del árbol de la obediencia, esto es, en el tronco del árbol de mi Humanidad que fue toda obediencia, ante las tribulaciones, los infortunios, súbito se secan y jamás llegan a producir frutos para la vida eterna".

4-66
Abril 19, 1901

Lamentos por la privación. Jesús la consuela y le explica algo acerca de la Gracia.

(1) Continúo mis días privada de mi adorable Jesús, a lo más viene como sombra o como rayo, mi pobre corazón está sobremanera amargado, siento tanto su privación, que todas mis fibras, los nervios, mis huesos, hasta las gotas de mi sangre, me contienden continuamente y me dicen:

"¿Dónde está Jesús? ¡Cómo! ¿lo has perdido? ¿Qué has hecho que no viene más? ¿Cómo haremos para estarnos sin Él? ¿Quién nos consolará habiendo perdido la fuente de toda consolación? ¿Quién nos fortificará en la debilidad, quién nos corregirá y descubrirá nuestros defectos, habiendo quedado privada de aquella luz, que más que hilo eléctrico penetraba los más íntimos escondites, y con la dulzura más inefable corregía y sanaba nuestras llagas? Todo es miseria, todo es escuálido, todo es tétrico sin Él, ¿cómo haremos?" Y aunque en el fondo de mi voluntad me siento resignada y voy ofreciendo su misma privación como el sacrificio más grande por amor suyo, todo lo demás me hace guerra continua y me ponen en tortura. ¡Ah Señor! cuánto me cuesta el haberte conocido, y a qué alto precio me haces pagar tus pasadas visitas. Ahora, estando en este estado, por breves instantes se ha hecho ver y me ha dicho:

(2) "Siendo mi Gracia parte de Mí mismo, poseyéndola tú, con razón y de estrecha necesidad todo lo que forma tu ser no puede estar sin Mí, he aquí la razón por la que todo te pide a Mí y eres torturada continuamente, porque estando embebida de Mí y llena sólo en parte de Mí mismo, entonces no se están en paz, pues sólo tienen paz y quedan contentas cuando me poseen no sólo en parte, sino en todo".

(3) Y habiéndome lamentado de mi dura situación ha agregado:

(4) "También Yo en el curso de mi Pasión sentí un extremo abandono, si bien mi Voluntad estuvo siempre unida con el Padre y con el Espíritu Santo; esto lo quise sufrir para divinizar en todo la cruz, tanto, que contemplándome a Mí y contemplando la cruz, encontrarás el mismo esplendor, las mismas enseñanzas y el mismo espejo en el cual podrías reflejarte continuamente, sin diferencia entre uno y otro".

4-67
Abril 21, 1901

La necesidad de los castigos es para no permitir que el hombre se corrompa mayormente.

(1) Continuando mi habitual estado, he visto a mi dulce Jesús con una cruz en la mano, en actitud de arrojarla sobre las gentes y me ha dicho:
(2) "Hija mía, el mundo es siempre corrupto, pero hay ciertos tiempos en que llega a tal corrupción, que si Yo no derramara sobre las gentes parte de mi cruz, perecerían todos en la corrupción, como fue en los tiempos en que vine Yo al mundo, la sola cruz salvó a muchos de la corrupción en la cual estaban inmersos. Así en estos tiempos, ha llegado a tanto la

corrupción, que si Yo no vertiera los flagelos, las espinas, las cruces, haciéndoles derramar hasta la sangre, quedarían sumergidos en las olas de la corrupción".

(3) Y mientras esto decía parecía que agitaba aquella cruz sobre las gentes y sucedían castigos.

4-68
Abril 22, 1901

Jesús la instruye sobre la imitación de su Vida.

(1) Sintiéndome toda afligida y confundida, y casi sin esperanza de volver a ver a mi adorable Jesús, de improviso ha venido y me ha dicho:

(2) "¿Sabes qué quiero de ti? Te quiero en todo similar a Mí, así en el obrar como en la intención; quiero que seas respetuosa con todos, porque respetar a todos da paz a sí mismo y paz a los demás; que te tengas como la mínima de todos, y que todas mis enseñanzas las rumies siempre en tu mente y las conserves en tu corazón, a fin de que en las diversas ocasiones las encuentres siempre listas para servirte de ellas y ponerlas en ejecución, en suma, quiero que tu vida sea un desbordamiento de la mía".

(3) Y mientras esto decía, veía que por detrás del Señor descendía sobre la tierra un hielo y un fuego que hacían daño a las cosechas, y al decir yo: "Señor ¿qué haces? ¡Pobre gente!" No haciéndome caso ha desaparecido.

4-69
Junio 13, 1901

La cruz y las tribulaciones son el pan de la bienaventuranza eterna.

(1) Después de un largo silencio por parte de mi adorable Jesús, en que a lo más decía alguna cosa sobre los flagelos que quiere derramar, esta mañana encontrándome oprimida, cansada por mi dura situación, especialmente por las continuas privaciones a las cuales estoy frecuentemente sujeta, lo he visto por breves instantes y me ha dicho:

(2) "Hija mía, las cruces y las tribulaciones son el pan de la eterna bienaventuranza".

(3) Por tanto comprendía que sufriendo mayormente, más abundante y más sabroso será el pan que nos nutrirá en la celestial morada, o sea que por cuanto más se sufre, más garantía recibimos de la futura gloria.

4-70
Junio 18, 1901

Jesús exige su gloria de todas las partículas de nuestro ser. Del estado de unión se pasa a la consumación.

(1) Encontrándome en mi habitual estado, por unos instantes he visto a mi dulce Jesús, y me he lamentado de mi pobre estado por sus privaciones, y de una especie de cansancio físico y moral, como si me sintiera destrozar mi pobre naturaleza y que por todas partes me siento desfallecer. Entonces, habiendo dicho todo esto a mi Jesús, me ha dicho:
(2) "Hija mía, no temas porque te sientes desfallecer por todas partes, ¿no sabes tú que todo debe ser sacrificado por Mí, no sólo el alma sino también el cuerpo? ¿Y que de todas las mínimas partes de ti Yo exijo mi gloria? Y además, ¿no sabes tú que del estado de unión se pasa a otro que es el de la consumación? Es verdad que no vengo según mi costumbre para castigar a las gentes, pero me sirvo de esto también para tu provecho, que es no sólo tenerte unida Conmigo, sino de consumirte por amor mío. En efecto, no viniendo Yo y sintiéndote desfallecer por mi ausencia, ¿no vienes a consumirte por Mí? Por lo demás, no tienes razón de afligirte, primero porque cuando me ves es siempre de tu interior que me ves salir, y esto es una señal cierta que estoy contigo, y después porque aun deben pasar días sin que puedas decir que me has visto perfectamente".
(3) Después de esto, tomando un tono de voz más dulce y benigno ha agregado:
(4) "Hija mía, te recomiendo mucho, mucho, que no hagas salir de ti ni el mínimo acto que no sea paciencia, resignación, dulzura, igualdad de ti misma, tranquilidad en todo, de otra manera vendrías a deshonrarme; y sucedería como a un rey que habitara dentro de un palacio muy enriquecido, y por fuera se viera todo lleno de grietas, sucio, casi por derrumbarse; no dirían, ¿cómo habita un rey en este palacio si por fuera se ve tan feo, que hasta da temor acercarse? ¿Quién sabe qué rey será éste? ¿Y esto no sería un deshonor para aquel rey? Ahora, piensa que si de ti sale alguna cosa que no sea virtud, lo mismo dirían de ti y de Mí, y Yo quedaría deshonrado porque habito dentro".

Señales para saber si el alma posee la Gracia.

(1) Encontrándome en mi habitual estado, por poco tiempo mi dulcísimo Jesús se ha hecho ver todo fundido en mí, y me ha dicho:

(2) "Hija mía, ¿quieres saber cuáles son las señales para conocer si el alma posee mi Gracia?"

(3) Y yo: "Señor, como le plazca a tu santísima bondad".

(4) Entonces Él ha proseguido: "La primera señal para ver si el alma posee mi gracia, es que todo lo que pueda oír o ver en el exterior, que pertenece a Dios, en el interior siente una dulzura, una suavidad toda divina, no comparable a ninguna cosa humana y terrena; sucede como a una madre, que aun al respiro, a la voz, conoce al parto de sus vísceras en la persona de un hijo y se regocija de alegría; o como a dos íntimas amigas que conversando manifiestan recíprocamente los mismos sentimientos, inclinaciones, alegrías, aflicciones, y encontrando esculpidas una en la otra sus mismas cosas, sienten placer, gozo y se toman tanto amor que no saben separarse. Así la gracia interna que reside en el alma, al ver exteriormente el parto de sus mismas entrañas, o sea al hallarse en aquellas mismas cosas que forman su esencia, se acoplan y hace sentir en el alma tal alegría y dulzura, que no se sabe expresar.

(5) La segunda señal es que el hablar del alma que posee la gracia es pacífico y tiene virtud de arrojar en los demás la paz, tanto que las mismas cosas dichas por quien no posee la gracia, no producen ninguna impresión y ninguna paz, mientras que dichas por quien posee la gracia obran maravillosamente y restituyen la paz a las almas.

(6) Además hija mía, la gracia despoja al alma de todo, y de la humanidad hace un velo para estar cubierta, de modo que roto ese velo se encuentra el paraíso en el alma de quien la posee. Entonces, no es maravilla si en esa alma se encuentra la verdadera humildad, obediencia y demás, porque de ella no queda otra cosa que un simple velo y ve con claridad que dentro de ella está toda la gracia, que obra y que le tiene en orden todas las virtudes y la hace estar en continua actitud para Dios".

4-72
Julio 5, 1901

Jesús es el principio, el medio y el fin de todos los deseos.

(1) Estando con temor sobre el estado de mi alma, de improviso ha venido mi adorable Jesús y me ha dicho:
(2) "Hija mía, no temas, porque Yo solo soy el principio, el medio y el fin de todos tus deseos".
(3) Con estas palabras me he calmado en Jesús. Sea todo para gloria de Dios y bendito su Santo Nombre.

4-73
Julio 16, 1901

El principio del mal en el hombre. Diferencia entre el amor de Jesús y el amor humano. Para entrar en el Cielo, el alma debe estar toda transformada en Jesús.

(1) Después de varios días de privación, esta mañana se ha dignado venir transportándome fuera de mí misma. Ahora, encontrándome ante Jesús bendito, veía mucha gente, y los males de la generación presente. Mi adorable Jesús los miraba con compasión y dirigiéndose a mí me ha dicho:
(2) "Hija mía, ¿quieres saber de dónde comenzó el mal en el hombre? El principio es que el hombre en cuanto se conoce a sí mismo, o sea, empieza a adquirir el uso de la razón, se dice a sí mismo: "Yo soy algo", y creyéndose alguna cosa, se separa de Mí, no se fía de Mí que soy el Todo, y toda la confianza y fuerza la toma de él mismo, y de esto sucede que pierde hasta todo buen principio, y perdiendo el buen principio, ¿cuál será su fin? Imagínalo tú misma hija mía.
(3) Después, separándose de Mí que contengo todo bien, ¿qué puede esperar de bien el hombre, siendo él un océano de mal? Sin Mí todo es corrupción, miseria y sin ninguna sombra de verdadero bien, y esta es la sociedad presente".
(4) Yo al oír esto sentía tal aflicción que no sabía expresarla, pero Jesús queriéndome consolar me ha transportado a otra parte, y yo encontrándome sola con mi amado Jesús le he dicho: "Dime, ¿me amas?"
(5) Y Él: "Sí".
(6) Y yo: "No estoy contenta con el sí sólo, quisiera que me explicaras mejor cuánto me amas".

(7) Y Él: "Es tanto mi amor por ti, que no sólo no tiene principio, sino que no tendrá fin, y en estas dos palabras puedes comprender cuán grande, fuerte y constante es mi amor por ti".

(8) He considerado todo esto por un poco de tiempo, y veía un abismo de distancia entre mi amor y el suyo, y toda confundida he dicho: "Señor, ¡qué diferencia entre mi amor y el tuyo! El mío no sólo tiene principio, sino que en el pasado veo vacíos en mi alma de no haberte amado".

(9) Y Jesús compadeciéndome toda me ha dicho:

(10) "Amada mía, no puede haber igualdad entre el amor del Creador y el de la criatura; sin embargo hoy te quiero decir una cosa que te será de consolación y que no has entendido: Debes saber que cada alma durante todo el curso de su vida está obligada a amarme constantemente, sin ningún intervalo, y no amándome siempre, quedan en el alma tantos vacíos por cuantos días, horas, minutos ha dejado de amarme, y nadie podrá entrar al Cielo si no ha llenado estos vacíos, y sólo podrá llenarlos, o amándome doblemente el resto de su vida, o si no alcanza los llenará a fuerza de fuego en el purgatorio. Ahora, tú cuando estás privada de Mí, la privación del objeto amado hace duplicar el amor, y con esto vienes a llenar los vacíos que hay en tu alma".

(11) Después de esto le he dicho: "Dulce Bien mío, déjame ir junto contigo al Cielo, y si no quieres para siempre, al menos por un poco, ¡ah, te lo pido, conténtame!" Y Él me ha dicho:

(12) "¿No sabes tú que para entrar en esa bienaventurada morada el alma debe estar toda transformada en Mí, de manera que debe aparecer como otro Cristo? De otra manera, ¿qué papel harías en medio de los demás bienaventurados? Tú misma tendrías vergüenza de estar junto con ellos".

(13) Y yo: "Es verdad que soy muy desemejante de Ti, pero si quieres puedes volverme tal". Entonces para contentarme me encerró toda en Él, de modo que no me veía más a mí misma, sino a Jesucristo, y en este modo nos elevamos hacia el Cielo; llegados a un punto nos hemos encontrado ante una luz indescriptible, delante a aquella luz se experimentaba nueva vida, alegría insólita, jamás sentida, ¡cómo me sentía feliz! más bien me parecía encontrarme en la plenitud de toda la felicidad. Ahora, mientras nos adentramos en esa luz, yo sentía temor, hubiera querido alabarlo, agradecerlo, pero no sabiendo qué decir, he recitado tres Gloria Patri, y Jesús respondía junto conmigo; pero apenas terminadas, como relámpago me he encontrado en la mísera prisión de mi cuerpo. Ah Señor, ¿cómo es que tan poco ha durado mi felicidad? Parece que es demasiado duro el barro de mi cuerpo, pues se necesita mucho para romperse, e impide a mi alma marcharse de esta miserable tierra.

Pero espero que algún golpe impetuoso lo quiera no sólo romper, sino pulverizar, y entonces, no teniendo ya casa donde podernos estar aquí, tengas compasión de mí y me acojas para siempre en la celestial morada.

4-74
Julio 20, 1901

Cómo le es dulce a Jesús la voz del alma.

(1) Encontrándome en mi habitual estado, mi adorable Jesús no venía. Después de haber esperado y haber casi perdido la esperanza de volverlo a ver, de improviso ha venido y me ha dicho:
(2) "Hija mía, tu voz me es dulce, como al pequeño pajarito le es dulce la voz de la madre que regresa después de haberlo dejado para ir en busca del alimento para nutrirlo, y el pajarito al oír su voz siente una dulzura y hace fiesta, y después de que la madre le pone el alimento en la boca, se acurruca todo y se esconde bajo el ala materna para calentarse, librarse de las inclemencias del tiempo y tomar reposo seguro; ¡oh! cómo le resulta querido y agradable al pequeño pajarito este estarse bajo el ala materna. Así eres tú para Mí, eres ala que me calienta, me repara, me defiende y me haces tomar seguro reposo. ¡Oh! cómo me es querido y agradable el estarme debajo de esta ala".
(3) Dicho esto ha desaparecido y yo he quedado toda confundida y llena de vergüenza sabiéndome tan mala, pero la obediencia ha querido acrecentar mi confusión queriendo que escribiera esto. Sea hecha siempre la Santísima Voluntad de Dios.

4-75
Julio 23, 1901

Jesús habla de su Voluntad y de la caridad.

(1) Encontrándome con muchas dudas acerca de mi estado, al venir mi adorable Jesús me ha dicho:
(2) "Hija, no temas, lo que te recomiendo es que estés siempre uniformada a mi Voluntad, porque cuando en el alma está la Voluntad Divina, no tienen fuerza de entrar en ella ni la voluntad diabólica ni la humana, para hacerse un juguete del alma".

(3) Después de esto me parecía verlo crucificado, y habiéndome participado el Señor no sólo sus penas, sino algunos sufrimientos de otra persona, ha agregado:

(4) "Esta es la verdadera caridad: Destruirse a sí mismo para dar la vida a otros, y tomar sobre sí los males de los otros y darme los bienes propios".

4-76
Julio 27, 1901

Dudas del confesor, respuesta de Jesús.

(1) Habiendo tenido algunas dudas el confesor, al venir el bendito Jesús lo veía junto a él, y le iba diciendo:

(2) "Mi obrar está siempre apoyado en la verdad, y si bien muchas veces parece oscuro, bajo enigmas, sin embargo no se puede hacer menos que decir que es la verdad, y si bien la criatura no entiende con claridad mi obrar, esto no destruye la verdad, más bien hace comprender mucho mejor que es modo de obrar divino, porque siendo la criatura finita no puede abrazar y comprender lo infinito, a lo más puede comprender y abrazar algún destello, así como en tantas cosas dichas por Mí en las escrituras, y mi modo de obrar en los santos, ¿han sido tal vez comprendidas con toda claridad? ¡Oh! cuántas cosas han dejado en la oscuridad y en el enigma. ¿Sin embargo cuántas mentes de doctos y sabios se han fatigado en interpretarlas? ¿Y qué cosa han comprendido? Se puede decir que nada en comparación de lo que queda por conocer. ¿Esto acaso perjudica a la verdad? Para nada, más bien la hace resplandecer mayormente. Por eso tu ojo debe estar atento a si hay la verdadera virtud, si se siente en todo, y aunque a veces a lo oscuro, que esté la verdad, y de lo demás se necesita estar tranquilo y en santa paz".

(3) Dicho esto ha desaparecido y yo he regresado en mí misma.

4-77
Julio 30, 1901

Ve el mundo, y cómo la mayor parte son ciegos.

(1) Encontrándome en mi habitual estado, el bendito Jesús me ha transportado fuera de mí misma en medio de mucha gente. ¡Qué ceguera! casi todos eran ciegos, unos pocos de corta vista; apenas uno que otro se notaba como sol en medio de las estrellas, de vista

agudísima, todo concentrado en el Sol divino, y esta vista le era concedida porque la tenía fija en la luz del Verbo Humanado. Jesús, compadeciéndose todo me ha dicho:

(2) "Hija mía, cómo ha arruinado al mundo la soberbia, ha llegado a destruir esa pequeña lucecita de razón que todos llevan consigo desde que nacen; pero debes saber que la virtud que más exalta Dios es la humildad, y la virtud que más exalta a la criatura ante Dios y ante los hombres es la humildad".

(3) Dicho esto ha desaparecido; más tarde ha regresado todo angustiado y afligido y ha agregado:

(4) "Hija mía, están por suceder tres terribles castigos".

(5) Y como relámpago ha desaparecido sin darme tiempo de decirle ni una palabra.

4-78
Agosto 3, 1901

El alma que posee la Gracia tiene potestad sobre el infierno, sobre los hombres y sobre Dios.

(1) Esta mañana mi adorable Jesús no venía, y después de mucho esperar ha venido la Virgen Mamá conduciéndolo casi por la fuerza, pero Jesús huía. Entonces la Virgen Santísima me ha dicho:

(2) "Hija mía, no te canses en pedirle, más bien sé inoportuna, porque este huir que hace es señal de que quiere enviar algún castigo, por eso huye de la vista de las personas amadas, pero tú no te detengas, porque el alma que posee la gracia tiene potestad sobre el infierno, sobre los hombres y sobre Dios mismo, porque siendo la Gracia parte de Dios mismo, poseyéndola el alma, ¿no tiene tal vez el poder sobre lo que ella misma posee?"

(3) Entonces después de mucho esperar, obligado por la Mamá Reina e importunado por mí, ha venido, pero con un aspecto imponente y serio, de modo que no me atrevía a hablar, no sabía cómo hacer para quitarle aquel aspecto tan imponente. Pensé comenzar a hablar con disparates diciéndole: "Mi dulce Bien, amémonos, si no nos amamos nosotros, ¿quién nos debe amar? Y si no te contentas con mi amor, ¿quién podrá contentarte? ¡Ah! dame una señal cierta de que estás contento de mi amor, de otra manera yo desfallezco, yo muero". ¿Pero quién puede decir todos los disparates que he dicho? Creo que es mejor pasarlos por alto;

pero con esto parece que he tenido éxito en quitarle aquel aire imponente que tenía, y me ha dicho:

(4) "Sólo estaré contento de tu amor cuando éste sobrepase el río de la iniquidad de los hombres, por eso piensa en acrecentar tu amor, porque así más estaré contento de ti".

(5) Dicho esto ha desaparecido.

4-79
Agosto 5, 1901

Cómo las mortificaciones son los ojos del alma.

(1) Encontrándome en mi habitual estado, mi bendito Jesús tardaba en venir y yo me sentía morir por la pena de su privación, cuando de improviso ha venido y me ha dicho:

(2) "Hija mía, así como los ojos son la vista del cuerpo, así la mortificación es la vista del alma, así que la mortificación se puede decir ojos del alma".

(3) Y ha desaparecido.

4-80
Agosto 6, 1901

El amor de los bienaventurados es propiedad divina, pero el amor de los viadores es propiedad que está en acto de hacer adquisición de él.

(1) Esta mañana habiendo recibido la comunión, mi adorable Jesús se hacía ver tan sufriente y ofendido que movía a compasión; yo lo he estrechado a mí y le he dicho: "Dulce Bien mío, cuán amable y deseable eres, ¿cómo es posible que los hombres no te amen, más bien te ofenden? Amándote a Ti todo se encuentra, y el amarte contiene todos los bienes, y no amándote todo bien nos desaparece, sin embargo, ¿quién es aquél que te ama? Pero ah, tesoro mío amadísimo, haz a un lado las ofensas de los hombres y por un poco desahoguémonos en amor". Entonces Jesús ha llamado a toda la corte celestial a ser espectadora de nuestro amor, y ha dicho:

(2) "El amor de todo el Cielo no sería suficiente pago, ni me haría feliz, si no estuviera el tuyo unido, mucho más que ese amor es propiedad mía que nadie me puede quitar, pero el amor de los viadores es como propiedad que estoy en acto de adquirir, y como mi Gracia es parte de Mí

mismo, al entrar en los corazones, siendo mi Ser activísimo, los viadores pueden comerciar con el amor, y este comercio engrandece las propiedades de mi amor, y Yo siento tal gusto y placer, que faltándome éste quedaría amargado. Por eso es que sin tu amor, el amor de todo el Cielo no me dejaría plenamente contento, y tú debes saber comerciar bien con mi amor, porque amándome en todo me harás feliz y contento".

(3) Quién puede decir cómo he quedado asombrada al oír esto, y cuántas cosas comprendía sobre este amor, pero mi lengua se vuelve balbuceante, por eso pongo punto.

4-81
Agosto 21, 1901

La Celestial Mamá le enseña el secreto de la felicidad.

(1) Encontrándome en mi habitual estado, me he encontrado fuera de mí misma, y después de haber girado y girado en busca de Jesús, he encontrado en cambio a la Reina Mamá, y oprimida y cansada como estaba le he dicho: "Dulcísima Mamá mía, he perdido el camino para encontrar a Jesús, no sé más a donde ir ni qué hacer para encontrarlo de nuevo". Y mientras esto decía lloraba, y Ella me ha dicho:

(2) "Hija mía, ven junto a Mí y encontrarás el camino a Jesús, es más, quiero enseñarte el secreto para poder estar siempre con Jesús y para vivir siempre contenta y feliz aun sobre esta tierra, y éste es, tener fijo en tu interior que sólo Jesús y tú están en el mundo, y nadie más, y sólo a Él debes agradar, complacer y amar, y sólo de Él debes esperar ser amada y contentada en todo. Estando en este modo tú y Jesús, no te hará más impresión si estarás circundada de desprecios o alabanzas, de parientes o extraños, de amigos o enemigos, sólo Jesús será todo tu contento y sólo Jesús te bastará por todos. Hija mía, hasta en tanto que todo lo que existe acá abajo no desaparezca del todo del alma, no se puede encontrar verdadero y perpetuo contento".

(3) Ahora, mientras esto decía, como de dentro de un rayo ha salido Jesús en medio de nosotras, y yo lo he tomado, lo he llevado conmigo y me he encontrado en mí misma.

4-82
Septiembre 2, 1901

Jesús habla de la Iglesia y de la sociedad presente.

(1) Esta mañana mi adorable Jesús se hacía ver unido con el santo Padre y parecía que le dijera:

(2) "Las cosas hasta aquí sufridas no son más que todo lo que Yo pasé desde el principio de mi Pasión hasta que fui condenado a la muerte; hijo mío, no te queda otra cosa que llevar la cruz al Calvario".

(3) Y mientras esto decía, parecía que Jesús bendito tomaba la cruz y la ponía sobre la espalda del Santo Padre, ayudándolo Él mismo a llevarla. Ahora, mientras esto hacía ha agregado:

(4) "Mi Iglesia parece que está como moribunda, especialmente respecto a las condiciones sociales, que con ansia esperan el grito de muerte; pero ánimo hijo mío, después de que hayas llegado al monte, cuando levanten la cruz, todos se sacudirán y la Iglesia dejará el aspecto de moribunda y recobrará su pleno vigor. Sólo la cruz será el medio para esto, como sólo la cruz fue el único medio para llenar el vacío que el pecado había hecho y para unir el abismo de distancia infinita que había entre Dios y el hombre, así en estos tiempos sólo la cruz hará levantar la frente de mi Iglesia, valerosa y resplandeciente para confundir y poner en fuga a los enemigos".

(5) Dicho esto ha desaparecido, y después de un poco ha regresado mi amado Jesús, todo afligido, y continuó diciendo:

(6) "Hija mía, cuánto me duele la sociedad presente, son mis miembros y no puedo hacer menos que amarlos; me sucede como a un tal que tuviera un brazo, una mano infectada y llagada, ¿tal vez la odia, la aborrece? ¡Ah! no, más bien le procura todos los cuidados, quién sabe cuánto gaste para verse curado, y mientras no llega a obtener la curación es causa de hacerle sufrir todo el cuerpo, de tenerlo oprimido, afligido. Así es mi condición, veo mis miembros infectados, llagados, y por ello siento dolor y pena, y por esto me siento más atraído a amarlos. ¡Oh, cómo es diferente mi amor al de las criaturas! Yo estoy obligado a amarlas porque son cosa mía, pero ellas no me aman como cosa de ellas, y si me aman, me aman por su propio bien".

(7) Después de esto ha desaparecido y yo me he encontrado en mí misma.

4-83
Septiembre 4, 1901

Ardores del corazón de Jesús por la gloria de la Majestad Divina y por el bien de las almas.

(1) Mi adorable Jesús continúa viniendo, y esta mañana apenas lo he visto sentía un ansia de preguntarle si me había perdonado mis pecados, por eso le he dicho: "Dulce amor mío, cuánto anhelo oír de tu boca si me has perdonado mis tantos pecados". Y Jesús se ha acercado a mi oído, y con su mirada parecía que escrutase todo mi interior y me ha dicho:

(2) "Todo está perdonado y te los perdono, no te queda otra cosa que algunos defectos cometidos por ti inadvertidamente, y también te los perdono".

(3) Después de esto parecía que Jesús se ponía a mis espaldas, y tocándome los riñones con su mano me los fortificaba. ¿Quién puede decir lo que sentía con aquel toque? Solamente sé decir que sentía un fuego refrigerante, una pureza unida a una fuerza; después que me tocó los riñones le he pedido que hiciera lo mismo al corazón, y Jesús para complacerme ha condescendido, y después me parecía como si Jesús bendito estuviera cansado por causa mía, y le he dicho: "Dulce vida mía, estás cansado por causa mía, ¿no es verdad?"

(4) Y Él: "Sí. Al menos sé agradecida por las gracias que te estoy haciendo, porque la gratitud es la llave para poder abrir a placer los tesoros que Dios contiene; pero debes saber que esto que he hecho te servirá para preservarte de la corrupción, para corroborarte y para disponer tu alma y tu cuerpo a la gloria eterna".

(5) Después de esto parecía que me transportase fuera de mí misma y me hacía ver la multitud de las gentes y el bien que podían hacer y no hacen, y por lo tanto la gloria que Dios debe recibir y no recibe, y Jesús todo afligido ha agregado:

(6) "Amada mía, mi corazón arde por el honor de mi gloria y por el bien de las almas. Por todo el bien que omiten, tantos vacíos recibe mi gloria, y sus almas aunque no hicieran el mal, no haciendo el bien que podrían hacer son como aquellas habitaciones vacías, que si bien son bellas, pero no hay nada para admirar que atraiga la mirada, y por tanto ninguna gloria recibe el dueño, y si hacen un bien y otro lo omiten, son como aquellas habitaciones todas despobladas, en que apenas algún objeto se descubre sin ningún orden. Amada mía, entra a tomar parte de estas penas, de los ardores que mi corazón siente por la gloria de la Majestad Divina y por el bien de las almas, trata de llenar estos vacíos de mi gloria, y podrás hacerlo no dejando pasar momento de tu vida que no esté unido con la mía, esto es, en todas tus acciones, sea oración o sufrimiento, reposo o

trabajo, silencio o conversación, tristeza o alegría, aun el alimento que tomes, en suma, en todo lo que te pueda suceder pondrás la intención de darme toda la gloria que en tales acciones deberían darme y de suplir al bien que deberían hacer y no hacen, intentando repetir la intención por cuanta gloria no recibo y por cuanto bien omiten. Si esto haces llenarás en algún modo el vacío de la gloria que debo recibir de las criaturas, y mi corazón sentirá un refrigerio a mis ardores, y por este refrigerio correrán ríos de gracia en provecho de los mortales, que les infundirán mayor fuerza para hacer el bien".

(7) Después de esto me he encontrado en mí misma.

4-84
Septiembre 5, 1901

El verdadero amor suple a todo.

(1) Al volver mi amable Jesús me sentía casi con temor de no corresponder a las gracias que el Señor me hace, habiéndome dejado impresas aquellas palabras que me dijo antes: "Al menos sé agradecida". Y Él, viéndome con este temor me ha dicho:

(2) "Hija mía, ánimo, no temas, el amor suplirá a todo; además, habiendo puesto la voluntad de verdaderamente hacer lo que Yo quiero, aunque alguna vez faltaras Yo supliré por ti, por eso no temas. Debes saber que el verdadero amor es ingenioso, y el verdadero ingenio llega a todo; mucho más cuando en el alma hay un amor amante, un amor que se duele de las penas de la persona amada como si fueran propias, y un amor que llega a tomar sobre sí, a sufrir lo que debería sufrir la persona que se ama, es el más heroico y se asemeja a mi amor; siendo muy difícil encontrar quien ponga la propia piel. Entonces, si en toda tú no hay más que amor, si no me complacerás en un modo lo harás en otro; es más, si estás en posesión de estos tres amores, me sucederá a Mí como a aquel que siendo injuriado, ofendido con todo tipo de afrentas por todos, entre tantos hay uno que lo ama, lo compadece, le paga por todos, y aquel, ¿qué hace? Fija la mirada en la persona amada y encontrando su recompensa olvida todos los ultrajes, y da favores y gracias a los mismos que lo ultrajan".

4-85
Septiembre 9, 1901

Eficacia de las intenciones.

(1) Esta mañana mi adorable Jesús no venía. Entonces, mientras mi mente estaba ocupada en considerar el misterio de la coronación de espinas, me he acordado que estando ocupada otras veces en este misterio, el Señor se complacía en quitarse de su cabeza la corona de espinas y clavarla en la mía, y he dicho en mi interior: "Ah Señor, ya no soy digna de sufrir tus espinas".

(2) Y Él, ha venido de improviso y me ha dicho:

(3) "Hija mía, cuando tú sufres mis mismas espinas, tú me consuelas, y sufriéndolas tú Yo me siento completamente libre de esas penas; cuando te humillas y te crees indigna de sufrirlas, entonces me reparas los pecados de soberbia que se cometen en el mundo".

(4) Yo he agregado: "¡Ah! Señor, por cuantas gotas derramaste, por cuantas espinas sufriste, por cuantas heridas, tanta gloria intento darte por cuanta gloria deberían darte todas las criaturas si no existiera el pecado de soberbia, y tantas gracias intento pedirte para todas las criaturas para hacer que este pecado se destruya".

(5) Mientras esto decía, he visto que Jesús contenía en Él a todo el mundo, como una máquina contiene en sí los objetos, y todas las criaturas se han movido en Él, y Jesús se movía hacia ellas, y parecía que Él tuviese la gloria de mi intención y las criaturas hubieran regresado a Él para poder recibir el bien prestado por mí para ellas. Yo he quedado estupefacta, y Jesús viendo mi estupor ha dicho:

(6) "Parece sorprendente todo esto, ¿no es verdad? No obstante parece cosa de nada lo que tú has hecho, sin embargo no es así; ¿cuánto bien se podría hacer con repetir esta intención y no se hace?"

(7) Dicho esto ha desaparecido.

4-86
Septiembre 10, 1901

El unir nuestras acciones con Jesús es continuar su Vida sobre la tierra.

(1) Continúo haciendo lo que Jesús bendito me enseñó el día 4 de este mes, si bien alguna vez me distraigo, pero mientras alguna vez me olvido, parece que Jesús en mi interior se pone en guardia y lo hace Él por mí, entonces yo, viendo esto me ruborizo y enseguida me uno a Él y le hago el ofrecimiento de lo que en el momento estoy haciendo, así sea aun una

mirada, una palabra, voy diciendo: "Señor, toda esa gloria que las criaturas deberían darte con la boca y no te dan, yo intento dártela con la mía, e impetro a ellas el hacer un buen y santo uso de la boca, uniéndome siempre a la misma boca de Jesús". Entonces mientras en todas mis cosas esto hacía, vino y me ha dicho:

(2) "He aquí la continuación de mi Vida, que era la gloria del Padre y el bien de las almas; si en esto perseveras tú formarás mi Vida y Yo la tuya, tú serás mi respiro y Yo el tuyo".

(3) Después de esto Jesús se ponía a reposar sobre mi corazón, y yo sobre el corazón de Él, y parecía que Jesús tomaba el respiro de mí, y yo lo tomaba por medio de Jesús. ¡Qué felicidad, qué gozo, qué vida celestial experimentaba en esa posición! Sea siempre agradecido y bendecido el Señor, que tanta misericordia usa con esta pecadora.

4-87
Septiembre 14, 1901

El principio y el fin de nuestras acciones debe ser el amor de Dios.

(1) Después de haber pasado varios días de privación, hoy, mientras me disponía a hacer la meditación, mi mente se distrajo en otra cosa, y por medio de una luz comprendía que el alma al salir del cuerpo entra en Dios; y como Dios es purísimo amor, el alma entra en Dios sólo cuando es un complejo de amor, porque Dios a ninguno recibe en Sí si no es en todo semejante a Él, y encontrándola complejo de amor la recibe y le participa todas sus dotes. Así que estaremos en Dios más allá del cielo, como aquí estamos en nuestra propia habitación.

(2) Ahora, esto me parecía que se podría hacer también en el curso de nuestra vida para ahorrar trabajo al fuego del purgatorio, y a nosotros la pena, y así ser introducidos inmediatamente, sin ninguna dificultad, en nuestro sumo Bien Dios. Entonces me parecía que el alimento del fuego es la leña, y para estar seguro que la leña se ha convertido en fuego, es cuando se advierte que ya no produce humo. Ahora, principio y fin de todas nuestras acciones debe ser el fuego del amor de Dios; la leña que debe alimentar este fuego son las cruces, las mortificaciones; el humo que se eleva entre la leña y el fuego son las pasiones, las inclinaciones, que muy frecuentemente asoman la cabeza; entonces la señal de que todo en nosotros se ha consumido en fuego, es si nuestras pasiones están en su lugar y no sentimos más inclinaciones a todo lo que no se refiere a Dios.

(3) Parece que con esto pasaremos libremente, sin ningún obstáculo a habitar en nuestro Dios, y llegaremos aun desde acá a gozar el paraíso anticipado.

4-88
Septiembre 15, 1901

Huyendo de la cruz se permanece en lo oscuro.

(1) Esta mañana, mi adorable Jesús ha venido glorioso, con las llagas resplandecientes más que sol y con una cruz en la mano. Mientras estaba en esto veía también una rueda de la que salían cuatro ángulos; parecía que en un ángulo escapaba la luz y quedaba a oscuras, en esta oscuridad quedaba la gente como abandonada por Dios y sucedían guerras sangrientas contra la Iglesia y contra la gente misma. ¡Ah!, parecía que las cosas dichas antes por Jesús bendito se van acercando a pasos veloces. Ahora, Nuestro Señor viendo todo esto, movido a compasión se ha acercado a la parte oscura y arrojó encima la cruz que tenía en la mano, diciendo con voz sonora:
(2) "Gloria a la cruz".
(3) Y parecía que aquella cruz llamaba de nuevo la luz, y los pueblos sacudiéndose imploraban ayuda y socorro. Y Jesús ha repetido:
(4) "Todo el triunfo y la gloria serán de la cruz, de otra manera los remedios empeorarán los mismos males; por lo tanto la cruz, la cruz".
(5) ¿Quién puede decir cómo he quedado afligida y pensativa en lo que podrá suceder?

4-89
Octubre 2, 1901

Jesús la lleva al Cielo y los ángeles le piden que la haga conocer a todas las gentes. Ella nada en Dios y trata de comprender el interior Divino.

(1) Esta mañana mi adorable Jesús ha venido y me ha transportado fuera de mí misma, en medio de las gentes; ¿quién puede decir los males, los horrores que se veían? Entonces todo afligido me ha dicho:
(2) "Hija mía, qué peste exhala la tierra; mientras que debería ser una con el Cielo, y como en el Cielo no se hace otra cosa que amarme, alabarme, agradecerme, el eco del Cielo debería absorber la tierra y formar uno solo,

pero la tierra se ha vuelto insoportable, por eso ven tú y únete con el Cielo, y a nombre de todos ven a darme una satisfacción por ellos".

(3) En un instante me he encontrado en medio de los ángeles y santos; no sé decir como me he sentido una infusión de lo que cantaban y decían los ángeles y los santos, y yo a la par de ellos he hecho mi parte a nombre de toda la tierra. Mi dulce Jesús todo contento, después de esto dijo dirigiéndose a todos:

(4) "He aquí de la tierra una nota angélica, cómo me siento satisfecho".

(5) Y mientras esto decía, como para recompensarme me ha tomado entre sus brazos, me besaba y besaba, y me mostraba a toda la corte Celestial como objeto de sus más queridas complacencias. Al ver esto, los ángeles han dicho:

(6) "Señor, te pedimos que muestres lo que has obrado en esta alma a las gentes con una señal prodigiosa de vuestra omnipotencia, para gloria vuestra y para el bien de las almas, no tengas más escondidos los tesoros derramados en ella, y así viendo y tocando ellos mismos vuestra omnipotencia en otra criatura, pueda servir de arrepentimiento a los malos y de mayor estímulo a quien quiere ser bueno".

(7) Yo al oír esto me sentí sorprender por un temor, y toda anulándome, tanto que me veía como un pequeño pececillo, me he arrojado en el corazón de Jesús diciendo: "Señor, no quiero otra cosa que a Ti y estar escondida en Ti; y esto te he pedido siempre, y esto te pido que me confirmes". Y dicho esto me he encerrado en el interior de Jesús, como nadando en los vastísimos mares del interior de Dios. Y Jesús ha dicho a todos:

(8) "¿No la habéis escuchado? No quiere otra cosa que a Mí y estar escondida en Mí, este es su más grande contento; y Yo al ver una intención tan pura me siento más atraído hacia ella, y viendo su disgusto si mostrase a las gentes con una señal prodigiosa mi obra, para no entristecerla no os concedo lo que me habéis pedido".

(9) Los ángeles parecía que insistían, pero yo no he prestado atención a ninguno, no hacía otra cosa que nadar en Dios para comprender el interior Divino, pero qué, me parecía ser como un niñito que quiere tomar en su pequeña manita un objeto de desmesurada grandeza, que mientras lo toma se le escapa y apenas logra tocarlo, así que no puede decir ni cuánto pesa, ni qué amplitud tenía aquel objeto; o bien como otro niño que no conociendo toda la profundidad de los estudios, dice con ansias que quiere aprender todo en breve tiempo, y apenas logra aprender las primeras letras del alfabeto. Así la criatura no puede decir otra cosa que: "Lo he tocado, es bello, es grande, no hay bien que no posea." Pero qué

tan bello es, cuánta grandeza contiene, cuántos bienes posee, no sé decirlo, o sea, puede decir de Dios las primeras letras del alfabeto, dejando atrás toda la profundidad de los estudios. Así que, mis amadísimos hermanos, ángeles y santos, aun estando en el Cielo, como criaturas no tienen la capacidad de comprender en todo a su Creador, son como tantos recipientes llenos de Dios, que queriéndolos llenar de más se derraman fuera. Creo que estoy diciendo muchos desatinos, por eso pongo punto.

4-90
Octubre 3, 1901

Luisa se ofrece en modo especial. No hay obstáculo mayor para la unión con Dios, que la voluntad humana.

(1) Habiendo recibido la comunión, estaba pensando cómo ofrecer una cosa más especial a Jesús, cómo atestiguarle mi amor y darle un mayor gusto; entonces le he dicho: "Amadísimo Jesús mío, te ofrezco mi corazón para tu satisfacción y como eterna alabanza, y te ofrezco a toda mí misma, aun las mínimas partículas de mi cuerpo, como tantos muros para ponerlos ante Ti para impedir cualquier ofensa que te sea hecha, aceptándolas todas sobre mí si fuese posible, y a tu placer hasta el día del juicio; y porque quiero que mi ofrecimiento sea completo y te satisfaga por todos, tengo intención de que todas las penas que sufriré al recibir sobre mí las ofensas, te recompensen de toda aquella gloria que te debían dar los santos que están en el Cielo cuando estaban en la tierra, aquella que te debían dar las almas del purgatorio y aquella gloria que te debían dar todos los hombres pasados, presentes y futuros, te la ofrezco por todos en general y por cada uno en particular". En cuanto he terminado de decir esto, el bendito Jesús, todo conmovido por tal ofrecimiento me ha dicho:
(2) "Amada mía, tú misma no puedes entender el gran contento que me has dado con el ofrecerte de este modo, me has curado todas mis heridas y me has dado una satisfacción por todas las ofensas pasadas, presentes y futuras, y Yo la tendré en cuenta por toda la eternidad como una gema preciosa que me glorificará eternamente, y cada vez que la vea te daré nueva y mayor gloria eterna.
(3) Hija mía, no puede haber obstáculo mayor que impida la unión entre Yo y las criaturas, y que se oponga a mi Gracia, que la propia voluntad. Tú con ofrecerme tu corazón para mi satisfacción, te has vaciado de ti misma, y vaciándote de ti, Yo me verteré todo en ti, y de tu corazón me

vendrá una alabanza que me traerá las mismas notas de las alabanzas de mi corazón, que continuamente da a mi Padre para satisfacer a la gloria que no le dan los hombres".

(4) Mientras esto decía, veía que mediante mi ofrecimiento salían de todas las partes de mí misma muchos ríos que se derramaban sobre el bendito Jesús, y que después, con ímpetu y más abundantes los derramaba sobre toda la corte celestial, sobre el purgatorio y sobre todas las gentes. ¡Oh bondad de mi Jesús al aceptar un tan mísero ofrecimiento, que lo recompensa con tanta gracia! ¡Oh! prodigio de las santas y piadosas intenciones, si en todas nuestras obras, aun triviales, nos sirviéramos de ellas, ¿qué negocio no haríamos? ¿Cuántas propiedades eternas no adquiriríamos? ¿Cuánta gloria de más no daríamos al Señor?

4-91
Octubre 8, 1901

Cuando el alma obra unida con Jesús, sus actos tienen los mismos efectos del obrar de Él. Valor de la intención.

(1) Esta mañana he padecido mucho por esperar a mi adorable Jesús, pero mientras lo esperaba hacía cuanto más podía por unir todo lo que estaba haciendo en mi interior con el interior de Nuestro Señor, intentando darle toda aquella gloria y reparación que le daba su Humanidad Santísima. Ahora, mientras esto hacía, el bendito Jesús ha venido y me ha dicho:

(2) "Hija mía, cuando el alma se sirve de mi Humanidad como medio para obrar, aunque sea sólo un pensamiento, un respiro, un acto cualquiera, son como tantas gemas que salen de mi Humanidad y se presentan ante la Divinidad, y como salen por medio de mi Humanidad, tienen los mismos efectos de mi obrar cuando estaba sobre la tierra".

(3) Y yo: "¡Ah Señor! siento como una duda, ¿cómo puede ser que con la simple intención en el obrar, aun en las más mínimas cosas, mientras que considerándolas son cosas de nada, vacías, y parece que la sola intención de la unión Contigo y de agradarte sólo a Ti, las llena, y Tú las elevas en aquel modo supremo haciéndolas aparecer como cosas grandísimas?"

(4) "¡Ah hija mía! Vacío es el obrar de la criatura, aunque fuese una obra grande; es la unión Conmigo y la simple intención de agradarme a Mí lo que lo llena, y como mi obrar, aunque fuese un respiro, excede en modo infinito a todas las obras de las criaturas juntas, he aquí la causa que lo

hace tan grande, y además, ¿no sabes tú que quien se sirve de mi Humanidad como medio para obrar sus acciones, viene a nutrirse de los frutos de mi misma Humanidad, y a alimentarse de mi mismo alimento? Además de esto, ¿no es acaso la buena intención lo que hace al hombre santo, y la mala intención lo que lo hace perverso? No siempre se hacen cosas diversas, sino que con las mismas acciones uno se santifica y el otro se pervierte".

(5) Mientras decía esto, veía dentro de nuestro Señor un árbol verde, lleno de bellos frutos, y a aquellas almas que obraban para agradar sólo a Dios y por medio de su Humanidad las veía dentro de Él, sobre de este árbol, y su Humanidad servía de habitación a estas almas. ¡Pero qué escasísimo era su número!

4-92
Octubre 11, 1901

Silencio de Jesús. El alimento más necesario es la paz.

(1) Habiendo pasado varios días de privación y de silencio, esta mañana al venir continuaba su silencio, y si bien lo he tenido casi siempre conmigo, por cuanto he hecho no he logrado hacerlo decir una sola palabra, parecía que tenía una cosa en su interior que lo amargaba, tanto, que lo dejaba taciturno y no quería que yo lo supiera. Ahora, mientras Jesús estaba conmigo, me pareció ver a la Reina Mamá, y al ver a Jesús conmigo me ha dicho:

(2) "¿Tú lo tienes? Menos mal que está contigo, porque si debe desahogar su justo furor, estando contigo lo detienes; hija mía, pídele que detenga los flagelos, porque los malos están todos listos para salir, pero se ven atados por una potencia suprema que lo impide, y también porque si la justicia divina no permite que lo hagan cuando les plazca a ellos, se tendrá este bien, que conocerán la autoridad divina sobre ellos y dirán: "Lo hemos hecho porque nos ha sido dado el poder de lo alto". Hija mía, qué guerra se encuba en el mundo moral, da horror verlo; no obstante, el primer alimento que se debería buscar en la sociedad, en las familias y por cada alma, debería ser la paz, todos los demás alimentos se vuelven insalubres sin ella, aunque sean las mismas virtudes, la caridad, el arrepentimiento, sin la paz no llevan ni salud ni verdadera santidad; sin embargo en el mundo de hoy se ha descartado este alimento de la paz tan necesario y saludable, y no se quiere mas que turbulencias y guerras. Hija mía, ruega, ruega".

4-93
Octubre 14, 1901

Jesús se muestra como un relámpago, y le hace comprender alguna cosa de los atributos divinos.

(1) El bendito Jesús viene de prisa, casi como un relámpago, y en ese relámpago hace salir de dentro de su interior, ahora un distintivo especial de un atributo suyo, y ahora algún otro, cuántas cosas hace comprender en aquel relámpago; pero retirándose aquel relámpago la mente permanece a oscuras y no sabe decir lo que ha comprendido en aquel relámpago de luz, mucho más que siendo cosas que se refieren a la Divinidad, la lengua humana se ve en dificultades para poderlas decir, y por cuanto más se esfuerza, más muda queda, más bien en estas cosas es siempre una niñita recién nacida. Pero la obediencia quiere que me esfuerce en decir lo poco que pueda, y helo aquí: "Me parecía que todos los bienes Dios los contiene en Sí mismo, de modo que, encontrando en Dios todos los bienes que Él contiene, no es necesario ir a otra parte para ver la amplitud de sus confines, no, sino que Él solo basta para encontrar todo lo que es suyo. Ahora, en un relámpago mostraba un distintivo especial de su belleza; ¿pero quién puede decir cuán bello es? Sólo sé decir que comparadas todas las bellezas angélicas y humanas, las bellezas de la variedad de las flores y de los frutos, el espléndido azul y estrellado cielo, que parece que mirándolo nos hipnotiza y nos habla de una belleza suprema, son sombras o aliento que Dios ha mandado de la belleza que en Él contiene, o sea, como pequeñas gotas de rocío comparadas con las inmensas aguas del mar. Paso adelante pues mi mente empieza a perderse. En otro relámpago mostraba un distintivo especial del atributo de la caridad, pero, ¡oh Dios tres veces Santo! ¿Cómo podré yo, miserable, hablar sobre este atributo, que es la fuente de la cual se derivan todos los otros atributos? Diré sólo lo que comprendí de él con respecto a la naturaleza humana. Comprendí que Dios al crearnos, este atributo de la caridad se vierte en nosotros y nos llena todo de Sí, de modo que si el alma correspondiese, estando llena del soplo de la caridad de Dios, la misma naturaleza debería transformarse en caridad hacia Dios. En cambio, conforme el alma se va difundiendo en el amor de las criaturas, o de los placeres, o del interés, o de cualquier otra cosa, aquel soplo divino va saliendo del alma, y si llega a difundirse en todo, el alma queda vacía de la caridad divina. Y como al Cielo no se entra si no se es un complejo de caridad purísima, toda divina, si el alma se salva,

este soplo recibido al ser creada, lo irá a readquirir a fuerza de fuego en las llamas purgantes, y sólo saldrá cuando llegue a desbordarse de esta caridad, entonces quién sabe qué larga etapa tendrá que pasar en aquel lugar expiatorio. Ahora, si así tiene que ser la criatura, ¿qué será el Creador? Creo que estoy diciendo muchos disparates, pero no me maravillo porque no soy para nada ninguna docta, soy siempre una ignorante, y si hay alguna cosa de verdad en estos escritos no es mía, sino de Dios, y yo quedo siempre la ignorante que soy.

4-94
Octubre 21, 1901

La recta intención. Todo lo que no se hace por Dios queda perdido como polvo ante un viento impetuoso.

(1) Esta mañana, el bendito Jesús al venir parecía que hacía un cerco con sus brazos como para encerrarme dentro, y mientras me estrechaba me ha dicho:

(2) "Hija mía, cuando el alma hace todo por Mí, todo queda encerrado dentro de este cerco, nada queda fuera, así fuera un suspiro, un latido, un movimiento cualquiera, todo entra en Mí, y en Mí todo queda numerado y Yo en recompensa los derramo en el alma, pero duplicados de gracia, de modo que el alma derramándolos nuevamente en Mí, y Yo en ella, llega a adquirir un capital sorprendente de gracia, y todo esto es mi deleite, esto es: "Dar a la criatura lo que me ha dado como si fuese cosa suya, agregando siempre de lo mío". Y quien con su ingratitud impide que le dé lo que quiero, impide mis inocentes delicias. Ahora, quien no obra por Mí, todo queda fuera de mi cerco, dispersado como el polvo por un viento impetuoso".

4-95
Octubre 25, 1901

La privación hace conocer de dónde vienen las cosas y la preciosidad del objeto perdido.

(1) Después de haber pasado varios días de temores y dudas sobre mi estado, creyéndolo todo un trabajo de mi fantasía, y a veces se fijaba tanto mi mente en esto, que llegaba a lamentarme y a disgustarme con Nuestro Señor diciendo: "¡Qué pena, qué desgracia la mía ser víctima de

mi fantasía, creía verte a Ti y en cambio era todo alucinación de la fantasía, creía cumplir tu Querer estando por tanto tiempo en este lecho, y quién sabe si no ha sido también un fruto de la fantasía! Señor, da pena, da espanto el sólo pensarlo; tu Querer endulzaba todo, pero esto me amarga hasta la médula de los huesos; ¡ah! dame la fuerza de salir de este estado de fantasía". Y lo tenía tan fijo que no me podía distraer, tanto, que llegaba a pensar que la fantasía me habría preparado un lugar en el infierno; si bien buscaba liberarme diciendo: "Pues bien, me serviré de la fantasía para poderlo amar en el infierno.

(2) Ahora, mientras me encontraba en esta fijación, el bendito Jesús ha querido acrecentar mi dolorosa situación, con moverse dentro de mí diciendo: "No prestes atención a esto, de otra manera Yo te dejo y te haré ver si soy Yo quien vengo o es tu fantasía que engaña".

(3) A pesar de esto no me he preocupado por entonces diciendo: "¡Ah!, no tendrá ánimo de hacerlo, es tan bueno." Sin embargo, en efecto lo hizo.

(4) Es inútil decir lo que pasé algunos días privada de Jesús, me alargaría demasiado, sólo al recordarme se me hiela la sangre en las venas, por eso paso adelante. Ahora, habiendo dicho todo esto al confesor, parece que él fue mi mediador. Habiendo comenzado a pedir juntos que se dignara venir, me sentí perder los sentidos y se hacía ver de muy lejos, casi enfadado que no quería venir. Yo no me atrevía, pero el confesor insistía uniendo la intención de que me participara la crucifixión, entonces para contentar al confesor se ha acercado y me ha participado los dolores de la cruz, y después como si hubiera hecho las paces me ha dicho:

(5) "Era necesario que te privara de Mí, de otra manera no te habrías convencido si soy Yo o bien tu fantasía. La privación sirve para hacer conocer de donde vienen las cosas y la preciosidad del objeto perdido, y para estimarlo más cuando se recobra".

4-96
Noviembre 22, 1901

El yo lleva la marca de todas las ruinas, sin el yo todo es seguridad.

(1) Después de haber pasado días amarguísimos de lágrimas, de privaciones y de silencio, mi pobre corazón no puede más; tanto es el dolor fuera de mi centro Dios, que continuamente soy arrojada entre profundas olas de fiera tempestad, en estado de fuerte violencia en que sufro a cada momento la muerte, y lo que es más, no poder morir.

Entonces, encontrándome en esta situación, por poco se ha hecho ver y me ha dicho:

(2) "Hija mía, cuando un alma hace en todo la voluntad de otra, se dice que tiene confianza en aquella, por eso vive del querer de la otra y no del suyo, así cuando el alma hace en todo mi Voluntad, Yo digo que tiene fe, así que el Divino Querer y la fe son ramas producidas de un solo tronco, y como la fe es simple, la fe y el Divino Querer producen la tercera rama de la simplicidad, y así el alma readquiere en todo las características de paloma. ¿No quieres tú entonces ser mi paloma?"

(3) En otra ocasión me dijo:

(4) "Hija mía, las perlas, el oro, las gemas, las cosas más preciosas, se tienen bien custodiadas dentro de algún cofre y con doble llave. ¿Por qué temes tú entonces si te tengo bien custodiada en el cofre de la santa obediencia, custodia segurísima donde no una, sino dos llaves tienen bien cerrada la puerta para tener prohibido el ingreso a cualquier ladrón, y aun a la sombra de cualquier defecto? Sólo el yo lleva la marca de todas las ruinas, pero sin el yo todo es seguridad".

4-97
Diciembre 27, 1901

Jesús: suministrador de la Santísima Trinidad. Separación de los sacerdotes.

(1) Es inútil el decir mi pobre estado, cómo me he reducido, sería un querer recrudecer y hacer más profundas las llagas de mi alma, por eso paso todo en silencio haciendo un ofrecimiento al Señor. Entonces esta mañana mientras lloraba la pérdida de mi adorable Jesús, ha venido el confesor y me ha dado la obediencia de pedir al Señor que se dignara venir. Parece que ha venido, y habiendo puesto el confesor la intención de la crucifixión, me ha participado los dolores de la cruz, y mientras esto hacía ha dicho al confesor:

(2) "Yo fui suministrador de la Santísima Trinidad, esto es: Suministré a las gentes la potencia, la sabiduría, la caridad de las Divinas Personas. Tú, siendo mi representante, no debes hacer otra cosa que continuar mi misma obra hacia las almas, y si no te interesas vienes a destrozar la obra empezada por Mí, y Yo me siento defraudado en la ejecución de mis designios, y soy obligado a retirar la potencia, la sabiduría, la caridad que os habría suministrado si hubieras cumplido la obra que te confié".

(3) Después de esto parecía que me transportaba fuera de mí misma, y desde lejos se veía una multitud de personas, de la cual venía una peste insoportable y Jesús ha dicho:

(4) "Hija mía, qué escisión harán los sacerdotes entre ellos, y esto será el último golpe para fomentar entre los pueblos partidos y revoluciones".

(5) Y lo decía tan amargado que daba compasión. Después de esto, recordándome de mi estado le he dicho: "Dime Señor mío, ¿quieres que me haga dar la obediencia para terminar de estar en este estado? Sobre todo que no sufriendo más como antes me siento inútil". Y Él me ha respondido:

(6) "Justo".

(7) Pero muy afligido, y mi corazón quedó inquieto como si no hubiera querido que me hubiera dicho eso. Entonces he replicado: "Pero Señor, no porque yo quiera salir, sino que quiero conocer tu Santo Querer, porque como mi estado era porque Tú venías a mí y me participabas tus sufrimientos, habiendo cesado esto, temo que ni siquiera quisieras que continúe estando en la cama". Y Jesús ha dicho:

(8) "Tienes razón, tienes razón".

(9) ¿Pero qué? El corazón me lo sentía romper por las respuestas que me daba Jesús bendito, y he agregado: "Pero mi Señor, dime al menos cual es mayor gloria para Ti, ¿que continúe estando así aunque tenga que morir, o que me haga dar la obediencia que termine mi estado?" Y Jesús, viendo que no terminaba con esto, Él mismo ha cambiado tema diciéndome:

(10) "Hija mía, me siento ofendido por todos, mira, aun las almas devotas tienen los ojos fijos para examinar si lo que hacen es o no es culpa, pero enmendarse, extirpar la culpa, eso no, y esto es señal de que no hay ni dolor ni amor, porque el dolor y el amor son dos ungüentos eficacísimos, que aplicados al alma la dejan perfectamente curada; y uno corrobora y fortifica mayormente al otro".

(11) Pero yo pensaba en mi pobre situación, y quería decirle de nuevo para conocer la Voluntad del Señor con claridad; pero Jesús me ha desaparecido, y yo retornando en mí misma me veía toda confundida sobre qué hacer, entonces para estar segura he expuesto todo a la obediencia, la cual quiere que continúe estando en mi estado. Sea siempre hecha la Voluntad del Señor.

4-98
Diciembre 29, 1901

Las tribulaciones son necesarias a quien vive a la sombra de Jesús.

(1) Estando toda oprimida, apenas he visto a mi adorable Jesús, el cual mirándome me ha dicho:

(2) "Hija mía, para quien vive a mi sombra es necesario que soplen los vientos de las tribulaciones, a fin de que el aire infectado de alrededor no pueda penetrar en él aunque esté bajo mi sombra; así que los vientos continuos, agitando siempre este aire malsano, lo tienen siempre lejano y hacen soplar un aire purísimo y saludable".

(3) Al terminar ha desaparecido, y yo comprendía muchas cosas sobre esto, pero no es necesario explicarlas porque creo que es fácil comprender el significado.

4-99
Enero 6, 1902

Efectos portentosos del unir nuestra vida con la de Jesús. Dos palabras sobre la muerte.

(1) Estando en mi habitual estado, después de haber esperado mucho, vino por poco mi amadísimo Jesús, y poniéndose junto a mí me ha dicho:

(2) "Hija mía, quien busca uniformarse en todo a mi vida, no hace otra cosa que agregar un perfume de más y distinto a todo lo que hice en mi vida, de modo de perfumar el Cielo, toda la Iglesia, y aun los mismos malos sienten exhalar este perfume celestial, tanto, que todos los santos no son otra cosa que tantos perfumes, y lo que más regocija a la Iglesia y al Cielo es que son distintos entre ellos. No sólo esto, sino que quien busca continuar mi vida, obrando lo que hice, hasta donde puede, y donde no puede, al menos con el deseo y con la intención, Yo lo tengo en mis manos como si estuviera continuando toda mi vida en dicha alma, no como cosa pasada, sino como si en el presente viviera, y esto es un tesoro en mis manos, que duplicando el tesoro de todo lo que obré, lo dispongo para bien de todo el género humano. Entonces, ¿no quisieras tú ser uno de éstos?"

(3) Yo me he sentido toda confundida y no he sabido qué responder, y Jesús ha desaparecido; pero poco después ha vuelto, y al mismo tiempo veía varias personas que temían mucho a la muerte. Entonces yo, viendo esto he dicho: "Amable Jesús mío, ¿será defecto en mí este no temer la muerte, mientras veo que tanto la temen los demás?, y yo en cambio, pensando sólo en que la muerte me unirá para siempre Contigo y

terminará el martirio de mi dura separación, el pensamiento de la muerte no sólo no me da ningún temor, sino que me es de alivio, me da paz y hago fiesta por ello, dejando de lado todas las demás consecuencias que lleva consigo la muerte".

(4) Y Jesús: "Hija, en verdad ese temor extravagante de morir es locura, ya que cada uno tiene todos mis méritos, virtudes y obras como pasaporte para entrar al Cielo, habiéndoselos dado en donación a todos, y mucho más si aprovechando esta donación mía ha agregado lo suyo, y con todas estas cosas, ¿qué temor se puede tener de la muerte? Mientras que con este segurísimo pasaporte el alma puede entrar donde quiera, y todos por consideración del pasaporte la respetan y le dan el paso. En cuanto a ti, este no temer para nada la muerte es por haber tratado Conmigo, y haber experimentado cómo es dulce y amada la unión con el sumo Bien, pero debes saber que el homenaje más agradable que se me pueda ofrecer, es desear morir para unirse Conmigo, y es la más bella disposición del alma para purgarse y sin ningún intervalo pasar directamente por el camino al Cielo".

Dicho esto ha desaparecido.

4-100
Enero 11, 1902

El amor para ser perfecto debe ser triple. Habla del divorcio.

(1) Esta mañana, habiendo recibido la santa comunión, por un poco he visto a mi adorable Jesús, y yo, en cuanto lo vi le dije: "Dulce Bien mío, dime, ¿continúas amándome?"

(2) Y Él: "Sí, pero soy amante y celoso, celoso y amante, más bien te digo que para ser perfecto el amor debe ser triple, y en Mí hay esta triple condición de amor: Primero, te amo como Creador, como Redentor y como Amante. Segundo, te amo en mi omnipotencia, que me sirvió para crearte y crear todo por amor tuyo, de modo que el aire, el agua, el fuego y todo lo demás te dicen que te amo y que por amor tuyo los hice; te amo como mi imagen, y te amo por ti misma. Tercero, te amo ab eterno, te amo en el tiempo y te amo por toda la eternidad. Y esto no es otra cosa que un aliento que ha salido fuera de mi amor; imagina tú qué será aquel amor que contengo en Mí mismo.

(3) Ahora, tú estás obligada a corresponderme este triple amor, amándome como tu Dios, en el cual te debes fijar toda tú, y no hacer salir

nada de ti que no sea amor por Mí, amándome por cuenta tuya y por el bien que a ti te viene, y amarme por todos y en todos".

(4) Después de esto me ha transportado fuera de mí misma y me he encontrado en medio de muchas personas que decían: "Si se confirma esta ley, pobre mujer, todo le será para mal". Y todos esperaban con ansia oír el pro o el contra, y se veía en otro lugar apartado que estaban muchas personas discutiendo entre ellas, y uno de estos tomaba la palabra y los hacía callar a todos, y después de haber fatigado mucho ha salido a la puerta y ha dicho: Ciertamente sí, en favor de la mujer. Al oír esto, todos los de afuera hacían fiesta, y los de adentro quedaban todos confundidos, tanto que ni siquiera tenían valor de salir.

(5) Creo que sea esta ley del divorcio que dicen, y yo comprendía que no la confirmaron.

4-101
Enero 12, 1902

La ceguera de los hombres. Jesús habla del divorcio. Las contradicciones son perlas preciosas.

(1) Parece que continua viniendo un poco mi adorable Jesús, es más, esta mañana transportándome fuera de mí misma me hacía ver los graves males de la sociedad, y sus grandes amarguras, y ha vertido abundantemente en mí parte de lo que lo amargaba, y después me ha dicho:

(2) "Hija mía, mira un poco hasta donde ha llegado la ceguera de los hombres, hasta querer formar leyes inicuas y contra ellos mismos y su bienestar social; hija mía, por esto te llamo de nuevo a los sufrimientos, a fin de que ofreciéndote Conmigo a la Divina Justicia, aquellos que deben combatir esta ley del divorcio obtengan luz y gracia eficaz para resultar victoriosos. Hija mía, Yo tolero que hagan guerras, revoluciones, que la sangre de los nuevos mártires inunde el mundo, esto es honor para Mí y para mi Iglesia, pero esta ley brutal es una afrenta a la Iglesia, y a Mí me es abominable e intolerable".

(3) Mientras esto decía, he visto un hombre que luchaba contra esta ley, cansado y sin fuerzas, en actitud de quererse retirar de la empresa; entonces junto con el Señor lo hemos alentado y él ha respondido: "Me veo casi solo para luchar, e imposibilitado para obtener el propósito". Yo le dije: "Ánimo, porque las contradicciones son tantas perlas de las que el

Señor se servirá para adornaros en el Cielo". Y él ha tomado aliento y ha seguido con la empresa.

(4) Después de esto he visto a otro todo afanado, pensativo, no sabiendo qué decidir, y algunos le decían: "¿Sabes qué quieres hacer? Sal, sal de Roma". Y él: "No, no puedo, es palabra dada a mi padre, expondré mi vida, pero salir jamás".

(5) Después nos hemos retirado, Jesús ha desaparecido y yo me he encontrado en mí misma

4-102
Enero 14, 1902

No se es digno de Jesús si no se vacía de todo.
En qué consiste la verdadera exaltación.

(1) Estando en mi habitual estado ha venido mi adorable Jesús y me ha dicho:

(2) "Hija mía, no puede ser verdaderamente digno de Mí, sino sólo quien ha vaciado todo de dentro de sí, y se ha llenado todo de Mí, de modo de formar de sí mismo un objeto todo de amor divino, tanto, que mi amor debe llegar a formar su vida y a amarme no con su amor, sino con mi amor".

(3) Después ha agregado: "¿Qué significan aquellas palabras: "Ha depuesto del trono a los poderosos y ha exaltado a los pequeños?" Que el alma destruyéndose del todo a sí misma se llena toda de Dios, y amando a Dios con Dios mismo, Dios exalta al alma a un amor eterno, y esta es la verdadera y la más grande exaltación y a la vez la verdadera humildad".

(4) Después ha continuado: "La verdadera señal para conocer si se posee este amor, es si el alma no se ocupa de ninguna otra cosa más que de amar a Dios, de hacerlo conocer, y hacer que todos lo amen".

(5) Después, retirándose en mi interior he oído que rezaba diciendo:

(6) "Siempre Santa e indivisible Trinidad, os adoro profundamente, os amo intensamente, os agradezco perpetuamente por todos y en los corazones de todos".

(7) Y así la he pasado, oyendo casi siempre que rezaba dentro de mí y yo junto con Él.

4-103
Enero 25, 1902

La fiebre del amor hace emprender al alma
el vuelo hacia el Cielo. Reproches de Jesús.

(1) Esta mañana después de haber esperado mucho, ha venido mi adorable Jesús, y apenas lo he visto le he dicho: "Amado Bien mío, no puedo más, llévame de una vez para siempre contigo al Cielo, o bien quédate para siempre conmigo sobre esta tierra".

(2) Y Él: "Hazme observar hasta donde ha llegado la fiebre de tu amor, porque así como la fiebre natural cuando llega a un grado alto tiene virtud de consumir el cuerpo y hacerlo morir, así la fiebre del amor, si llega a un grado altísimo tiene virtud de deshacer el cuerpo y hacer tomar el vuelo al alma, nada menos que hacia el Cielo".

(3) Y mientras esto decía ha tomado mi corazón entre sus manos como para revisarlo, y prosiguió diciéndome:

(4) "Hija mía, la fuerza de la fiebre del amor no ha llegado al punto; se necesita otro poco".

(5) Después hacía ver que quería verter, pero yo no le decía nada, y Él, casi reprochándome, dulcemente ha agregado:

(6) "¿No sabes tu deber? ¿No sabes que la primera cosa que deberías hacer al verme, es ver si hay en Mí alguna cosa que me aflige y amarga y pedirme que la vierta sobre ti? Este es el verdadero amor, sufrir las penas de la persona amada, para poder ver en todo contenta a la persona que se ama".

(7) Yo, avergonzándome de esto he dicho: "Señor, vierte". Y Él ha vertido y ha desaparecido.

4-104
Enero 26, 1902

La Reina Mamá está enriquecida con las tres prerrogativas de la Santísima Trinidad.

(1) Esta mañana mientras me encontraba en mi habitual estado, veía ante mí una luz interminable, y comprendía que en aquella luz moraba la Santísima Trinidad, y al mismo tiempo veía delante a esa luz a la Reina Mamá que quedaba toda absorbida por la Santísima Trinidad, y Ella absorbía en Sí a las Tres Divinas Personas, de modo tal, que quedaba enriquecida con las tres prerrogativas de la Trinidad Sacrosanta, es decir: Potencia, Sabiduría y Caridad, y así como Dios ama al género humano como parte de Sí, y como partícula salida de Sí, y desea ardientemente

que esta parte de Sí mismo regrese a Él mismo, así la Mamá Reina, participando en esto ama al género humano con amor apasionado.

(2) Ahora, mientras esto comprendía he visto al confesor y le pedí a la Virgen Santísima que intercediera ante la Santísima Trinidad por él; Ella hizo una inclinación llevando mi oración al Trono de Dios, y he visto que del Trono Divino salía un flujo de luz que cubría todo al confesor, y me he encontrado en mí misma.

4-105
Febrero 3, 1902

Ofrece su vida para que no se apruebe la ley del divorcio.

(1) Encontrándome en mi habitual estado, me he encontrado fuera de mí misma con mi adorable Niño Jesús entre mis brazos; primero ha derramado un poco de lo que lo amargaba, y después hacía como si se quisiera ir, y yo estrechándolo entre mis brazos le he dicho: "Amado mío y vida de mi vida, ¿qué haces? ¿Te quieres ir? ¿Y yo cómo hago? ¿No ves que cuando estoy privada de Ti es para mí un continuo morir? Y además, tu corazón que es la misma bondad no tendrá valor de hacerlo, y yo jamás te dejaré partir". Y lo estrechaba fuerte como si mis brazos se hubieran vuelto cadenas, así que no pudiendo soltarse se ha quedado conmigo, callado, y yo, viendo que los males de la sociedad se agravaban mayormente, le he dicho: "Dulce Bien mío, dime qué será de este divorcio que dicen, ¿llegarán a formar esta ley impía o no?"

(2) Y Él me ha dicho: "Hija mía, el interior del hombre contiene un tumor gangrenoso, lleno de podredumbre, como si hubiera llegado a supurar, y no pudiendo contenerlo más dentro, quieren cortar este tumor, pero no para curarse, sino para hacer que saliendo parte de esta podredumbre pueda contaminar, contagiar a toda la sociedad. Pero el Sol divino, casi nadando en medio de la sociedad grita continuamente diciendo: "Oh hombre, ¿no recuerdas de qué fuente de pureza has salido, que como aura de luz te llamaba a tu camino? Cómo, no sólo te has contaminado, sino que quieres llegar a obrar contra naturaleza, casi queriendo dar otra forma a la naturaleza que te he dado, y del modo por Mí establecido".

(3) Después dijo muchas otras cosas que yo no sé decir, pero lo decía con tanta amargura, que yo no pudiendo resistir el verlo en aquel modo, he dicho:

(4) "Señor, retirémonos, ¿no ves cómo te amargan los hombres y casi no te dan paz?".Así nos hemos retirado a la cama, y queriendo aliviar a mi

buen Jesús le he dicho: "Si tanto te aflige que los hombres hagan esto, yo te ofrezco mi vida para sufrir cualquier pena y obtener que no lleguen a eso, y para hacer que de ningún modo sea lanzada nuevamente, lo uno a tu sacrificio para poder obtener con seguridad un reescrito de gracia". Mientras esto decía, parecía que el Señor presentaba mi ofrecimiento a la divina justicia. Él ha desaparecido y yo me he encontrado en mí misma.

(5) Parece que los hombres a cualquier costo quieren confirmar al menos algún artículo de esta ley, no pudiendo obtener que la confirmaran toda como ellos quieren y les place.

4-106
Febrero 8, 1902

Significados de la Pasión de Jesús.

(1) Esta mañana, al venir mi adorable Jesús me ha participado parte de su Pasión. Ahora, mientras me encontraba sufriendo, el Señor para aliviarme me ha dicho:

(2) "Hija mía, el primer significado de la Pasión contiene gloria, alabanza, honor, agradecimiento, reparación a la Divinidad. El segundo es la salvación de las almas y todas las gracias que se necesitan para obtener esta finalidad. Entonces, quien participa en las penas de mi Pasión, su vida contiene estos mismos significados, no sólo, sino que toma la misma forma de mi Humanidad, y como dicha Humanidad está unida con la Divinidad, también el alma que participa en mis penas está en contacto con la Divinidad y puede obtener lo que quiere. Es más, sus penas son como llaves para abrir los tesoros divinos, esto mientras vive acá abajo, y después allá en el Cielo también le está reservada una gloria distinta que le es dada por mi Humanidad y Divinidad, en modo de semejarse a mi misma luz y gloria, y será una gloria más especial para toda la corte celestial, que le será dada por medio de esta alma, por lo que Yo le he comunicado, porque por cuantas más almas se han semejado a Mí en las penas, tanto más de dentro de la Divinidad saldrá luz y gloria, y toda la corte celestial participará de esta gloria".

(3) Sea siempre bendito el Señor, y todo sea para su gloria y honor.

4-107
Febrero 9, 1902

Jesús se pone a disposición del alma. Ella pide el milagro de que no se confirme la ley del divorcio.

(1) Esta mañana mi dulcísimo Jesús al venir me ha participado en abundancia sus penas, tanto, que me sentía como si debiera morir. Mientras me sentía en tal estado, el bendito Jesús enternecido y conmovido al verme sufrir se ha puesto en mi interior, y doblando las manos me ha dicho:

(2) "Hija mía, como tú has estado a mi disposición para sufrir, así también Yo para corresponderte me pongo a tu disposición, dime que quieres que haga, porque estoy pronto para hacer lo que tú quieres".

(3) Entonces yo, recordándome cuánto le disgustaría si los hombres confirmasen la ley del divorcio y los males que a la sociedad le vendrían, le he dicho: "Dulce Bien mío, ya que te dignas ponerte a mi disposición, quiero que con tu omnipotencia obres un prodigio, que encadenando la voluntad de las criaturas no puedan confirmar esta ley". Y el Señor parecía que aceptaba mi propuesta, diciéndome: "Casi todas las víctimas que ha habido sobre la tierra y que ahora se encuentran en el Cielo, tienen alguna estrella brillantísima en sus coronas, que las hacen distinguir bien por el lugar que ocupan, y estas estrellas no son otra cosa que alguna gloria grande que le han procurado a Dios, y al mismo tiempo, por su medio un bien grande a la humanidad. Tú quieres que obre un prodigio para no dejar que se confirme este divorcio, pues de otra manera no se podría evitar esto, pues bien, por amor tuyo realizaré este prodigio, y esta será la estrella más refulgente que resplandecerá en tu corona, esto es, por haber impedido con tus sufrimientos que mi justicia, en estos tristes tiempos, a las tantas maldades que cometen, permita también este mal que ellos mismos han querido. Así que, ¿se puede dar gloria más grande a Dios y más bien a los hombres?"

4-108
Febrero 17, 1902

Le explica qué cosa es la muerte.

(1) Esta mañana, después de haber esperado mucho, finalmente he encontrado a mi dulcísimo Jesús y quejándome con Él le he dicho: "Amado Bien mío, ¿cómo me haces esperar tanto? ¿Acaso no sabes que sin Ti no puedo vivir y mi alma siente un continuo morir?"

(2) Y Él: "Amada mía, cada vez que tú me buscas a Mí, te dispones a morir, porque en realidad, ¿qué cosa es la muerte sino la unión estable y permanente Conmigo? Tal fue mi vida, un continuo morir por amor tuyo, y esta continua muerte fue la preparación al gran sacrificio de morir en la cruz por ti. Debes saber que quien vive en mi Humanidad y se alimenta de las obras de Ella, forma de sí mismo un gran árbol, lleno de flores y frutos abundantes, y éstos forman el alimento de Dios y del alma. Quien vive fuera de mi Humanidad, sus obras son odiosas a Dios e infructuosas para sí mismo".

(3) Después de esto, el Señor ha vertido abundantemente en mí amarguras y dulzuras mezcladas, luego giramos un poco en medio de las gentes, y yo no podía separar mi mirada del rostro de mi amado Jesús, y Él viendo esto me ha dicho:

(4) "Hija mía, quien se deja seducir por las obras del Creador, deja suspendidas las obras de las criaturas".

(5) Él ha desaparecido y yo me he encontrado en mí misma.

4-109
Febrero 19, 1902

El alma es como tela que recibe en sí el retrato de la imagen divina.

(1) Encontrándome en mi habitual estado, mi adorable Jesús se hacía ver que dormía en mi interior, irradiando de Sí muchos rayos de luz dorados. Yo estaba contenta de verlo, pero al mismo tiempo descontenta por no poder oír la dulzura y suavidad de su voz creadora. Entonces, después de mucho esperar ha vuelto a hacerse ver, y viendo mi descontento me ha dicho:

(2) "Hija mía, en el ministerio público es necesario el uso de la voz para hacerme entender, pero en el ministerio privado mi sola presencia basta para todo, porque verme y entender la armonía de mis virtudes para copiarlas en sí misma, es lo mismo, por lo tanto la atención del alma debe estar en verme y en uniformarse en todo a las operaciones interiores del Verbo, porque cuando Yo atraigo al alma a Mí, se puede decir, al menos por ese tiempo, que la tengo en mi presencia, que hace vida divina. Siendo mi luz como pincel para pintar, mis virtudes suministran los diferentes colores, y el alma es como tela que recibe en sí el retrato de la imagen divina. Sucede como aquellos puentes altos, que por cuanto más altos tanto más precipitan a lo bajo una lluvia abundante; así el alma, ante mi presencia se pone en el estado que le conviene, o sea en lo bajo, en la

nada, tanto que se siente destruir, y la Divinidad a torrentes hace llover la gracia sobre ella y llega a sumergirla en Sí mismo, por eso debes estar contenta de todo, si hablo, y contenta si no hablo".

(3) Mientras esto decía me he sentido como sumergir en Dios, y después me he encontrado en mí misma.

4-110
Febrero 21, 1902

La palabra de Jesús fue simple, la entendían los doctos como los más ignorantes. Los predicadores de estos tiempos dan tantas vueltas, que los pueblos quedan en ayunas y fastidiados; se ve que no la toman de la fuente divina.

(1) Encontrándome en mi habitual estado, mi adorable Jesús se hacía ver en mi interior como queriendo descansar, pero mientras parecía que reposaba, como si hubiera recibido una ofensa que no podía soportar, despertándose me ha dicho:

(2) "Hija mía, ten paciencia, hazme verter en ti esta amargura que no me da reposo".

(3) Y así diciendo, vertió en mí lo que lo amargaba, y ha tomado su aspecto dulce de modo de poder reposar, y continuaba estando en mi interior, esparciendo tantos rayos de luz, de modo de formar una red de luz para tomar a todos los hombres dentro de aquella red, sólo que unos recibían más de aquella luz y otros menos. Ahora mientras esto veía, Nuestro Señor me ha dicho:

(4) "Amada mía, cuando hago silencio es señal que quiero reposo, es decir que tú te reposes en Mí y Yo en ti. Cuando hablo es señal de que quiero vida activa, es decir que me ayudes en la obra de la salvación de las almas; porque siendo mis imágenes, lo que a ellas se hace lo considero hecho a Mí mismo".

(5) Al decir esto veía algunos sacerdotes, y Jesús como lamentándose con ellos ha agregado:

(6) "Mi hablar fue simple, tanto que lo hacía comprender a los doctos y a los más ignorantes, como se ve con claridad en el santo evangelio. En cambio los predicadores de estos tiempos, tantas vueltas y vueltas mezclan, que los pueblos quedan en ayunas y fastidiados, se ve que no lo toman de la fuente de mi manantial".

4-111

Febrero 24, 1902

La Reina Mamá le habla de sus dolores.
Continúa hablando acerca del divorcio.

(1) Estando en mi habitual estado, ha venido la Reina Madre y me ha dicho:

(2) "Hija mía, mis dolores, como dicen los profetas, fueron un mar de dolores, y en el Cielo se han cambiado en un mar de gloria, y cada uno de mis dolores ha fructificado otros tantos tesoros de gracia; y así como en la tierra me llaman estrella del mar, que con seguridad guía al puerto, así en el Cielo me llaman estrella de luz para todos los bienaventurados, de modo que son recreados por esta luz que me produjeron mis dolores".

(3) Mientras estaba en esto ha venido mi adorable Jesús diciéndome:

(4) "Amada mía, no hay cosa que me sea más querida y agradable que un corazón justo que me ama, y viéndome sufrir me pide sufrir ella lo que sufro Yo, esto me ata tanto, y tiene tanta fuerza sobre mi corazón, que por recompensa le doy todo Yo mismo, y le concedo las gracias más grandes y lo que ella quiere; y si no hiciera esto, habiéndole hecho donación de Mí, siento que por cuantas cosas no le doy, tantos hurtos le hago, o sea, tantas deudas contraigo con ella".

(5) Después me ha transportado fuera de mí misma, y Jesús ha agregado:

(6) "Hija mía, hay ciertas ofensas que superan por mucho los mismos sufrimientos que sufrí en mi Pasión, como el día de hoy en que he recibido varias, que si no vertiera parte, mi justicia me obligaría a mandar sobre la tierra fieros flagelos; por eso déjame verter en ti".

(7) Después de que vertió, no sé como, oyéndolo hablar de las ofensas le he dicho: "Señor, esta ley del divorcio que dicen, ¿es cierto que no la confirmarán?"

(8) Y Él: "Por ahora es cierto, porque después, de aquí a cinco, diez, veinte años, o que te suspenda de víctima o te pueda llamar al Cielo, podrán hacerlo, pero el prodigio de encadenar su voluntad y de confundirlos, por ahora lo he hecho; pero si supieras la rabia que tienen los demonios y aquellos que querían esta ley, que tenían por seguro obtenerla, es tanta, que si pudieran destruirían cualquier autoridad y harían estragos por todas partes. Entonces para mitigar esta rabia y para impedir en parte estos estragos, ¿quieres tú exponerte un poco a su furor?"

(9) Y yo: "Sí, a condición que vengas conmigo". Y así hemos ido a un lugar donde estaban demonios y personas que parecían furibundos,

enfurecidos y enloquecidos; en cuanto me vieron han corrido sobre mí como tantos lobos, y quien me golpeaba, quien me desgarraba las carnes, habrían querido destruirme, pero no tenían el poder. Pero yo, si bien he sufrido mucho, no los temía porque tenía a Jesús conmigo. Después de esto me he reencontrado en mí misma, llena de varias penas. Sea siempre bendito el Señor.

4-112
Marzo 2, 1902

Efectos de la fe.

(1) Esta mañana me sentía toda pensativa, como si el Señor quisiera nuevamente sustraerme su presencia, y por tanto quitarme los sufrimientos, también sentía un poco de desconfianza. Entonces, después de mucho esperar, en cuanto ha venido me ha dicho:
(2) "Hija mía, quien de la fe se nutre adquiere vida divina, y adquiriendo vida divina destruye la humana, esto es, destruye en sí los gérmenes que produjo la culpa original, readquiriendo la naturaleza perfecta como salió de mis manos, semejante a Mí, y con esto viene a superar en nobleza a la misma naturaleza angélica".
(3) Dicho esto ha desaparecido.

4-113
Marzo 3, 1902

Los castigos son necesarios.

(1) Encontrándome en mi habitual estado, mi adorable Jesús no venía, y yo me sentía morir por su ausencia. Después, hacia la última hora, movido a compasión de mí, ha venido y besándome me ha dicho:
(2) "Hija mía, es necesario que alguna vez no venga, ¿de otra manera cómo daría desahogo a mi justicia? Y los hombres viendo que Yo no los castigo no harían otra cosa que enorgullecerse siempre más; por eso son necesarias las guerras, los estragos; el principio y el medio serán dolorosísimos, pero el fin será gozosísimo, y además tú lo sabes, que la primera cosa es la resignación a mi Voluntad".

4-114
Marzo 5, 1902

El mal ejemplo de las cabezas.

(1) Esta mañana me he encontrado fuera de mí misma, y después de haber ido en busca de mi adorable Jesús lo he reencontrado, pero para mi sorpresa he visto que tenía clavadas en los pies, en las plantas, muchas espinas que le daban dolor y le impedían caminar; todo afligido se ha arrojado en mis brazos como queriendo encontrar reposo y que yo le quitara aquellas espinas, yo me lo he estrechado y le he dicho: "Dulce amor mío, si hubieras venido en los días pasados no te habrías clavado tantas espinas, a lo más, conforme se te clavara alguna te la habría sacado, he aquí lo que has hecho con no venir". Y mientras esto le decía, le iba quitando todas aquellas espinas, y los pies del bendito Jesús derramaban sangre, y Él sufría por el fuerte dolor. Después de esto, como si se hubiera aliviado ha querido también verter y después me ha dicho:
(2) "Hija mía, ¡qué corrupción en los pueblos, qué torcidos senderos recorren!, pero en esto ha influido el mal ejemplo de las cabezas, mientras que en quien posee la mínima de cualquier autoridad, el espíritu de desinterés debería ser luz para hacerlo distinguir que es cabeza, y la justicia ejercitada por él debería ser como fulgor para herir los ojos de los presentes, de modo de no poder separarlos de él y de sus ejemplos".
(3) Dicho esto ha desaparecido.

4-115
Marzo 6, 1902

Jesús es despojado de todo principado, de todo régimen y de toda soberanía.

(1) Esta mañana mi adorable Jesús al venir se hacía ver todo desnudo, como buscando cubrirse en mi interior, y me decía:
(2) "Hija mía, me han despojado de todo principado, de todo régimen, de toda soberanía, y para readquirir estos mis derechos sobre las criaturas, es necesario que las despoje a ellas y casi las destruya, y con esto conocerán que donde no está Dios por principio, por régimen y por soberano, todo lleva a la destrucción de ellos mismos, y por lo tanto a la fuente de todos los males".

4-116
Marzo 7, 1902

El alma delante de la presencia Divina adquiere en sí misma y copia los modos del obrar divino.

(1) Encontrándome en mi habitual estado, en cuanto he visto a mi amante Jesús me ha dicho:

(2) "Hija mía, cuando atraigo al alma a mi presencia tiene este bien, que adquiere en sí misma y copia los modos del obrar divino, de manera que tratando después con las criaturas, sienten en ellas mismas la fuerza del obrar divino que dicha alma posee".

(3) Después de esto sentía un temor, y era que si aquellas cosas que hago en mi interior eran aceptables o no al Señor, y Él ha agregado:

(4) "¿Por qué temes mientras tu vida está injertada con la mía? Y además, todo lo que haces en tu interior ha sido infundido por Mí, y muchas veces lo he hecho Yo junto contigo, sugiriéndote el modo cómo hacerlas para que fueran agradables a Mí; otras veces he llamado a los ángeles y juntos han hecho lo que tú hacías en tu interior, esto significa que me agrada lo que tú haces, y que Yo mismo te he enseñado; por eso sigue y no temas".

(5) Así he quedado tranquilizada.

4-117
Marzo 10, 1902

La pena del amor es más terrible que el infierno.

(1) Encontrándome en mi habitual estado, me sentía fuera de mí misma, y como iba buscando a mi adorable Jesús y no lo encontraba, repetía las búsquedas, los llantos, pero todo en vano, no sabía qué hacer, mi pobre corazón agonizaba y sentía un dolor tan agudo que no lo sé explicar, sólo sé decir que no sé como he quedado viva. Mientras me encontraba en esta dolorosa situación, pero siempre buscándolo, sin poder ni un momento abstenerme de hacer nuevas búsquedas, finalmente lo he encontrado y le he dicho: "¿Señor, cómo te haces cruel conmigo? Mira un poco Tú mismo si son penas que yo pueda tolerar". Y toda sin fuerzas me he abandonado en sus brazos, y Jesús compadeciéndome toda y mirándome me ha dicho:

(2) "Hija amada mía, tienes razón, cálmate, cálmate que estoy contigo y no te dejaré; pobre hija, cómo sufres, la pena del amor es más terrible que el infierno. ¿Qué cosa tiraniza más, el infierno, un amor contrapuesto, un amor odiado? ¿Qué cosa puede tiranizar a un alma más que el infierno? Un amor amado. Si tú supieras cuánto sufro Yo al verte por causa mía

tiranizada por este amor; para no hacerme sufrir tanto deberías estar más tranquila cuando te privo de mi presencia. Imagínate tú misma, si Yo sufro tanto al ver sufrir a quien no me ama y me ofende, ¿cuánto más sufriré al ver sufrir a quien me ama?"

(3) Entonces yo al oír esto, toda conmovida he dicho: "Señor, dime al menos si quieres que me esfuerce en salir de este estado sin esperar al confesor cuando Tú no vienes".

(4) Y Él ha agregado: "No, no quiero que tú salgas de este estado antes que venga el confesor, deja todo temor, Yo me pongo en tu interior teniendo tus manos en las mías, y al contacto de mis manos conocerás que estoy contigo".

(5) Así, cuando me viene el ansia de quererlo, me siento estrechar las manos por las de Jesús, y sintiendo el contacto divino me tranquilizo y digo: "Es verdad, está conmigo". Otras veces viniéndome más fuerte el deseo de verlo, me siento estrechar más fuerte las manos por las suyas y me dice:

(6) "Luisa, hija mía, estoy aquí, aquí estoy, no me busques en otra parte".

(7) Y así parece que estoy más tranquila.

4-118
Marzo 12, 1902

Amenaza de castigos.

(1) He seguido viendo en el mismo modo a mi adorable Jesús, es decir en mi interior, pero lo veía dentro de mí de espaldas al mundo, con un flagelo en la mano en actitud de mandarlo sobre las criaturas, y con esto parecía que sucedían castigos sobre las cosechas, mortalidad de gente; y en el momento de mandar aquel flagelo ha dicho palabras de amenaza, entre las cuales solamente recuerdo:

(2) "Yo no quería, pero vosotros mismos habéis buscado que os exterminara, pues bien, os exterminaré".

(3) Dicho esto ha desaparecido.

4-119
Marzo 16, 1902

**No se deben buscar las propias comodidades ni la estima
y el agradar a otros, sino sólo y únicamente agradar a Dios.**

(1) Oh, cuánto cuesta el hacerlo venir un poco, es un continuo dolor y también temor de que no venga más. ¡Oh Dios!, qué pena, no sé cómo vivo, si bien vivo muriendo. Entonces por poco tiempo se ha hecho ver en un estado que daba compasión, con un brazo mutilado, y todo afligido me ha dicho:

(2) "Hija mía, mira lo que me hacen las criaturas, ¿cómo quieres tú que no las castigue?"

(3) Y mientras esto decía parecía que tomaba una cruz alta, de cuyos brazos pendían seis o siete ciudades, y sucedían diversos castigos. Al ver esto he sufrido mucho, y Él queriéndome distraer de aquella pena ha agregado:

(4) "Hija mía, tú sufres mucho cuando te privo de mi presencia, y esto por necesidad te debe suceder, porque habiendo estado por tanto tiempo cercana, identificada con el contacto de la Divinidad, has gozado a tus anchas todo lo agradable de la luz divina, y por cuanto más uno ha gozado la luz, tanto más siente la privación de dicha luz, y los aburrimientos, los fastidios y las penas que llevan consigo las tinieblas".

(5) Después ha repetido: "Pero la cosa principal de cada uno es que en cada pensamiento suyo, palabra y obra, no busque el propio interés, ni la estima y el agradar a los demás, sino sólo y únicamente el agradar a Dios".

4-120
Marzo 18, 1902

La inquietud hace sufrir a Jesús.

(1) Esta mañana me sentía inquieta por la ausencia de mi adorable Jesús, y habiendo recibido la comunión, en cuanto ha venido a mi corazón he comenzado a decir muchos disparates: "Dulce Bien mío, no es cosa de estarse quieta cuando no vienes, pues Tú al verme tranquila abusas y no te das ningún pensamiento de venir, por lo tanto es necesario dar pasos, de otra manera no se logra". Él, al oírme se ha movido en mi interior y se ha hecho ver en acto de sonreír, porque oía mis disparates y me ha dicho:

(2) "Entonces tú quieres que sufra, porque sabiendo que si estás inquieta Yo vengo a sufrir, así que el no tratar de estar tranquila es lo mismo que querer hacerme sufrir más".

(3) Y yo, loca como estaba he dicho: "Mejor que sufras, porque por tu mismo sufrimiento puedes tener más compasión de mi sufrimiento; y

además, el sufrimiento que te viene por el pecado es feo, y basta con que no sea ese sufrimiento".

(4) Y Jesús: "Pero si vengo me obligas a no enviar castigos, mientras que son tan necesarios. Entonces deberías uniformarte conmigo y querer lo que quiero Yo".

(5) Y yo, recordándome lo que había visto en los días pasados he dicho: "¿Qué castigos? ¿Que quieres hacer morir a las gentes? Hazlas morir, alguna vez deben ir a Ti y a su propia patria, con tal que los salves; lo que quiero es que los liberes de los males contagiosos". El Señor no me ha prestado atención y ha desaparecido. Al regresar se hacía ver siempre con la espalda volteada al mundo, y por más que hacía no he logrado que lo mirase, y cuando lo quería obligar por la fuerza me ha dicho:

(6) "No me fuerces, pues de esta manera me obligas a privarte de mi presencia".

(7) Entonces he quedado con un remordimiento y siento que cometí muchos defectos.

4-121
Marzo 19, 1902

Las criaturas se han corrompido por propia voluntad. Jesús no quiere tener compasión de ellas.

(1) Continuaba con el remordimiento, pero el Señor ha continuado viniendo, y queriendo reparar lo que había hecho el día anterior le he dicho: "Señor, vamos a ver lo que hacen las criaturas, son tus imágenes, ¿no quieres tener compasión de ellas?"

(2) Y Él: "No, no quiero ir, por voluntad propia se han corrompido y Yo permitiré que lo que sirve para su alimento les sirva de infección; ¿quieres ir tú a ayudar, a consolar, a hacer alguna cosa? Ve, pero Yo no".

(3) Así he dejado a mi amado Jesús, y yo he ido en medio de las criaturas, he ayudado a bien morir a alguno, y después he visto de donde venía el aire infectado e hice varias penitencias para alejarlo, y después he regresado; y continuaba haciéndose ver el bendito Jesús, pero en silencio.

4-122
Marzo 23, 1902

El apoyo de la verdadera santidad es el conocimiento de sí mismo.

(1) Después de haber esperado mucho ha venido mi dulcísimo Jesús, y me ha dicho:

(2) "Hija mía, el apoyo de la verdadera santidad está en el conocimiento de sí mismo".

(3) Y yo: "¿De veras?

(4) Y Él: "Cierto, porque el conocimiento de sí mismo deshace a sí mismo y se apoya todo en el conocimiento que adquiere de Dios, de modo que su obrar es el mismo obrar divino, no quedando más nada del propio ser".

(5) Después ha agregado: "Cuando el interior se embebe, se ocupa todo de Dios y de todo lo que a Él pertenece, Dios se comunica todo Sí mismo al alma; pero cuando el interior se ocupa, ahora de Dios, ahora de otras cosas, Dios se comunica en parte al alma".

4-123
Marzo 27, 1902

Enseñanza de Jesús acerca la Justicia.

(1) Encontrándome fuera de mí misma buscaba a mi dulcísimo Jesús, y mientras giraba lo he visto en brazos de la Reina Madre. Cansada como estaba, toda atrevida, casi se lo he arrebatado y lo he tomado entre mis brazos diciéndole: "Amor mío, ¿esta es la promesa de que no me dejarías, si en los días pasados poco o nada has venido?"

(2) Y Él: "Hija mía, estaba contigo, sólo que no me has visto con claridad, y además, si tus deseos hubieran sido tan ardientes de quemar el velo que te impedía el verme, ciertamente me habrías visto".

(3) Después, como si quisiera hacerme una exhortación ha agregado:

(4) "No sólo debes ser recta, sino justa, y en la justicia entra el amarme, alabarme, glorificarme, agradecerme, bendecirme, repararme, adorarme, no sólo por sí, sino por todas las otras criaturas; estos son derechos de justicia que exijo de toda criatura, y que como Creador me corresponden, y quien me niega uno solo de estos derechos no puede decirse jamás justo. Por eso piensa en cumplir tu deber de justicia, porque en la justicia encontrarás el principio, el medio y el fin de la santidad".

4-124
Marzo 30, 1902

Ve la Resurrección. Vestido de luz de la Humanidad resucitada de Jesús.

(1) Esta mañana encontrándome fuera de mí misma, he visto por poco tiempo a mi adorable Jesús en el momento de su Resurrección, todo vestido de luz resplandeciente, tanto, que el sol quedaba oscurecido ante aquella luz. Yo he quedado encantada y he dicho: "Señor, si no soy digna de tocar tu Humanidad glorificada, hazme tocar al menos tus vestidos".

(2) Y Él me ha dicho: "Amada mía, ¿qué dices? Después de que resucité no tuve más necesidad de vestidos materiales, sino que mis vestiduras son de sol, de luz purísima que cubre mi Humanidad y que resplandecerá eternamente dando gozo indecible a todos los sentidos de los bienaventurados. Y esto fue concedido a mi Humanidad porque no hubo parte de Ella que no fuera cubierta de oprobios, de dolores y de llagas".

(3) Dicho esto ha desaparecido sin que haya tocado ni su Humanidad ni los vestidos, porque mientras tomaba entre mis manos sus sagradas vestiduras, se me escapaban y no las encontraba.

4-125
Abril 4, 1902

Destruyendo los bienes morales, se destruyen también los bienes físicos y temporales.

(1) Continuando mi habitual estado, mi adorable Jesús viene pero casi siempre en silencio, o bien me dice alguna cosa respecto a la verdad, y sucede que mientras está el Señor la comprendo y me parece que la sabré decir, pero desapareciendo siento que me quita esa luz de verdad que me había infundido y no sé decir nada. Después, esta mañana he tenido que sufrir mucho por esperarlo, y al venir me ha transportado fuera de mí misma, haciéndose ver muy indignado. Entonces yo para aplacarlo he hecho varios actos de arrepentimiento, pero a Jesús parecía que no le agradaba ninguno; yo toda me afanaba en variar los actos de arrepentimiento, a lo mejor alguno pudiera gustarle, y al final le he dicho:

(2) "Señor, me arrepiento de las ofensas hechas por mí y por todas las criaturas de la tierra, y me arrepiento y me disgusta por la única razón de que te hemos ofendido a Ti, sumo Bien, porque mientras mereces amor, nosotros hemos osado darte ofensas".

(3) Con este último pareció que el Señor quedaba complacido y mitigado. Después de esto me ha transportado en medio de un camino donde

estaban dos hombres en forma de bestias, todos ocupados en destruir todo tipo de bien moral. Parecían fuertes como leones y ebrios de pasión, el sólo verlos daba terror y miedo. Y el bendito Jesús me ha dicho:

(4) "Si quieres aplacarme un poco ve y pasa en medio de aquellos hombres, para convencerlos del mal que hacen, enfrentando su furor".

(5) Si bien un poco tímida, pero he ido y en cuanto me vieron me querían devorar, pero yo les he dicho: "Permitan que hable y después hagan lo que quieran, debéis saber que si lográis vuestro propósito de destruir todo bien moral perteneciente a religión, virtud, dependencia y bienestar social, vosotros sin daros cuenta del error, vendréis a destruir al mismo tiempo todos los bienes físicos y temporales, porque por cuanto se quitan los bienes morales, otro tanto se multiplican los males físicos; por tanto sin daros cuenta vais contra vosotros mismos destruyendo todos aquellos bienes caducos y pasajeros que tanto amáis, y no sólo eso, sino que vais buscando destruir vuestra misma vida, y seréis causa de hacer derramar lágrimas amargas a vuestros descendientes".

(6) Después he hecho un acto grandísimo de humildad, que ni siquiera lo sé decir, y aquellos han quedado como uno al que le pasa el estado de locura, y tan débiles que no tenían fuerza ni siquiera de tocarme; así he pasado libre y comprendía que no hay fuerza que pueda resistir a la fuerza de la razón y de la humildad.

4-126
Abril 16, 1902

Modo de reprimir las pasiones. La importancia de los primeros movimientos de ellas.

(1) Esta mañana mi adorable Jesús no venía, entonces yo, no viéndolo venir he dicho: "¿Qué estoy haciendo en este estado, si el objeto que me tenía embelesada no viene más? Mejor que la termine de una vez". Mientras esto decía, mi dulce Jesús ha venido por poco y me ha dicho:

(2) "Hija mía, todo el punto está en reprimir los primeros movimientos, si el alma está atenta a esto, todo irá bien; si no, a los primeros movimientos no reprimidos saldrán fuera las pasiones, y romperán la fuerza divina, que como cerca circunda al alma para tenerla bien custodiada y alejarle los enemigos que siempre buscan insidiar y dañar a la pobre alma; pero si en cuanto los advierte entra en sí misma, se humilla, se arrepiente y con valor pone remedio, la fuerza divina se cierra de nuevo en torno al alma; pero si no pone remedio, rota ya la fuerza divina, dará el paso a todos los

vicios. Por eso está atenta a los primeros movimientos, pensamientos, palabras que no sean rectos y santos, porque si se te escapan los primeros, no es más el alma la que reina, sino las pasiones, si quieres que la fuerza no te deje sola un solo instante".

4-127
Abril 25, 1902

La cruz es Sacramento.

(1) Esta mañana me he encontrado fuera de mí misma, y después de haber ido en busca de mi dulce Jesús, lo he encontrado, pero en actitud tan lamentable que hacía rompérseme el corazón; tenía las manos llagadas, tan contraídas por la aspereza del dolor que no se podían tocar; yo he tratado de tocarlas para poder estirarle los dedos y curar las llagas, pero no he podido porque el bendito Jesús lloraba por el fuerte dolor. Entonces, no sabiendo qué hacer lo he estrechado y le he dicho: "Amante Bien mío, desde hace tiempo no me has participado los dolores de tus llagas, tal vez por eso se han exacerbado tanto, te pido que me hagas partícipe de tus penas, así, sufriendo yo se podrán mitigar tus sufrimientos". Mientras esto decía ha salido un ángel con un clavo en la mano y me ha traspasado las manos y los pies, y conforme iba clavando el clavo en mis manos, se iban aflojando los dedos y quedaban sanadas las llagas de mi amado Jesús. Y mientras yo sufría el Señor me ha dicho:
(2) "Hija mía, la cruz es sacramento; cada uno de los sacramentos contiene sus efectos especiales: Uno quita la culpa, otro confiere la gracia, otro une con Dios, otro dona la fuerza, y tantos otros efectos; ahora, sólo la cruz contiene todos juntos estos efectos produciéndolos en el alma con tal eficacia, de volverla en poquísimo tiempo semejante al original de donde salió".
(3) Después de esto, como si quisiera tomar reposo se ha retirado en mi interior.

4-128
Abril 29, 1902

Quien quiere todo Dios, se debe dar todo a Dios.

(1) Esta mañana mi adorable Jesús ha venido por poco tiempo diciéndome:

(2) "Hija mía, quien todo quiere de Dios, debe darse todo sí mismo a Dios".

(3) Y se ha detenido sin decirme nada más; entonces yo viéndolo cerca de mí le he dicho: "Señor, ten compasión de mí, ¿no ves cómo todo está árido y seco? Me parece que me he vuelto tan seca como si jamás hubiera tenido ni gota de lluvia".

(4) Y Él: "Mejor así. ¿No sabes tú que por cuanto más la leña está seca, tanto más fácil el fuego la devora y la convierte en fuego? Basta una sola chispa para encenderla, pero si está llena de humores y no bien seca, se necesita gran fuego para encenderla y mucho tiempo para convertirla en fuego. Así en el alma, cuando todo está seco basta una sola chispa para convertirla toda en fuego de amor divino".

(5) Y yo: "Señor, ¿te burlas de mí? ¿Cómo entonces todo es feo, y además, qué cosa debes quemar si todo está seco?"

(6) Y Él: "No me burlo, y tú misma no comprendes que cuando no está seco todo en el alma, humor es la complacencia, humor es la satisfacción, humor el propio gusto, humor es la estima propia; en cambio cuando todo está seco y el alma obra, estos humores no tienen de donde nacer y el fuego divino encontrando sólo al alma desnuda, seca como fue creada por Él, sin otros humores extraños, siendo cosa suya le resulta facilísimo convertirla en su mismo fuego divino. Y después de esto Yo le infundo un hábito de paz, siendo conservada esta paz por la obediencia interior y custodiada por la obediencia exterior, esta paz pare a todo Dios en el alma, esto es todas las obras, las virtudes, los modos del Verbo humanado, de modo que se descubre en ella su simplicidad, la humildad, la dependencia de su vida infantil, la perfección de sus virtudes adultas, la mortificación y crucifixión de su morir; pero esto comienza siempre, en que quien quiere todo Cristo, debe dar todo a Cristo".

4-129
Mayo 16, 1902

Dos estados sublimes.

(1) Esta mañana después de haber esperado mucho, ha venido mi dulcísimo Jesús, y yo en cuanto lo he visto me lo he estrechado y le he dicho: "Amado Bien mío, esta vez te estrecharé tanto que no podrás huir más". Mientras estaba en esto me he sentido toda llena de Dios, como si estuviera inundada, de modo que mis potencias del alma han quedado como embelesadas e inactivas, sólo contemplaban. Después de haber

estado un poco en esta inactiva, pero dulce y agradable posición, mi adorable Jesús me ha dicho:

(2) "Hija mía, algunas veces lleno tanto de Mí mismo al alma, que el alma perdiéndose en Mí queda como ociosa; otras veces le dejo alguna parte vacía, y entonces el alma ante mi presencia negocia admirablemente, prorrumpiendo en actos de alabanza, de agradecimiento, de amor, de reparación y demás, de modo que llena con ellos aquellos vacíos que le dejo. Sin embargo, estos dos estados, ambos son sublimes y se dan recíprocamente la mano".

4-130
Mayo 22, 1902

La Santísima Virgen incita a Jesús a hacer sufrir a Luisa.

(1) Encontrándome en mi habitual estado, el bendito Jesús no venía, y ¡oh! cuánto he tenido que sufrir y cuántos desatinos he dicho, es inútil decirlo. Entonces, después de haberme cansado mucho, he sentido que había una persona cercana a mí, pero no le veía el rostro, he extendido la mano para encontrarlo y he sentido que su cabeza estaba apoyada sobre mi hombro, desmayado; lo vi y reconocí a mi dulce Jesús, me parecía desmayado por los tantos desatinos que había dicho: por eso en cuanto lo vi que volvía en sí, no sé cuántos otros desatinos quería decirle, pero Jesús me ha dicho:

(2) "Cálmate, cálmate, no quieras hablar más, de otra manera me harás desfallecer; tu callar me hará tomar vigor y así podré al menos besarte, abrazarte y hacerte contenta".

(3) Así pues me he quedado en silencio, y ambos nos hemos besado muchas veces, y Jesús me hacía tantas demostraciones de amor, pero no sé explicarlo. Después de esto me he encontrado fuera de mí misma, e iba buscando al amado de mi alma, y no encontrándolo levanté los ojos al cielo, quién sabe y a lo mejor lo pudiera de nuevo hallar, y vi que estaba la Reina Madre y Jesucristo volteado de espaldas, que discutían, y como no quería hacerle caso a la Madre por eso estaba volteado de espaldas, todo lleno de furor, y parecía que de la boca le salía el fuego de su ira. Yo sólo he entendido que Nuestro Señor, en aquel día quería con el fuego de su ira destruir todo lo que servía de alimento al hombre, y la Santísima Virgen no quería y Jesús decía:

(4) "¿Pero en quién desahogaré este fuego encendido de mi ira?"

(5) Y la Madre decía: "Estás con quien puedes desahogarlo, señalándome a mí, ¿no ves que siempre está dispuesta a nuestros quereres?" Jesús al oír esto se volteó hacia la Madre, como si se hubieran puesto de acuerdo, llamaron a los ángeles dándoles a cada uno de ellos una chispa de aquel fuego que salía de Jesucristo, y ellos las han llevado a mí, poniéndolas una en la boca y las otras en las manos, en los pies y en el corazón; yo sufría, me sentía devorar, amargar por aquel fuego, pero me sentía resignada a soportar todo. El bendito Jesús y la Madre eran espectadores de mis sufrimientos, y Jesús parecía en algún modo calmado. Mientras estaba en esto me he encontrado en mí misma y estaba el confesor para llamarme a la obediencia según lo acostumbrado, pero en vez de llamarme a la obediencia puso la intención de hacerme sufrir la crucifixión. Jesús concurrió participándome sus penas; parecía que el confesor había completado la obra comenzada por la Reina Madre. Sea todo para gloria de Dios y sea siempre bendito.

4-131
Junio 2, 1902

El Trono de Jesús está compuesto de virtudes. El alma que posee las virtudes lo hace reinar en su corazón.

(1) Esta mañana después de haber esperado mucho, Jesús bendito se ha movido en mi interior y he visto que estaba dentro de mí, abrazado, sostenido como por otra persona, yo he quedado maravillada al ver esto, y Jesús me ha dicho:

(2) "Hija mía, el interior del alma es un cúmulo de pasiones, y conforme el alma va abatiendo las pasiones, así toma lugar cada una de las virtudes, cortejada por grados de gracia, y según la virtud va perfeccionándose, así la gracia le suministra sus grados. Y como mi trono está compuesto de virtudes, así el alma que posee las virtudes me suministra los brazos, el trono para poder reinar en su corazón y tenerme continuamente abrazado y cortejado, hasta deleitarme con ella. Ahora, siendo que el alma puede mancharse, pero la virtud queda siempre intacta, y hasta en tanto que el alma la sabe tener, está con ella, cuando no, se regresa a Mí, o sea, de donde salió. Por eso no te maravilles si me has visto así en tu interior".

4-132
Junio 15, 1902

El Amor no es un atributo de Dios, sino su misma Naturaleza.
El alma que verdaderamente ama a Jesús no puede perderse.

(1) Encontrándome en mi habitual estado, mi adorable Jesús me ha transportado fuera de mí misma y me ha dicho:

(2) "Hija mía, todas las virtudes puede decirse que son mis dotes y mis atributos, pero el amor no puede decirse que sea un atributo mío, sino mi misma naturaleza. Por eso todas las virtudes forman mi trono y mis cualidades, pero el amor me forma a Mí mismo".

(3) Al oír esto me he acordado que el día anterior había dicho a una persona que temía por la inseguridad de la salvación, que quien verdaderamente ama a Jesucristo puede estar seguro de salvarse; yo para mí considero imposible que Nuestro Señor aleje de Sí a un alma que de todo corazón lo ama, por eso pensemos en amarlo y tendremos en nuestro propio puño nuestra salvación. Entonces he preguntado al amante Jesús si había dicho mal, y Él ha agregado:

(4) "Amada mía, con razón tú dijiste esto, porque el amor tiene esto de propio, el formar de dos objetos uno solo, de dos voluntades una sola; así que el alma que me ama forma Conmigo una sola cosa, una sola voluntad, entonces, ¿cómo puede separarse de Mí? Mucho más que siendo mi naturaleza amor, donde encuentra alguna chispa de amor en la naturaleza humana, enseguida la une al amor eterno. Entonces, así como es imposible formar de un alma, dos almas, de un cuerpo, dos cuerpos, así es imposible que se pierda quien verdaderamente me ama".

4-133
Junio 17, 1902

La mortificación produce la gloria.

(1) Esta mañana cuando vi a mi amado Jesús, parecía que tenía un papel escrito en la mano en el que se leía:

(2) "La mortificación produce la gloria. Quien quiere encontrar la fuente de todos los placeres, debe alejarse de todo lo que pueda disgustar a Dios".

(3) Dicho esto ha desaparecido.

4-134
Junio 29, 1902

Jesús habla de Francia.

(1) Esta mañana en cuanto he visto a mi adorable Jesús he oído que decía, sin saber el por qué:

(2) "Pobre Francia, pobre Francia, te has ensoberbecido y has roto y destrozado las leyes más sagradas, desconociéndome como tu Dios, y te has vuelto ejemplo a las otras naciones para atraerlas al mal, y tu ejemplo tiene tanta fuerza, que las otras naciones están por arruinarse; pero debes saber que en castigo serás conquistada".

(3) Después de esto se ha retirado en mi interior, y oía que buscaba ayuda, piedad, compasión a tantas penas suyas. ¡Era tan desgarrador oír que Jesús bendito quería ayuda de sus criaturas!

4-135
Julio 1, 1902

Las verdaderas victimas deben exponerse a las penas de Jesús. Maquinaciones en contra de la Iglesia y en contra del Papa.

(1) Encontrándome en mi habitual estado, me he encontrado fuera de mí misma, arrodillada sobre un altar junto con otras dos personas. Mientras estaba en esto ha venido Jesucristo sobre este altar y ha dicho:

(2) "Las verdaderas víctimas deben tener comunicación con mi misma vida, deben disfrutar de Mí mismo y exponerse a mis mismas penas".

(3) Mientras esto decía, ha tomado un copón en la mano y a los tres nos ha dado la comunión. Detrás de aquel altar parecía que estaba una puerta que daba a una calle llena de gente y atestada de demonios, de modo que no se podía caminar sin ser oprimido por ellos, porque estando llenos de espinas agudísimas no se podía hacer movimiento sin sentirse pinchar por todas partes. A cualquier costo habría querido huir de aquellos diabólicos furores, y casi me esforzaba en hacerlo, pero no sé quien me lo ha impedido diciéndome:

(4) "Todo lo que tú ves son maquinaciones contra la Iglesia y contra el Papa; quisieran que el Papa saliera de Roma para invadir el Vaticano y apropiárselo, y si tú quieres sustraerte de estas molestias, los hombres y los demonios tomarán fuerza y harán salir estas espinas que pincharán a la Iglesia acerbamente, y si tú aceptas sufrirlas, quedarán debilitados los unos y los otros".

(5) Al oír esto, me he detenido, pero quién puede decir lo que he pasado y sufrido; creía que no debía salir ya de en medio de aquellos diabólicos

espíritus, pero después de haber estado casi una noche, la protección divina me ha liberado.

4-136
Julio 3, 1902

Jesús le habla de su Vida Eucarística.

(1) Continuando mi acostumbrado estado me he encontrado fuera de mí misma, dentro de una iglesia, y no encontrando a mi adorable Jesús, he ido a tocar a una custodia para que Él me abriera, y no abriéndome, volviéndome atrevida yo misma la abrí y encontré a mi solo y único Bien. ¿Quién puede decir mi contento? He quedado como estática al ver su belleza indecible. Y Jesús al verme se arrojó en mis brazos y me dijo:
(2) "Hija mía, cada período de mi Vida debe recibir del hombre distintos y especiales actos y grados de imitación, de amor, de reparación y más. Pero el período de mi Vida Eucarística, como es toda vida de escondimiento, de transformación y de continua consumación, tanto que puedo decir que mi amor, después que ha llegado al exceso y aun haberse consumado, no pudo encontrar en mi infinita sabiduría otras señales externas de demostración de amor para el hombre. Y así como la encarnación, la vida, pasión y muerte de cruz obtienen amor, alabanza, agradecimiento, imitación, así la vida sacramental obtiene del hombre un amor extático, amor de dispersión en Mí, amor de perfecta consumación, y consumándose el alma en mi misma vida sacramental, puede decir que hace ante la Divinidad los mismos oficios que continuamente estoy haciendo Yo ante Dios por amor de los hombres. Y esta consumación hará que el alma desemboque a la vida eterna".

4-137
Julio 7, 1902

La humillación con Cristo hace comenzar la exaltación con Cristo.

(1) Esta mañana no viniendo el bendito Jesús, me sentía toda confundida y humillada; después de haber esperado mucho, se ha hecho ver diciéndome:
(2) "Luisa humillada siempre con Cristo".
(3) Y yo, complaciéndome y deseando ser con Cristo humillada, he dicho: "¡Siempre, oh Señor!"

(4) Y Él ha continuado: "Y el siempre de la humillación con Cristo hará comenzar el siempre de la exaltación con Cristo".

(5) Así que comprendía que por cuantas humillaciones sufre el alma con Cristo y por amor de Cristo, y si estas son continuas, el Señor otras tantas veces la exaltará, y esta exaltación la hará continuamente ante toda la corte celestial, ante los hombres, y hasta ante los mismos demonios.

4-138
Julio 28, 1902

Efectos de la oración continua.

(1) Continuando mi habitual estado, me he encontrado fuera de mí misma, y he encontrado a mi adorable Jesús, que no queriéndome dejar ver los males del mundo me ha dicho:

(2) "Hija mía, retírate, no quieras ver los males gravísimos que hay en el mundo".

(3) Y al decir esto me ha retirado Él mismo, y al conducirme ha dicho:

(4) "Lo que te recomiendo es el espíritu de continua oración. Este buscar siempre el alma el conversar Conmigo, sea con el corazón, sea con la mente, sea con la boca y hasta con la simple intención, la hace tan bella a mi vista, que las notas de su corazón armonizan con las notas de mi corazón, y Yo me siento tan atraído para conversar con esta alma, que no sólo le manifiesto las obras "ad extra" de mi Humanidad, sino que le voy manifestando algunas cosas de las obras "ad intra" que la Divinidad hacía en mi Humanidad; y no sólo esto, sino que es tanta la belleza que hace adquirir el espíritu de continua oración, que el demonio queda golpeado como por un rayo y queda frustrado en las insidias con las que intenta dañar a esta alma".

(5) Dicho esto ha desaparecido, y yo me he encontrado en mí misma.

4-139
Julio 31, 1902

La verdadera Caridad debe ser desinteresada.

(1) Encontrándome en mi habitual estado, algunas veces he visto a mi adorable Jesús, pero siempre en silencio; yo me sentía toda confundida y no me atrevía a preguntarle nada, pero parecía que quería decirme

alguna cosa que hería su sagrado corazón. Finalmente, la última vez que vino me dijo:

(2) "Hija mía, la verdadera caridad debe ser desinteresada por parte de quien la hace, y por parte de quien la recibe, y si existe el interés, ese fango produce un humo que ciega la mente e impide recibir el influjo y los efectos de la caridad divina. He aquí por qué en tantas obras, aun santas que se hacen, tantos cuidados caritativos que se realizan, se siente como un vacío y no reciben el fruto de la caridad que hacen".

4-140
Agosto 2, 1902

Jesús en todo el curso de su vida reparaba por todos en general, y por cada uno en particular.

(2) Esta mañana mi adorable Jesús después de haberme hecho esperar mucho, de improviso ha venido expandiendo rayos de luz, y yo he quedado investida por aquella luz, y no sé cómo me he encontrado dentro de Jesucristo. ¿Quién puede decir cuántas cosas comprendía dentro de aquella Humanidad Santísima? Sólo sé decir que la Divinidad dirigía en todo a la Humanidad, y como la Divinidad en un mismo instante puede hacer tantos actos cuantos cada uno de nosotros puede hacer en todo el período de la vida, y cuantos más quiera hacer, entonces, siendo que en la Humanidad de Jesucristo obraba la Divinidad, comprendía con claridad que Jesús bendito en todo el curso de la vida rehacía por todos en general, y por cada uno en particular todo lo que cada uno está obligado a hacer hacia Dios, de modo que adoraba a Dios por cada uno en particular, agradecía, reparaba, glorificaba por cada uno, alababa, sufría, rogaba por cada uno. Entonces comprendía que todo lo que cada uno debe hacer, ya ha sido hecho primero en el corazón de Jesucristo.

4-141
Agosto 10, 1902

Privaciones, lamentos, y necesidad de los castigos.

(1) Encontrándome sumamente afligida por la pérdida de mi sumo Bien, mi pobre corazón es lacerado continuamente y sufre una muerte continua. Ahora, viniendo el confesor estaba diciéndole mi pobre estado, y él empezó a llamarlo y a poner intención, pero qué, mi mente quedaba

suspendida, por unos instantes veía como un relámpago y huía y regresaba en mí misma sin verlo. ¡Oh Dios, qué pena! Son penas que ni siquiera se pueden explicar. Entonces, después de haber esperado mucho, finalmente ha venido, y al quejarme con Él me ha dicho:

(2) "Hija mía, si no supieras la causa de mi ausencia tendrías quizá alguna razón para lamentarte, pero sabiendo que no vengo porque quiero castigar al mundo, injustamente te lamentas".

(3) Y yo: "¿Qué tiene que ver el mundo conmigo?"

(4) Y Él: "Sí tiene que ver, porque al venir tú me dices: "Señor, quiero darte satisfacción por ellos, quiero sufrir por ellos.' Y Yo siendo justísimo no puedo recibir de uno y de otro la satisfacción de una deuda, y queriendo tomar de ti la satisfacción, el mundo no haría otra cosa que ensoberbecerse siempre más. Mientras que en estos tiempos de rebelión son tan necesarios los castigos, y si no hago esto se volverán tan densas las tinieblas, que todos quedarán cegados".

(5) Mientras esto decía me he encontrado fuera de mí misma y veía la tierra toda llena de tinieblas, apenas alguna estela de luz. ¿Qué será del pobre mundo? Dan mucho qué pensar las cosas tristísimas que sucederán.

4-142
Septiembre 3, 1902

Dice Jesús: Todo lo que merecí en mi vida, lo cedí a todas las criaturas, y en modo especial y sobreabundante a quien es victima por amor mío.

(1) Esta mañana encontrándome en mi habitual estado, sentí que me venía un mal natural, tan fuerte que me sentía morir. Entonces, temiendo que pudiera pasar del tiempo a la eternidad, y mucho más temía porque el bendito Jesús apenas viene, y a lo más como sombra, porque si viniera según su costumbre yo no temería para nada, entonces para hacer que me pudiera encontrar en buen momento, rogaba al Señor que me cediera el ejercicio de su santa mente para satisfacer por los males que haya podido hacer con mis pensamientos, sus ojos, su boca, sus manos, sus pies, su corazón y todo su sacratísimo cuerpo para satisfacer por todos los males que haya podido cometer, y por todo el bien que debía hacer y no he hecho. Mientras esto hacía, el bendito Jesús ha venido vestido de fiesta, en acto de recibirme entre sus brazos y me ha dicho:

213

(2) "Hija mía, todo lo que merecí lo cedí a todas las criaturas, y de modo especial y sobreabundante a quien es víctima por amor mío; entonces todo lo que quieras te lo cedo no sólo a ti, sino a quien quieras tú".

(3) Y yo recordándome del confesor le he dicho: "Señor, si me llevas te pido que contentes al padre".

(4) Y Él: "Es cierto que alguna recompensa ha recibido gracias a la caridad que te ha hecho, y como él ha cooperado, viniendo tú a Mí en el ambiente de la eternidad, otra recompensa le daré".

(5) El mal aumentaba siempre más, pero me sentía feliz encontrándome en el puerto de la Eternidad. Mientras estaba en esto ha venido el confesor y me ha llamado a la obediencia. Yo habría querido callar todo, pero él me ha obligado a decir todo, y ha salido con el acostumbrado estribillo de que no debo morir por obediencia. A pesar de todo esto el mal no cesaba.

4-143
Septiembre 4, 1902

El confesor pide a Jesús que no la haga morir.

(1) Continuo sintiéndome mal, y al mismo tiempo sentía una inquietud por esta extraña obediencia, como si no pudiera emprender el vuelo hacia mi sumo y único Bien, con la añadidura de que debiendo celebrar la santa misa el confesor, no quería darme la comunión por los continuos conatos de vómito que me molestaban. Pero Jesús bendito, como el confesor me había dicho que por obediencia me hiciera tocar el estomago por Jesucristo, en cuanto ha venido me lo ha tocado y se han detenido los vómitos continuos, pero el mal no cesaba, y Jesús viéndome tan inquieta me ha dicho:

(2) "Hija mía, ¿qué haces? ¿No sabes que si la muerte te sorprende encontrándote inquieta te deberá tocar el purgatorio? Porque si la mente no se encuentra unida a la mía, si la voluntad no es una con la mía, los deseos no son mis mismos deseos, por necesidad te conviene la purgación para transformarte toda en Mí; por eso está atenta, piensa sólo en estarte unida Conmigo, y yo pensaré en lo demás".

(3) Mientras esto decía veía la Iglesia, al Papa, y parte de Ella se apoyaba sobre mi espalda, y al mismo tiempo veía al confesor que forzaba a Jesús a no llevarme por ahora, y el bendito Señor ha dicho:

(4) "Los males son gravísimos y los pecados están por llegar al punto de no merecer más almas víctimas, es decir, quién sostenga y proteja al mundo ante Mí; si este punto toca la justicia, ciertamente me la llevaré".

(5) Así que comprendía que las cosas son condicionadas.

4-144
Septiembre 5, 1902

Jesús, los ángeles y los santos la incitan a irse con ellos; el confesor se opone.

(1) Continuaba sintiéndome mal, y el confesor continuaba estando firme, es más, comenzaba a inquietarse porque no lo obedecía en lo que respecta a no morir, y le pedía al Señor que me quitara el sufrimiento. Por otra parte me sentía incitada por Jesús bendito, por los santos, por los ángeles, a irme con ellos, y ahora me encontraba con Jesús, y ahora con los ciudadanos celestiales. En este estado me sentía torturada, yo misma no sabía qué hacer, sin embargo permanecía tranquila, temiendo que si me llevaba no me encontrara lista para irme directa con Jesús, por eso toda me abandonaba en sus manos. Ahora, mientras me encontraba en esta situación veía al confesor y a otros que pedían para que no me hiciera morir, y Jesús me ha dicho:

(2) "Hija mía, me siento violentado, ¿no ves que no quieren que Yo te lleve?"

(3) Y yo: "También yo me siento violentada, en verdad que poner a una pobre criatura en esta tortura merecería una pena".

(4) Y Jesús: "¿Qué pena quieres que les dé?"

(5) Y yo, no sabiendo qué decir ante aquella fuente de caridad inagotable he dicho: "Dulce Señor mío, como la santidad lleva consigo el sacrificio, hazlos santos, porque así obtendrán el propósito de tenerme con ellos y yo obtendré el propósito de verlos santos, y así ellos sentirán la pena que lleva consigo la santidad".

(6) Jesús al oírme se ha complacido y me ha besado diciéndome:

(7) "Bravo a mi amada, has sabido escoger lo óptimo para su bien y para mi gloria. Así que por ahora se debe ceder, reservándome para otra ocasión el llevarte pronto, no dándoles tiempo de podernos hacer violencia".

(8) Entonces Jesús ha desaparecido y yo me he encontrado en mí misma, mitigados en gran parte mis sufrimientos, con un nuevo vigor como si

hubiera vuelto a nacer. Pero sólo Dios sabe la pena, el desgarro de mi alma, espero al menos que quiera aceptar la dureza de este sacrificio.

4-145
Septiembre 10, 1902

Las prerrogativas del amor.

(1) Creía que el bendito Jesús volvería según lo habitual, pero cuál no ha sido mi desengaño, porque después de haber decidido que por ahora no me llevará, ha comenzado a hacerme esperar para verlo, y las más de las veces como sombra y como rayo. Entonces, esta mañana, sintiéndome muy cansada y agotada de fuerzas por el continuo desear y esperar, parece que ha venido y transportándome fuera de mí misma me ha dicho:
(2) "Hija mía, si estás cansada ven a mi corazón, bebe y te repondrás".
(3) Así que me he acercado a aquel corazón divino, y he bebido a grandes sorbos una leche mezclada con sangre dulcísima. Después de esto me ha dicho:
(4) "Las prerrogativas del amor son tres: Amor constante sin término, amor fuerte y amor que une junto a Dios y al prójimo. Si en el alma no se descubren estas prerrogativas, se puede decir que no es de la calidad del verdadero amor".

4-146
Octubre 22, 1902

Amenazas para Italia.

(1) Esta mañana por pocos instantes ha venido mi adorable Jesús, todo indignado y me ha dicho:
(2) "Cuando Italia haya bebido hasta el fondo las más fétidas suciedades, hasta ahogarse, tanto que se dirá está muerta, está muerta, entonces resurgirá".
(3) Después, estando más calmado ha agregado:
(4) "Hija mía, cuando Yo quiero una cosa de mis criaturas, infundo en ellas las disposiciones naturales, en modo de cambiar la misma naturaleza para querer la cosa que quiero; por eso tú tranquilízate en el estado en el que te encuentras".
(5) Dicho esto ha desaparecido y yo he quedado pensativa acerca de lo que me ha dicho.

4-147
Octubre 30, 1902

Jesucristo vino a unir nuevamente a Dios y al hombre.

(1) Esta mañana, encontrándome en un mar de aflicciones y de lágrimas por el abandono total de mi sumo Bien, mientras me sentía consumir por el dolor, me he sentido perder la mente, y veía a Jesús bendito que me sostenía la frente con su mano, y como una luz que contenía dentro muchas palabras de verdad, y yo apenas recuerdo esto: Que nuestra humanidad desatando el nudo de la obediencia que Dios había hecho entre Él y la criatura, se dispersó, y Jesucristo tomando la naturaleza humana y haciéndose nuestra cabeza, vino a reunir a la humanidad dispersa, y con su obediencia a los quereres del Padre vino a unir otra vez a Dios y al hombre. Pero esta unión indisoluble es mayormente reforzada a medida de nuestra obediencia a los quereres divinos.
(2) Después de esto no he visto más a mi amado Jesús, retirándose junto con Él la luz.

4-148
Noviembre 1, 1902

La verdadera seriedad se encuentra en la religión, y la verdadera religión consiste en mirar al prójimo en Dios y a Dios en el prójimo.

(1) Encontrándome en mi habitual estado, me he sentido salir fuera de mí misma, y he encontrado un niño que lloraba, y varios hombres, entre los cuales, uno más serio tomó una bebida amarguísima y la ha dado a aquel niño que lloraba, el cual al pasarla ha sufrido tanto, que parecía que se le cerraba la garganta. Yo, no sabiendo quién era, por compasión lo he tomado en brazos diciéndole: "Y eso que es un hombre serio, y te ha hecho esto, pobrecito, ven a mí que te quiero secar el llanto".
(2) Y Él me ha dicho: "La verdadera seriedad se encuentra en la religión, y la verdadera religión consiste en mirar al prójimo en Dios y a Dios en el prójimo".
(3) Después, acercándose al oído, tanto que sus labios me tocaban y su voz resonaba en mi interior, ha agregado:
(4) "La palabra religión para el mundo es palabra ridícula, y parece que no vale nada, pero ante Mí cada palabra que pertenece a la religión es una

virtud de valor infinito, tanto, que me serví de la palabra para propagar la fe en todo el universo, y quien en esto se ejercita me sirve de boca para manifestar a las criaturas mi Voluntad".

(5) Mientras esto decía, comprendía muy bien que era Jesús, al oír su voz clara, que desde hace tanto tiempo no oía, me sentía resurgir de la muerte a la vida, y estaba esperando que terminara de hablar pues debía decirle mis extremas necesidades, pero qué, no apenas terminé de oír su voz ha desaparecido, y yo he quedado desconsolada y afligida.

4-149
Noviembre 5, 1902

Ve un árbol en el corazón de Jesús, y Él le explica el significado.

(1) Esta mañana mi adorable Jesús se hacía ver en mi interior, y parecía que tenía un árbol plantado en el corazón, y tan enraizado que parecía que las raíces brotaban desde la punta del corazón; en suma, parecía nacido junto con su misma naturaleza. Yo he quedado maravillada al ver la belleza, la perfección y la altura que parecía que tocaba el cielo, y sus ramas se extendían hasta los últimos confines del mundo. Entonces, Jesús bendito al verme tan maravillada me ha dicho:
(2) "Hija mía, este árbol fue concebido junto Conmigo, dentro del centro de mi corazón, y desde entonces Yo sentí en lo más profundo del corazón todo lo que de bien y de mal debía hacer el hombre gracias a este árbol de Redención, llamado árbol de vida, tanto que todas aquellas almas que se mantienen unidas a este árbol recibirán vida de gracia en el tiempo, y cuando los haya hecho crecer bien les suministrará vida de gloria en la eternidad. Sin embargo, ¿cuál no es mi dolor? Que si bien no pueden arrancar el árbol, no pueden tocar el tronco, muchos tratan de cortarme las ramas para hacer que las almas no reciban la vida, y quitarme toda la gloria y el placer que este árbol de vida me habría producido".
(3) Mientras decía esto ha desaparecido.

4-150
Noviembre 9, 1902

Diferencia entre el obrar de Jesús, y el obrar del hombre.

(1) Mientras estaba deseando a mi adorable Jesús, ha venido con el aspecto cuando sus enemigos lo abofeteaban, le cubrían el rostro de

escupitinas y le vendaban los ojos. Él, con admirable paciencia todo lo sufría, es más, parecía que ni siquiera los miraba, tan ocupado estaba en su interior viendo el fruto que aquellos padecimientos le habrían producido. Yo miraba todo con asombro, y Jesús me ha dicho:

(2) "Hija mía, en mi obrar y sufrir no miré jamás hacia fuera, sino siempre hacia dentro, y viendo el fruto, cualquier cosa que fuera, no sólo la sufría, sino la sufría con deseo y avidez. En cambio el hombre, todo lo contrario, al obrar el bien no mira hacia dentro de la obra, y no viendo el fruto fácilmente se aburre, se fastidia todo y muchas veces deja de hacer el bien; si sufre, fácilmente se impacienta, y si hace el mal, no mirando hacia dentro de aquel mal, con facilidad lo hace".

(3) Después ha agregado: "Las criaturas no quieren persuadirse de que la vida va acompañada de varios y diferentes acontecimientos, ahora sufrimientos y ahora consolaciones; y son las plantas, las flores las que dan el ejemplo con estar sometidas a los vientos, nevadas, granizadas y calores".

4-151
Noviembre 16, 1902

La palabra de Dios es alegría. El confesor le dice que Monseñor ordenaba que por ningún motivo debía venir más el sacerdote para hacerla salir de su acostumbrado estado.

(1) Esta noche la he pasado muy angustiada, veía al confesor en actitud de darme prohibiciones y órdenes. El bendito Jesús por poco tiempo ha venido y sólo me dijo:

(2) "Hija mía, la palabra de Dios es alegría, y quien la escucha y no la hace fructificar con las obras, le pone una tinta negra y la enfanga".

(3) Entonces, sintiéndome muy sufriente he tratado de no poner atención a lo que veía, y encontrándome en este estado ha venido el confesor diciéndome que Monseñor ordenaba que por ningún motivo debía venir más el sacerdote a hacerme salir de mi habitual estado, sino que por mí misma debía salir de él, cosa que durante dieciocho años jamás he podido obtener, por más lágrimas y oraciones, votos y promesas que haya hecho al Altísimo, porque, lo confieso ante Dios, que todo lo que he podido pasar de sufrimientos no han sido para mí verdaderas cruces, sino gustos y gracias de Dios, y la única y verdadera cruz para mí ha sido la venida del sacerdote. Entonces, conociendo por tantos años de experiencia la imposibilidad del éxito, mi corazón era lacerado por el

temor de no poder obedecer, no haciendo otra cosa que derramar lágrimas amarguísimas, rogándole a aquel Dios que es el único que observa el fondo del corazón, que tuviera piedad de la situación en la cual me encontraba. Mientras rezaba llorando he visto un rayo de luz y una voz que decía:

(4) "Hija mía, para hacer conocer que soy Yo, lo obedeceré a él, y después de que haya dado pruebas de obediencia, él me obedecerá a Mí".

(5) Y diciendo yo: "Señor, temo demasiado el no poder obedecer". Él ha agregado:

(6) "La obediencia desata y encadena, y como es cadena ata al Querer Divino con el humano y de ellos forma uno solo, de modo que el alma no obra con el poder de su voluntad, sino con el poder de la Voluntad Divina, y además no serás tú la que obedecerá, sino Yo que obedeceré en ti".

(7) Después, todo afligido ha agregado: "Hija mía, ¿no te lo decía, que tenerte en este estado de víctima y comenzar los estragos en Italia me es casi imposible?"

(8) Entonces yo he quedado un poco más tranquila, pero no sabía en qué modo debía realizarse esta obediencia.

4-152
Noviembre 17, 1902

Imposibilidad de perder los sentidos. Es decreto de la Voluntad de Dios servirse del sacerdote para recobrarla del estado de sufrimiento.

(1) Siendo la hora de ser sorprendida por mi habitual estado, con gran amargura mía, pero amargura tal que semejante no he sentido en mi vida, mi mente no sabía más perder los sentidos. Y mi vida, mi tesoro, Aquél que formaba todo mi gusto, mi todo amable Jesús no venía, trataba de recogerme por cuanto podía, pero sentía tan despierta mi mente que no podía perder los sentidos, ni dormir, por eso no hacía otra cosa que quitar el freno a las lágrimas, hacía cuanto podía para seguir en mi interior lo que hacía en el estado de pérdida de los sentidos, y una por una recordaba las enseñanzas, las palabras del modo como debía estarme siempre unida con Él, y éstas eran tantas flechas que herían mi corazón acerbamente diciéndome: "¡Ay! después de quince años que lo has visto cada día, cuánto más, cuánto menos, cuánto tres o cuatro veces, y cuánto una, cuánto te ha hablado y cuándo en silencio, pero siempre lo

has visto; pero ahora lo has perdido, no lo ves más, no oyes más su voz dulce y suave, para ti todo ha terminado". Y mi pobre corazón se llenaba tanto de amarguras y de dolor, que puedo decir que mi pan era el dolor y mi bebida las lágrimas, y tan saciada estaba de ellas que ni una gota de agua entraba en mi garganta. A esto se agregaba otra espina, el que muchas veces había dicho a mi adorable Jesús: "¡Cuánto temo que mi estado sea todo fantasía mía, que sea fingimiento!"

(2) Y Él me decía: "Quita estos temores, después verás que vendrán días que a costa de cualquier esfuerzo y sacrificio que querrás hacer para perder los sentidos, no lo podrás hacer".

(3) A pesar de todo esto sentía calma en mi interior, porque al menos obedecía, si bien me costaba la vida. De donde creía que así debían continuar las cosas, convenciéndome de que el Señor, como no me quería más en aquel estado, se había servido de Monseñor para darme esa obediencia. Por lo que después de haber pasado dos días, en la noche me disponía a hacer la adoración al crucificado, y un rayo de luz se hacía ante mi mente, me sentía abrir el corazón, y una voz me decía:

(4) "Por pocos días te tendré suspendida, y después te haré caer de nuevo".

(5) Y yo: "Señor, ¿me harás Tú mismo volver en mí si me haces caer?"

(6) Y la voz: "No, es decreto de mi Voluntad servirme de la obra del sacerdote para hacerte recobrar de ese estado de sufrimientos, y si quieren saber el por qué, que vengan a Mí a preguntarlo. Mi Sabiduría es incomprensible y tiene muchos modos inusitados para la salvación de las almas, y si bien incomprensible, si quieren encontrar la razón, vayan al fondo que la encontrarán clara como el sol. Mi justicia está como una nube cargada de granizo, truenos y saetas, y en ti encontraba un dique para no descargarse sobre los pueblos, por eso no quieran anticipar el tiempo de mi ira".

(7) Y yo: "Sólo para mí estaba reservado este castigo, sin esperanza de ser liberada; habéis hecho tantas gracias a las demás almas, han sufrido tanto por amor tuyo, sin embargo no tenían necesidad de ninguna obra de sacerdote".

(8) Y la voz ha continuado: "Serás liberada, no ahora, sino cuando comiencen los estragos en Italia".

(9) Esto ha sido para mí nuevo motivo de dolores y de lágrimas amarguísimas, tanto que mi amabilísimo Jesús, teniendo compasión de mí, se ha movido en mi interior, poniendo como un velo delante de lo que me había dicho, y sin hacerse ver me hacía oír su voz que decía:

(10) "Hija mía, ven a Mí, no quieras afligirte, alejemos un poco la justicia, demos lugar al amor, de otra manera sucumbes; escúchame, tengo tantas cosas que enseñarte, ¿crees tú que he terminado de hablarte? No".

(11) Y como yo lloraba, habiéndose convertido mis ojos en dos ríos de lágrimas ha agregado:

(12) "No llores amada mía, escúchame, esta mañana quiero oír la misa junto contigo, enseñándote el modo como debes oírla".

(13) Y así Él decía y yo lo seguía, pero como no lo veía mi corazón era despedazado continuamente por el dolor, y para interrumpir de vez en cuando mi llanto, me llamaba continuamente, ahora enseñándome alguna cosa de la Pasión, explicándome el significado, y ahora me enseñaba a hacer lo que hacía en su interior en el curso de su Pasión, que por ahora omito escribir, reservándolo para otro tiempo si Dios quiere. Así he continuado por otros dos días.

4-153
Noviembre 21, 1902

Jesús se sirve de la naturaleza de Luisa para continuar el curso de sus sufrimientos en ella.

(1) Continuaba sin poder perder los sentidos, ni dormir, mi pobre naturaleza no podía más, y mi amadísimo Jesús, cuando yo me sentía más que nunca convencida de que no lo veía más, de improviso ha venido y me ha hecho perder los sentidos, y quedé como si hubiera sido golpeada como por un rayo. Quién puede decir mi temor, pero qué, no era más dueña de mí misma, no estaba más en mi poder el recuperar mis sentidos. Y Jesús me dijo:

(2) "Hija mía, no temas, he venido para fortalecerte; ¿no ves tú misma que no puedes más, y cómo tu naturaleza sin Mí desfallece?"

(3) Y yo le he dicho llorando: "¡Ah! vida mía, sin Ti estoy muerta, no siento ya fuerzas vitales; Tú formabas todo mi ser, y faltándome Tú me falta todo; seguro que si Tú sigues sin venir, yo me moriré de dolor".

(4) Y Él: "Hija amada mía, tú dices que Yo soy tu vida, y Yo te digo que tú eres mi vida viviente. Así como me serví de mi Humanidad para sufrir, así me sirvo de tu naturaleza para continuar el curso de mis padecimientos en ti; por eso toda mía tú eres, más bien eres mi misma Vida".

(5) Mientras decía esto me acordé de la obediencia y le he dicho: "Dulce Bien mío, ¿me harás obedecer al hacer recuperarme por mí misma?"

(6) Y Él: "Hija mía, Yo, Creador, obedecí a la criatura teniéndote suspendida estos días, es muy justo que la criatura obedezca a su Creador sometiéndose a mi Voluntad, porque frente a mi Voluntad Divina la razón humana no vale, y la razón más fuerte ante la Voluntad Suprema se resuelve en humo".

(7) Quién puede decir cómo he quedado amargada, más sin embargo resignada, haciendo voto al Señor de jamás retirar mi voluntad de la suya ni siquiera por un parpadeo de ojos, y como me habían dicho que si era sorprendida por este estado y no me recuperaba por mí misma me dejarían morir, por eso me estaba preparando a la muerte, considerándola como gran fortuna, y le pedía al Señor que me tomara entre sus brazos.

(8) Mientras esto hacía ha venido el confesor para hacerme volver en mí, amargándome mayormente, tanto que el Señor al verme tan amargada me dijo en mi interior:

(9) "Dile que me conceda otros dos días de suspensión, para darles tiempo a poderse regular".

(10) Y así se ha ido, dejándome toda traspasada y como llena de amargura; y Jesús haciendo oír de nuevo su voz me ha dicho:

(11) "Pobre hija, cómo la amargan, me siento lacerar el corazón al verte, ánimo, no temas hija mía; además recuerda que por la intervención de la obediencia fuiste suspendida de este estado, si ahora no quieren ya, Yo te haré obedecer, ¿no es este el clavo que más te traspasa, el no obedecer?"

(12) Y yo: "Sí".

(13) "Pues bien, Yo te he prometido que te haré obedecer, por lo tanto no quiero que te amargues. Sin embargo diles: ¿Quieren jugar Conmigo? ¡Ay de quien quiera jugar Conmigo y luchar contra mi Voluntad!".

(14) Y yo: "¿Sin Ti cómo hago? Porque si no soy sorprendida por ese estado yo no te veo".

(15) "Y Él: "Como no es tu voluntad salir de este estado de sacrificio, Yo encontraré otros modos para hacerme ver y entretenerme contigo; ¿no estás contenta?".

(16) Así a la mañana siguiente, sin perder los sentidos se ha hecho ver sensiblemente dándome algunas gotas de leche para fortalecerme, pues era extrema mi debilidad.

4-154
Noviembre 22, 1902

Corre peligro de morir, la obediencia se opone.

(1) El día 22 de noviembre continuaba sintiéndome mal, y de nuevo el bendito Jesús ha venido y me ha dicho:

(2) "Amada mía, ¿te quieres venir?"

(3) Y yo: "Sí, no me dejes más sobre esta tierra".

(4) Y Él: "Sí, te quiero contentar esta vez".

(5) Y mientras esto decía me he sentido cerrar el estómago y la garganta, de modo que ya no entraba nada, apenas podía respirar, sintiéndome sofocar. Después he visto que Jesús bendito llamaba a los ángeles y les decía: "Ahora que la víctima se viene, suspendan las fuerzas, a fin de que los pueblos hagan lo que quieran".

(6) Y yo: "Señor, ¿quiénes son ellos?"

(7) Y Él: "Son los ángeles que custodian las ciudades, hasta en tanto que las ciudades son asistidas por la fuerza de la protección divina comunicada a los ángeles, no pueden hacer nada, cuando esta protección les es quitada por las graves culpas que cometen, dejándolas en poder de ellos mismos, pueden hacer revoluciones y cualquier tipo de mal".

(8) Entonces yo me sentía plácida y viéndome sola con mi amado Jesús y abandonada por todas las criaturas, de corazón le agradecía al Señor y le pedía que se dignara no dejar que viniera nadie a darme molestia. Mientras estaba en esta situación, ha venido mi hermana y viéndome mal ha mandado a llamar al confesor, el cual por camino de obediencia ha logrado hacerme abrir un poco la garganta y se fue dándome la obediencia de no morir. Pobre quien tiene que vérselas con las criaturas, porque no conociendo a fondo todas las penas y desgarros de una pobre alma, agregan a las penas mayores dolores, y es más fácil obtener compasión de Dios, ayuda y consuelo, que de las criaturas, es más, parece que atizan mayormente. Pero sea siempre bendito el Señor que todo dispone para su gloria y para el bien de las almas.

4-155
Noviembre 30, 1902

Temor de que su estado fuera obra del demonio. Jesús le enseña cómo conocer cuándo es Él, y cuándo el demonio.

(1) Encontrándome con temores, dudas, agitaciones, de que todo fuera obra del demonio, viniendo mi adorable Jesús me ha dicho:

(2) "Hija mía, Yo soy Sol que lleno de luz al mundo, y yendo al alma se reproduce en ella otro Sol, de modo que por camino de rayos de luz se saetean mutuamente de continuo. Ahora, en medio a estos dos Soles se producen nubes, que son las mortificaciones, las humillaciones, contrariedades, sufrimientos y demás; si estos son verdaderamente Soles, tienen tanta fuerza, que con saetearse continuamente triunfan sobre estas nubes y las convierten en luz; pero si son soles aparentes y falsos, estas nubes que se producen en medio tienen fuerza de convertir a estos soles en tinieblas. Esta es la señal más cierta para conocer si soy Yo o el demonio, y después de que una persona ha recibido esta señal, puede arriesgar la vida por confesar la verdad, que es luz y no tinieblas".

(3) He estado rumiando en mi mente si se encuentran en mí estas señales, y me veo tan defectuosa que no tengo palabras para manifestar mi maldad. Sin embargo no desconfío, más bien espero que la misericordia del Señor quiera tener compasión de esta pobre criatura.

4-156
Diciembre 3, 1902

Turbaciones por la obediencia, Jesús la tranquiliza.

(1) Esta mañana, encontrándome en mi habitual estado y continuando mis temores, al venir el bendito Jesús le he dicho: "Vida de mi vida, ¿de dónde viene que no me haces obedecer las órdenes de los superiores?"

(2) Y Él: "Y tú, hija mía, ¿no ves de dónde viene el conflicto? De que el querer humano no se una con el Divino y se den el beso juntos, de modo de formar uno solo, y cuando hay conflicto entre estos dos quereres, siendo superior el Querer Divino, el querer humano debe perder por fuerza. Y además, ¿qué otra cosa quieren? Yo te he dicho que si quieren te hago caer en este estado, si no quieren te hago obedecer con relación a la obediencia de que Yo te debo hacer caer y Yo debo hacerte volver en ti sin que ellos vengan, dejando la cosa independiente de ellos y toda a mi disposición. Queda a Mí si te quiero tener un minuto o media hora en este estado, si te debo hacer sufrir o no, esto queda todo a mi cargo, y queriendo ellos hacer diversamente sería un querer dictarme leyes del modo, del cómo y del cuándo debo hacer Yo las cosas; esto sería un quererse meter demasiado en mis juicios y querer hacerme de maestro, a quien la criatura está obligada a adorar, y no a investigar".

(3) Me ha dejado en tal modo que no sabía qué responder. Viendo que no respondía ha agregado:

(4) "Este no quererse persuadir me disgusta demasiado; tú, sin embargo, en los conflictos y mortificaciones no tengas la mirada en ellos, sino fíjala en Mí que fui el centro de las contradicciones, y sufriéndolas tú vendrás a ser más semejante a Mí; así tu naturaleza no podrá separarse, sino que permanecerás calmada y tranquila. Quiero que de parte tuya hagas cuanto puedas por obedecerlos, el resto déjalo a mi cargo, sin turbarte".

4-157
Diciembre 4, 1902

Jesús manifiesta las razones de su obrar.

(1) Estaba pensando en mi mente en esta obediencia diciendo: "Ellos tienen razón de ordenarme eso, y luego no es una gran cosa que el Señor me haga obedecer en el modo querido por ellos. Además de que ellos dicen: "O que te haga obedecer, o bien que diga la razón por la que quiere que venga el sacerdote a hacerte recuperar de ese estado". Mientras esto pensaba, mi adorable Jesús se ha movido en mi interior diciéndome:
(2) "Hija mía, Yo quería que ellos mismos hubieran encontrado la razón de mi obrar, porque en mi Vida, desde que nací hasta que morí, habiendo encerrado en Mí la vida de toda la Iglesia, todo se encuentra, las cuestiones más difíciles confrontadas a algún suceso de mi Vida donde se puedan uniformar, se resuelven; las cosas más enredadas se sueltan, y las más oscuras y obtusas en que la mente humana casi se pierde en esa oscuridad, encuentran la luz más clara y resplandeciente. Esto significa que no tienen por regla de su obrar mi vida, de otra manera habrían encontrado la razón. Pero ya que no han encontrado ellos la razón, es necesario que Yo hable y la manifieste".
(3) Después de esto se ha levantado y con imperio, tanto que yo temía, ha dicho:
(4) "¿Qué significa aquél ¿ostende te sacerdoti?".
(5) Después haciéndose un poco más dulce ha agregado:
(6) "Mi Potencia se extendía por doquier, y desde cualquier lugar que me encontrara podía realizar los más estrepitosos milagros, sin embargo, en casi todos los milagros quise asistir personalmente, como al resucitar a Lázaro, fui, hice quitar la lápida, lo hice desatar, y después con el imperio de mi voz lo volví a llamar a la vida. Al resucitar a la niña, la tomé de la mano con mi mano derecha llamándola nuevamente a vida, y tantas otras cosas que están registradas en el Evangelio, que a todos son conocidas, quise asistir con mi presencia. Esto enseña, estando encerrada la vida

futura de la Iglesia en la mía, el modo como debe comportarse el sacerdote en su obrar. Y estas son cosas que se refieren a ti, pero en modo general, tu lugar propio lo encontrarán sobre el calvario. Yo, sacerdote y víctima y levantado sobre el leño de la cruz, quise un sacerdote que me asistiera en aquel estado de víctima, el cual fue san Juan, que representaba la Iglesia naciente; en él Yo veía a todos: Papas, obispos, sacerdotes y todos los fieles juntos, y él mientras me asistía, me ofrecía como víctima para la gloria del Padre y para el buen éxito de la Iglesia naciente. Esto no sucedió por casualidad, que un sacerdote me asistiera en ese estado de víctima, sino que todo fue un profundo misterio, predestinado desde "ab eterno" en la mente divina, significando que al escoger a una alma víctima por las graves necesidades que en la Iglesia hay, un sacerdote Me la ofrezca, Me la asista, la ayude y la anime a sufrir; si estas cosas se comprenden, está bien, ellos mismos recibirán el fruto de la obra que prestan, como san Juan, ¿cuántos bienes no recibió por haberme asistido en el monte calvario? Si en cambio no, no hacen otra cosa que poner mi obra en continuos conflictos, desviando mis más bellos designios.

(7) Además de esto, mi sabiduría es infinita y al enviar alguna cruz al alma para santificarse, no sólo toma una, sino cinco, diez, cuantas Me placen, a fin de que no sólo una, sino todas éstas juntas se santifiquen. Como en el calvario, no estuve Yo solo, además de tener un sacerdote tuve una Madre, tuve amigos y hasta enemigos, que al ver el prodigio de mi paciencia, muchos creyeron en Mí como el Dios que era y se convirtieron; si Yo hubiera estado solo, ¿habrían recibido estos grandes bienes? Ciertamente que no".

(8) ¿Pero quién puede decir todo lo que me ha dicho, y explicar los más minuciosos significados? Lo he dicho lo mejor que he podido, como en mi rusticidad he sabido decirlo, lo demás espero que lo haga el Señor, iluminándolos para hacerlos comprender lo que yo no he sabido manifestar bien.

4-158
Diciembre 5, 1902

Ve a una mujer que llora el estado de los pueblos, ella le pide no salir de su estado de víctima.

(1) Encontrándome en mi habitual estado, el bendito Jesús me ha comunicado sus penas, y estando sufriendo veía a una mujer que lloraba

copiosamente y decía: "Los reyes se han aliado y los pueblos perecen, y éstos no viéndose ayudados, protegidos, sino más bien despojados, se perderán, y los reyes sin los pueblos no pueden subsistir. Pero lo que me hace llorar más es que veo faltar las fortalezas de la justicia, cuales son las víctimas, único y solo sostén que mantiene la justicia en estos tiempos tristísimos; ¿al menos me das tú la palabra de no salirte de este estado de víctima?"

(2) Y yo, no sé porque, me he sentido tan decidida que he respondido: "Esta palabra no la doy, no, permaneceré hasta que el Señor quiera, pero en cuanto Él me diga que ha terminado el tiempo de hacer esta penitencia, no permaneceré ni siquiera un minuto más". Y ella al oír mi irremovible voluntad, más lloraba, como queriendo con su llanto que yo dijera sí, y yo más que nunca resuelta he dicho: "No, no".

(3) Y ella llorando ha dicho: "Así que habrá justicia, castigos, matanzas, sin ninguna disminución".

(4) Sin embargo, habiéndolo dicho al confesor, me ha dicho que por obediencia retirara el no.

4-159
Diciembre 7, 1902

Francia e Italia no reconocen más a Jesús. Jesús la suspende de su estado de víctima, pero ella no acepta y lucha para que no se redacte la ley del divorcio.

(1) Encontrándome fuera de mí misma me he encontrado en una densísima oscuridad, y en ella estaban miles de personas, dicha oscuridad las volvía ciegas, tanto que ellas mismas no comprendían lo que hacían. Parecía que fuese parte de Italia y parte de Francia. ¡Oh! cuántos errores se advertían en Francia, peores que los de Italia, parecía que habían perdido la razón humana, primera dote del hombre y que lo distingue de las bestias, y se habían vuelto peor que éstas mismas. Cerca de esta oscuridad se veía una luz, me he acercado y encontré a mi amante Jesús, pero tan afligido e indignado contra aquella gente, que yo temía y temblaba de pies a cabeza, y sólo he dicho:

(2) "Señor, cálmate y hazme sufrir a mí, derramando sobre mí tu indignación".

(3) Y Él me ha dicho: "¿Cómo puedo aplacarme si me quieren apartar de ellos, como si no fueran obra creada por Mí? ¿No ves cómo Francia me ha arrojado de sí, considerándose honrada de no reconocerme más? Y

cómo Italia quiere seguir a Francia, habiendo algunos que darían el alma al diablo con tal de poder formar la ley del divorcio, tantas veces intentada por ellos y que han quedado aplastados y confundidos; más que aplacarme y derramar sobre ti mi indignación te suspendo del estado de víctima, porque cuando mi justicia ha probado varias veces, usando todo su poder para no dar aquel castigo querido por el mismo hombre, y con todo esto lo quiere, es necesario que la justicia suspenda a quien la detiene y haga caer el castigo".

(4) Y yo: "Señor, si me quisieras suspender por otros castigos, fácilmente habría aceptado porque es justo que la criatura se uniforme en todo a tu Santo Querer, pero aceptarlo por este mal gravísimo, mi alma no puede tolerar esta suspensión, más bien invísteme de tu poder y hazme ir en medio de esos tales que quieren esto".

(5) Mientras esto decía me he encontrado con ellos, parecían investidos por fuerzas diabólicas, especialmente uno que parecía furibundo, como si quisiera trastornar todo. He dicho y vuelto a decir y apenas logré arrojarles alguna pequeña luz de razón, haciéndoles conocer el error que cometían, y después de esto me he encontrado en mí misma con escasísimos sufrimientos.

4-160
Diciembre 8, 1902

El confesor usa la potestad de la Iglesia para tener crucificado a Jesús en Luisa, crucificándola juntamente para impedir la ley del divorcio.

(1) Esta mañana mi adorable Jesús ha venido y me ha dicho:

(2) "Hija mía, hoy quiero tenerte suspendida sin hacerte sufrir".

(3) Y yo he comenzado a temer y a lamentarme con Él, y ha agregado:

(4) "No temas, Yo me estaré contigo, más bien, cuando tú ocupas el estado de víctima estás expuesta a la justicia, y además de los otros sufrimientos muchas veces te toca sufrir mi misma privación y la oscuridad, en suma, todo lo que merece el hombre por sus culpas, pero suspendiéndote el oficio de víctima todo será misericordia y amor que mostraré hacia ti".

(5) Yo me sentía liberada, si bien veía a mi amado Jesús y comprendía muy bien que no era su venida lo que hacía necesaria la venida del sacerdote para hacerme recuperar, sino más bien los sufrimientos que Jesús me daba. Entonces, no sé decir por qué, mi alma sentía una pena,

pero mi naturaleza sentía una gran satisfacción y decía: "Por lo menos ahorraré al confesor el sacrificio de venir". Pero mientras esto pensaba, he visto junto con Nuestro Señor un sacerdote vestido de blanco, me parecía que fuera el Papa y junto el confesor, y ellos le rogaban que me hiciera sufrir para impedir que redactaran esta ley del divorcio. Pero Jesús no les hacía caso, entonces el confesor no haciendo caso de que no lo oía, con ímpetu extraordinario, que parecía que no fuera él, ha tomado a Jesucristo en brazos y a fuerza lo ha puesto dentro de mí diciendo: "Te estarás crucificado en ella, crucificándola, pero esta ley no la queremos".

(6) Jesús ha quedado como atado dentro de mí, crucificado por aquella imposición, sintiendo yo acerbamente los dolores de la cruz, y ha dicho:

(7) "Hija, es la Iglesia que lo quiere, y su potestad unida a la fuerza de la oración me ata".

4-161
Diciembre 9, 1902

Luisa se encuentra junto con Jesucristo, como clavada con Él. Hablan acerca del divorcio.

(1) Encontrándome en mi habitual estado, me he encontrado fuera de mí misma junto con Jesucristo, como clavada con Él, y como yo sufría permanecía en silencio. Mientras tanto vi al confesor junto con el ángel custodio que le decía:

(2) "Esta pobrecita está sufriendo mucho, tanto que le impide hablar, dale un poco de tregua, porque cuando dos amantes desahogan entre ellos lo que tienen en su interior, terminan concediéndose mutuamente lo que quieren".

(3) Entonces me he sentido aliviar los sufrimientos, y primeramente he dicho ciertas necesidades del padre, al rogarle que lo hiciera todo de Dios, porque cuando uno llega a ser tal, no puede encontrar ninguna dificultad para que le concedan lo que quiere, porque no podrá buscar otra cosa sino lo que agrada a Dios; después he dicho: "Señor, ¿esta ley del divorcio llegarán los hombres a formarla en Italia?"

(4) Y Él: "Hija mía, hay peligro, a menos que algún rayo chino llegue a impedirles este propósito".

(5) Y yo: "Señor, ¿cómo? ¿Es tal vez alguno de China, que mientras estén por hacer esto tomará algún rayo y lo arrojará entre ellos para matarlos, de modo que aquellos asustados emprenderán la fuga?"

(6) Y Jesús: "Cuando no comprendas es mejor que calles".

(7) Yo he quedado confundida y no me he atrevido a hablar más, y sin haber comprendido el significado. Pero el ángel custodio estaba diciendo al confesor que además de la intención de la cruz uniera la de hacerlo derramar, que si esto conseguía vencería el punto y no podrán hacerlo.

4-162
Diciembre 15, 1902

Queda clavada con Jesús. El hombre está por ser aplastado por el peso de la justicia divina.

(1) Continuando mi habitual estado, me he encontrado fuera de mí misma y he encontrado a mi adorable Jesús arrojado por tierra, crucificado, que todos lo pisoteaban, y yo para impedir que esto hicieran me he extendido sobre Él para recibir sobre mí lo que le hacían a Nuestro Señor. Y mientras estaba en aquella posición he dicho: "Señor, ¿qué te cuesta que esos mismos clavos que te traspasan, me traspasen a mí al mismo tiempo?" Mientras estaba en esto me he encontrado clavada con aquellos mismos clavos que tenían clavado al bendito Jesús, Él abajo y yo arriba; y en esta posición nos hemos encontrado en medio de aquellos hombres que quieren el divorcio, y Jesús les mandaba tantos rayos de luz producidos por los sufrimientos que Jesús y yo sufríamos, y ellos quedaban deslumbrados y confundidos. Y comprendía que si el Señor querrá hacerme sufrir cuando ellos vengan para hacer esto, fracasarán y no concluirán nada.

(2) Después de esto ha desaparecido, quedando yo sola a sufrir, después ha regresado de nuevo pero no crucificado, y se ha arrojado en mis brazos, pero se volvió tan pesado que mis pobres brazos no resistían y estaba a punto de dejarlo caer a tierra. Entonces, viendo que por más que hacía y me esforzaba no podía sostener ese peso, era tanta la pena que sentía que lloraba abundantemente, y Él viendo el peligro de caer y mi llanto, lloraba junto conmigo. ¡Qué desgarradora escena! Entonces, haciéndome violencia lo he besado en el rostro, y besándome Él también le he dicho: "Vida y fuerza mía, por mí soy débil y nada puedo, pero Contigo todo puedo; por eso fortifica mi debilidad infundiéndome tu misma fuerza, y así podré sostener el peso de tu persona, único medio para podernos recíprocamente evitar este disgusto, yo de hacerte caer y Tú de sufrir la caída". Al oír esto Jesús me ha dicho:

(3) "Hija mía, ¿y tú no comprendes el significado de mi pesantez? Debes saber que es el peso enorme de la justicia que ni Yo puedo soportarlo

más, ni tú podrás contenerlo, y el hombre está por ser aplastado por el peso de la justicia divina".

(4) Yo al oír esto lloraba, y Él, para distraerme, como antes de venir tenía un fuerte temor de que no debiese obedecer sobre ciertas cosas, ha agregado:

(5) "Y tú amada mía, ¿por qué temes tanto que no te hiciese obedecer? ¿No sabes que cuando atraigo, uno, identifico a un alma Conmigo, comunicándole mis secretos, la primera tecla que pongo, la que suena más bello y que comunica el sonido a todas las demás teclas, es la tecla de la obediencia? Tanto, que si las demás teclas no están en comunicación con la primera tecla, sonarán de un modo discordante, que jamás podrá ser agradable a mi oído. Por eso no temas, y además, no tú sino Yo obedeceré en ti, y siendo una obediencia que me corresponde hacer a Mí, déjame actuar a Mí, sin preocuparte, porque sólo Yo sé lo que conviene, y el modo para hacerme conocer".

(6) Dicho esto ha desaparecido y yo me he encontrado en mí misma. Sea siempre bendito el Señor.

4-163
Diciembre 17, 1902

Para poder ser víctima es necesaria la unión permanente con Jesús.

(1) Esta mañana, al venir mi adorable Jesús, le estaba rogando que se aplacara, diciéndole: "Señor, si no puedo yo sola sostener el peso de tu justicia, hay tantas almas buenas, que dividiendo un poco en cada una, resultará más fácil sostener el peso, y así las gentes podrán ser perdonadas".

(2) Y Él: "Y tú, hija mía, ¿no sabes que para que mi justicia pueda descargar sobre alguna alma el peso del castigo de otros, se debe encontrar en posesión de mi unión permanente, de modo que todo lo que obra, sufre, intercede y obtiene, le viene dado por virtud de mi unión establecida en ella, no haciendo otra cosa el alma que poner su voluntad y unificándola con la mía; ni mi justicia podría hacerlo si antes no le da las gracias necesarias para poder poner al alma a sufrir por causa de los demás?"

(3) Y yo: "¿Cómo, tu unión es permanente en mí? Me veo tan mala".

(4) Y Él interrumpiendo mi hablar ha agregado: "Tonta, ¿qué dices? ¿No me oyes continuamente en ti, no adviertes los movimientos sensibles que hago en tu interior? La oración continua que en tu interior se eleva, no

pudiendo tú hacer de otra manera, ¿acaso eres tú o Yo que habito en ti? A lo más no me ves alguna vez, y esto no dice que mi unión no sea permanente en ti".

(5) Yo he quedado confundida y no he sabido qué responder.

4-164
Diciembre 18, 1902

Jesús la lleva de nuevo a sufrir con Él, para vencer a aquellos que quieren el divorcio.

(1) No apenas me he encontrado en mi habitual estado, el bendito Jesús ha venido, pero sufriendo tanto que daba compasión; entonces todo afligido me ha dicho:

(2) "Hija mía, ven de nuevo a sufrir Conmigo para poder vencer la obstinación de aquellos que quieren el divorcio, probemos otra vez, tú estarás siempre dispuesta a sufrir lo que quiero, ¿no es verdad? ¿Me das tu consentimiento?"

(3) Y yo: "Sí Señor, haz lo que quieras".

(4) No apenas había dicho sí, el bendito Jesús se ha extendido dentro de mí, crucificado, y como mi naturaleza era más pequeña que la suya, me ha estirado hasta hacerme llegar a su mismo tamaño, después ha vertido poquísimo, sí, pero tan amargo y lleno de sufrimientos, que no sólo sentía los clavos en los puntos de la crucifixión, sino todo el cuerpo me lo sentía clavado por tantos clavos, de modo que me sentía toda destrozada. Entonces, por poco tiempo me dejó en esa posición y me he encontrado en medio de los demonios, que viéndome tan sufriente decían: "Hasta el último esta maldita debe vencer otra vez para que no hagamos la ley del divorcio. Maldita tu existencia, tú buscas dañarnos y desbaratar nuestros planes, arruinando nuestras tantas fatigas mandándolas al vacío, pero te la haremos pagar, te pondremos en contra obispos, sacerdotes y gentes, de modo que en otra ocasión haremos que se te pase el capricho de aceptar los sufrimientos". Y mientras esto decían me enviaban torbellinos de llamas y humo. Yo me sentía tan sufriente que no me daba cuenta ni de mí misma. El bendito Jesús ha regresado y los demonios han huido ante su vista, y de nuevo me renovó los mismos sufrimientos, más fuertes que antes, y así lo repitió otras dos veces, y si bien estuve casi siempre con Jesús, como me encontraba como oprimida por fuertes sufrimientos no le he dicho nada, sólo Él me decía:

(5) "Hija mía, por ahora es necesario que sufras, ten paciencia. ¿No quieres cuidar de mis intereses como si fueran tuyos?"

(6) Y ahora me sostenía entre sus brazos, no pudiendo mi naturaleza sostener por sí sola el peso de aquellos sufrimientos. Después me ha dicho:

(7) "Amada, ¿quieres ver el mal que ha sucedido en aquellos días que te tuve suspendida de este estado?"

(8) En ese momento no sé cómo, he visto la justicia, y la veía llena de luz, de gracia, de castigos y de tinieblas, y por cuantos días había estado suspendida, tantos ríos de tinieblas descendían sobre la tierra, y aquellos que quieren hacer mal y hablar mal quedaban más ciegos y tomaban fuerza para ejecutarlo, lanzándose contra la Iglesia y las personas sagradas. Yo he quedado asombrada y Jesús me ha dicho:

(9) "Tú creías que era nada, tanto que no te preocupabas, pero no era así, has visto cuánto mal ha venido y cuánta fuerza han tomado los enemigos, hasta llegar a hacer lo que durante el tiempo en que te he tenido siempre en este estado no habían podido".

(10) Después de esto ha desaparecido.

4-165
Diciembre 24, 1902

Efectos del sufrir. Valor de la soberbia.

(1) Continuando mi habitual estado, me he encontrado fuera de mí misma y he encontrado a Nuestro Señor, que junto tenía una cruz toda entretejida de espinas. Entonces la tomó y me la puso sobre los hombros, ordenándome que la llevara en medio de una multitud de gente para dar prueba de su misericordia y aplacar la justicia divina. Era tan pesada que la llevaba encorvada y casi arrastrándome. Mientras la llevaba Jesús ha desaparecido, y aquél que me guiaba cuando llegué a un punto me ha dicho:

(2) "Deja la Cruz y desnúdate, porque debe regresar Nuestro Señor y te debe encontrar lista para la crucifixión".

(3) Yo me he desnudado y he retenido los vestidos en la mano por la vergüenza que la naturaleza sentía, y he dicho entre mí: "En cuanto venga los dejaré". Mientras estaba en esto ha regresado y encontrándome con los vestidos en la mano me ha dicho:

(4) "Ni siquiera te has desnudado del todo para poderte rápidamente crucificar, entonces lo dejaremos para otro tiempo".

(5) Yo he quedado confundida y afligida sin poder articular palabra, y Jesús para consolarme me ha tomado de la mano y me ha dicho:

(6) "Dime, ¿qué quieres que te done?"

(7) Y yo: "Señor, el sufrir".

(8) Y Él: "¿Y qué más?"

(9) Y yo: "No sé pedirte otra cosa que sufrir".

(10) Y Jesús: ¿Y amor no quieres?"

(11) Y yo: "No, sufrir, porque dándome el sufrimiento me darás más amor, y esto lo sé por experiencia, que para obtener las gracias, el amor más fuerte y a todo Tú mismo, no se obtiene por otra cosa sino por medio del sufrimiento, y para merecerme todas tus atracciones, gustos y complacencias, el único medio es el sufrir por amor tuyo".

(12) Y Él: "Amada mía, te he querido probar para reencender en ti mayormente el deseo de sufrir por amor mío".

(13) Después de esto he visto personas que se creían algo más que los demás, y el bendito Jesús ha dicho:

(14) "Hija mía, quien ante Mí y ante los hombres se cree alguna cosa, vale nada; y quien se cree nada vale todo. Primero ante Mí, porque si hace alguna cosa, no cree que la hace porque puede hacerla, porque tiene la fuerza, la capacidad, sino que la hace porque recibe de Dios la gracia, las ayudas, las luces, por lo tanto se puede decir que la hace en virtud del poder divino, y quien tiene consigo el poder divino, ya vale todo. Segundo, ante los hombres, este obrar en virtud del poder divino, la hace obrar todo diferente, y no hace otra cosa que trasmitir luz del poder divino que en sí contiene, de modo que los más perversos, sin quererlo, sienten la fuerza de esta luz y se someten a sus quereres, y he aquí que también ante los hombres vale todo. Todo al contrario quien se cree alguna cosa, además de que vale nada, me es abominable, y por los modos ostentosos y refinados que tienen, creyéndose ellos alguna cosa, burlándose de los demás, los hombres los tienen señalados con el dedo como sujetos de escarnio y de persecución".

4-166
Diciembre 26, 1902

Las calumnias, las persecuciones, las oposiciones, sirven para justificar al hombre.

(1) Encontrándome en mi habitual estado, me sentía toda oprimida y con temor de recibir persecuciones, oposiciones, calumnias, no sólo yo, pues

de mí no me preocupo porque soy una pobre criatura que valgo nada, sino por el confesor con otros sacerdotes. Así que sentía el corazón aplastado por este peso, sin poder encontrar calma. En este momento ha venido mi adorable Jesús diciéndome:

(2) "Hija mía, ¿por qué estarte turbada e inquieta perdiendo el tiempo? Por tus cosas no hay nada, y además todo es providencia divina que permite las calumnias, las persecuciones, las oposiciones, para justificar al hombre y hacerlo regresar a la unión con el Creador, a solas, sin apoyo humano, como salió al ser creado. Y he aquí cómo el hombre, por cuan bueno y santo fuese, siempre le queda alguna cosa de espíritu humano en su interior, como también en su exterior no es perfectamente libre, siempre tiene alguna cosa de humano en la que espera, confía y se apoya, y por la cual quiere obtener estima y respeto, así que la providencia divina hace que sople un poco el viento de las calumnias, persecuciones y oposiciones, ¡oh!, qué destructora granizada recibe el espíritu humano, porque el hombre viéndose combatido, mal visto, despreciado por las criaturas, no encuentra más satisfacción entre ellas; más bien le viene a faltar todo junto: Ayudas, apoyos, confianza y estima, y si antes iba en busca de ellas, después él mismo les huye, porque adonde se vuelve no encuentra más que amarguras y espinas. Así que, reducido a este estado permanece solo, y el hombre no puede estar, ni está hecho para estarse solo, ¿qué hará el pobrecito? Se volverá todo, sin el mínimo estorbo a su centro Dios, y Dios se dará todo a él, y el hombre se dará todo a Dios, aplicando su inteligencia en conocerlo, su memoria en recordarse de Dios y de sus beneficios, la voluntad a amarlo. Y he aquí hija mía, justificado, santificado y rehecha en su alma la finalidad para la cual fue creado. Y aunque después le convendrá tratar con las criaturas, si ve que se le ofrecen ayudas, apoyos, estima, los recibe con indiferencia, conociendo por experiencia quiénes son, y si se sirve de ellas lo hace sólo cuando ve en ello el honor y la gloria de Dios, quedándose siempre sólo Dios y él".

4-167
Diciembre 30, 1902

El Señor la hace ver terremotos, destrucción de ciudades y le habla de su Voluntad.

(1) Encontrándome en mi habitual estado, me parecía ver a la Santísima Trinidad y yo en medio de ellos, como si quisieran resolver qué cosa debían hacer con el mundo. Entonces parecía que decían:

(2) "Si al mundo no se le mandan fortísimos flagelos, todo habrá terminado para él en materia de religión, y se volverán peor que los mismos bárbaros".

(3) Y mientras esto decían, parecía que descendían a la tierra guerras de toda especie, terremotos que destruían ciudades enteras y enfermedades. Yo al ver esto, temblando toda he dicho: "Majestad Suprema, perdonad la ingratitud humana, ahora más que nunca el corazón del hombre se ha rebelado, si se ve castigado se rebelará mayormente, agregando ultrajes a ultrajes a vuestra Majestad". Y una voz que salía de en medio de ellos decía:

(4) "El hombre se puede rebelar cuando sólo es mortificado, pero cuando es destruido cesa su rebelión. Ahora, aquí no se habla de mortificaciones sino de destrucción".

(5) Después de esto han desaparecido; pero quién puede decir cómo he quedado, mucho más porque sentía como una disposición de querer salir de este estado de sufrimientos, y una voluntad no perfectamente resignada al Querer Divino. Veía con claridad que la más fea afrenta que puede hacer la criatura al Creador es oponerse a su Querer Santísimo, por ello sentía la pena, temía fuertemente que pudiera hacer un acto opuesto a su Querer, y con todo esto no podía calmarme. Entonces, después de mucho esperar ha regresado mi adorable Jesús y me ha dicho:

(6) "Hija mía, muchas veces Yo me complazco en elegir a las almas, en rodearlas de fuerza divina de modo que ningún enemigo pueda entrar en ella, y ahí establezco mi perpetua morada, y en este morar que hago me abajo, se puede decir, a los más pequeños servicios, la limpio, le extirpo todas las espinas, le destruyo todo lo que de mal ha producido la naturaleza humana, y en ella planto todo lo que de bello y de bueno en Mí se encuentra, tanto de formar el más bello jardín de mis delicias, del cual me sirvo a mi gusto y según las circunstancias de mi gloria y del bien de los demás, tanto, que se puede decir que no tiene ya nada de lo suyo, sirviéndome sólo para habitación mía. Entonces, ¿sabes tú qué se necesita para destruir todo esto? Un acto opuesto a mi Voluntad, y todo esto lo harás tú si te opones a mi Voluntad".

(7) Y yo: "Temo Señor que los superiores me puedan dar la obediencia de la otra vez".

(8) Y Él: "Eso no es cosa tuya, y Yo me las veré con ellos, pero en esto está tu querer".

(9) A pesar de todo esto no me podía calmar e iba repitiendo en mi interior: "¡Qué cambio funesto me sucedió! ¿Quién ha desunido mi querer del Querer de mi Dios, que parecía que formaba uno solo?"

4-168
Diciembre 31, 1902

Jesús ama tanto a Luisa, que llega a amarla cuanto se ama a Sí mismo aunque algunas veces no puede verla y le es repugnante. Explicaciones.

(1) Continuaba con el temor de que pudiese oponerme al Querer de mi adorable Jesús, me sentía toda oprimida y angustiada, y estaba pidiéndole que me liberara, diciéndole: "Señor, ten piedad de mí, ¿no ves el peligro en el cual me encuentro? ¿Es posible que yo, vilísimo gusanillo me atreva a tanto, de sentirme opuesta a tu Santo Querer? Y además, ¿qué bien puedo encontrar y en qué precipicio caeré si me encuentro desunida de tu Voluntad?" Mientras esto decía, el bendito Jesús se ha movido en mi interior, y con una luz que me mandaba parecía que me decía:

(2) "Tú no comprendes nunca nada, este estado es estado de víctima; cuando te ofrecieron víctima por Corato tú aceptaste; ahora, ¿qué cosa hay de mal en Corato? ¿No hay tal vez la rebelión hacia el Creador por parte de la criatura, entre sacerdotes y seglares, entre partidos y partidos? Y bien, tu estado de rebelión no querido, el temor, tus penas, es estado expiatorio, y este estado de expiación Yo lo sufrí en el Getsemaní, tanto, que llegué a decir: "Si es posible pase de Mí este cáliz, pero no se haga mi voluntad sino la tuya". Mientras que en todo el curso de mi Vida la había deseado tanto, hasta sentirme consumir".

(3) Al oír esto, parece que me he tranquilizado y me sentí fortificada, y le he pedido que derramara en mí sus amarguras, y habiéndome acercado a su boca, por cuanto chupaba no salía nada, sólo un aliento amarguísimo que me amargaba todo el interior, entonces yo, viendo que nada derramaba he dicho: "Señor, ¿ya no me quieres? Si no quieres derramar amarguras al menos derrama tus dulzuras".

(4) Y Él: "Más bien te amo más, y si tú pudieras entrar en mi interior verías con claridad en todas mis partículas el amor especial hacia ti, y algunas

veces te amo tanto, que llego a amarte cuanto me amo a Mí mismo, si bien algunas veces no te puedo ver y me eres nauseante".

(5) Estas últimas palabras fueron como un relámpago a mi pobre corazón, pensar que no siempre era amada por mi amante Jesús, y que en ocasiones llegaba a ser un alma abominable. Si Él mismo no hubiera corrido a explicarme el significado, yo no habría podido vivir más. Entonces ha agregado:

(6) "Pobre hija, ¿te es demasiado duro esto? Has encontrado mi misma suerte, Yo era siempre el que era, uno con la Trinidad Sacrosanta y nos amábamos con un amor eterno, indisoluble, no obstante cubierto como víctima de todas las iniquidades de los hombres, mi exterior era abominable ante la Divinidad, tanto que la justicia divina no me perdonó en ninguna parte, volviéndose inexorable hasta abandonarme. Tú eres siempre como eres Conmigo, pero como desempeñas el estado de víctima, tu exterior aparece ante la divina justicia cubierto de las culpas de los demás, he aquí el por qué te dije esas palabras; sin embargo tú tranquilízate, porque te amo siempre".

(7) Dicho esto ha desaparecido. Parece que el bendito Jesús esta vez tenía ganas de inquietarme, si bien enseguida me da la paz. Sea siempre bendito y agradecido.

4-169
Enero 5, 1903

La libertad es necesaria para conocer al bueno y al malo.

(1) Esta mañana me sentía casi libre de los sufrimientos, yo misma no sabía qué hacer, cuando de repente me he sentido fuera de mí misma y veía personas de nuestra ciudad, que además de las palabras y calumnias que habían dicho, planeaban llegar a los hechos. Mientras estaba en esto he visto al bendito Jesús y he dicho: "Señor, demasiada libertad das a estos hombres infernales, hasta ahora han sido palabras de infierno, y ahora quieren llegar a poner las manos sobre tus ministros; átalos y ten compasión de ellos, y al mismo tiempo defiende a aquellos que te pertenecen".

(2) Y Él: "Hija, es necesaria esta libertad para conocer al bueno y al malo, pero debes saber que estoy cansado del hombre, y tan cansado que te lo participo a ti, de modo que cuando sientes ese cansancio de tu estado de víctima y casi la voluntad de querer salir de él, te viene de Mí, pero te advierto que estés atenta en no meter ninguna voluntad, porque Yo voy

buscando la voluntad de la criatura para apoyarme y castigar a los rebeldes. Sin embargo probemos, todavía te haré sufrir, y aquellos quedarán sin fuerza y no podrán hacer nada de lo que quieren".

(3) Quién puede decir lo que he sufrido y cuántas veces me ha renovado la crucifixión, y mientras esto hacía me ha dicho alzando su mano hacia el cielo:

(4) "Hija mía, al hombre no lo hice para la tierra sino para el Cielo, y su mente, su corazón, y todo lo que su interior contiene debían existir en el Cielo, y si esto hiciera, recibiría en las tres potencias el influjo de la Santísima Trinidad, y Ella quedaría copiada en él mismo; pero como se ocupa de tierra, recibe en sí el fango, la podredumbre y toda la cloaca de vicios que la tierra contiene".

4-170
Enero 7, 1903

Pide a Jesús que le aclare su estado, y Él se lo esclarece.

(1) Continuando mi habitual estado, estaba pensando: "¿Será posible, puede ser verdad que por pocos sufrimientos míos el Señor suspenda los castigos, que debilite las fuerzas humanas para que no hagan revoluciones y para no formar leyes inicuas? Y además, ¿quién soy yo para merecer con pocos sufrimientos todo esto?" Mientras esto pensaba, ha venido el bendito Jesús y me ha dicho:

(2) "Hija mía, ni tú, ni quien te dirige han comprendido tu estado; tú en el estado de sufrimientos desapareces del todo, y Yo solo, no místicamente, sino en carne viva reproduzco mis mismos sufrimientos que sufrió mi Humanidad. ¿Y no fueron tal vez mis sufrimientos los que debilitaron a los demonios, iluminaron las mentes cegadas, en una palabra, los que formaron la redención del hombre? Y si lo pudieron hacer entonces en mi Humanidad, ¿no lo podrán acaso hacer ahora en la tuya? Si un rey fuera a habitar en un pequeño tugurio, y desde ahí dispensara gracias, ayuda, monedas, continuara su oficio de rey, si alguien no lo creyera se diría que es tonto, pues si es rey puede hacer el bien tanto en el palacio real como en el pequeño tugurio; es más, se admira más su bondad, porque siendo rey no desdeña habitar en pequeñas pocilgas y viles chozas; así es tu situación".

(3) Yo comprendía con claridad todo esto y he dicho: "Señor mío, todo está bien como dices, toda la dificultad de mi estado está en la venida del sacerdote".

(4) Y Él: "Hija mía, aunque un rey habitara en pequeñas pocilgas, por las circunstancias, por las necesidades, por la condición de rey, es conveniente que sus ministros no lo dejen solo, sino que le hagan compañía sirviéndolo y obedeciéndolo en lo que él quiere".

(5) He quedado tan convencida, que no supe qué más decir.

4-171
Enero 9, 1903

Todo está escrito en el corazón de quien cree, espera y ama.

(1) Esta mañana me sentía toda oprimida, pues había venido Monseñor a visitarme porque decía que no era cierto que fuera Jesucristo quien obraba en mí; y al venir el bendito Jesús me ha dicho:

(2) "Hija mía, para comprender bien a un sujeto se necesita creer, porque sin esto todo es oscuridad en el intelecto humano, mientras que el sólo creer enciende en la mente una luz, y por medio de esta luz descubre con claridad la verdad y la falsedad, cuándo obra la gracia y cuándo la naturaleza y cuándo lo diabólico. Mira, el Evangelio es conocido por todos, ¿pero quién comprende el significado de mis palabras, las verdades que él contiene? Quién las conserva en su propio corazón y hace de ellas un tesoro para comprarse el reino eterno, o sea, quien cree. Y todos los demás no sólo no comprenden nada, sino que se sirven de ellas para hacer escarnio y burlarse de las cosas más santas. Por lo tanto se puede decir que todo está escrito en los corazones de quien cree, espera y ama, y para todos los demás, nada está escrito para ellos. Así es de ti, quien cree un poco ve las cosas con claridad y encuentra la verdad; quien no, ve las cosas todas confusas".

4-172
Enero 10, 1903

Las palabras que más consuelan a la dulce Mamá son: "DominusTecum". [2]

(1) Esta mañana, después de haber esperado mucho ha venido la Reina Madre con el Niño en brazos, y me lo ha dado diciéndome que lo tuviera cortejado con actos continuos de amor. Por cuanto he podido lo he hecho, y mientras esto hacía Jesús me ha dicho:

(2) "Amada mía, las palabras más agradables y que más consuelan a mi Madre son el "Dominus Tecum", porque no apenas fueron pronunciadas por el arcángel, sintió comunicarse en Ella todo el Ser Divino, y por eso se sintió investida del poder divino, de modo que el suyo, frente al poder divino se perdió, y mi Madre quedó con el poder divino en sus manos".

4-173
Enero 11, 1903

Ve a Monseñor que combate por la religión.

(1) Habiéndome dicho el confesor que rezara según las intenciones de Monseñor, veía, encontrándome fuera de mí misma, que no concernía a Monseñor sino a otras personas, y entre éstas veía a una mujer buenísima, pero toda consternada y que lloraba, y Monseñor bajo los brazos de una cruz con Cristo clavado encima de ella, que defendía, y debía tener ocasión para combatir por la religión, y el bendito Jesús que decía:
(2) "Los confundiré".

4-174
Enero 13, 1903

Ve a la Santísima Trinidad. Males de las adulaciones.

(1) Encontrándome en mi habitual estado, me parecía ver a la Santísima Trinidad que recíprocamente se miraban, y era tanta su belleza que quedaban estáticos con sólo mirarse, y en este estado se desbordaban fuera en amor, y por este amor quedaban como sacudidos, y permanecían más intensamente estáticos, así que todo su bien y complacencia estaban comprendidos en Ellos mismos, y toda su eterna vida y bienaventuranza, y funcionamiento, estaban encerrados en esta única palabra: "amor". Y toda la bienaventuranza de los santos estaba formada por este obrar perfecto de la Santísima Trinidad.
(2) Mientras esto veía, el Hijo ha tomado la forma de Crucifijo, y saliendo de entre Ellos vino a mí, participándome las penas de la crucifixión, y mientras estaba conmigo se ha puesto de nuevo en medio de Ellos y ha ofrecido sus y mis sufrimientos, y dio satisfacción por el amor que le debían todas las criaturas. Quién puede decir su complacencia, y cómo quedaban satisfechos por el ofrecimiento del Hijo. Parecía que así como

al crear a las criaturas no había salido otra cosa de su interior que llamas contenidas de amor, pues para dar desahogo a este amor se pusieron a crear tantas otras imágenes de Ellos, entonces quedaban satisfechos cuando recibían lo que habían dado, esto es: Amor han dado, amor quieren; así que la más fea ofensa es el no amarlos. Sin embargo, ¡oh Dios tres veces Santo! ¿Quién es aquél que te ama?

(3) Después de esto han desaparecido. ¿Pero quién puede decir lo que comprendía? Mi mente se perdía y la lengua no sabe articular palabra. Entonces, poco después volvió el bendito Jesús con el rostro cubierto de escupitinas y de fango, y me ha dicho:

(4) "Hija mía, las alabanzas, las adulaciones, son escupitinas y fango que ensucian y enlodan al alma y ciegan la mente, para no dejarle conocer quién verdaderamente es ella, especialmente si no parten de la verdad, porque si parten de la verdad y la persona es digna de alabanzas, conociendo la verdad me dará a Mí la Gloria, pero si parten de la falsedad, empujan a tal exceso al alma, que se confirma mayormente en el mal".

4-175
Enero 31, 1903

Efectos de la corona de espinas de Jesús.

(1) Después de haber esperado mucho, he visto al bendito Jesús en mi interior que tenía la corona de espinas, y yo me puse a contemplarlo y a compadecerlo, y Él me ha dicho:

(2) "Hija mía, quise sufrir estas espinas en mi cabeza, además de para expiar todos los pecados de pensamiento, para unir la inteligencia divina a la humana, porque la inteligencia divina estaba como dispersa en las mentes humanas, y mis espinas la llamaron del Cielo y la injertaron de nuevo. No sólo esto, sino que obtuve, para quien debía manifestar las cosas divinas, ayuda, fuerza, lucidez para hacerla conocer a los demás".

4-176
Febrero 1, 1903

La Reina Mamá la reprende. Se abre una iglesia protestante en Corato.

(1) Encontrándome en mi habitual estado, me sentía toda afligida, especialmente porque mi confesor me había dicho que esta mañana se abría en Corato una iglesia protestante, y que yo debía rogar al Señor que hiciera suceder alguna cosa para confundirlos, a costa de cualquier sufrimiento mío, y viendo que el Señor no venía y por lo tanto yo no sentía grandes sufrimientos, único medio para obtener esta especie de gracias, sentía una aflicción grandísima. Después de mucho esperar ha venido el bendito Jesús, y veía al confesor que insistía mucho y rogaba para hacerme sufrir; así parece que me participó las penas de la cruz, y después me ha dicho:

(2) "Hija mía, te he hecho sufrir obligado por la potestad sacerdotal, y permitiré que aquellos que vayan, en vez de quedar convencidos de lo que los protestantes digan, los tomarán a burla, y además, como el castigo cayó sobre Corato en los días que te tuve suspendida del estado de víctima, debe tener su curso, y si tú continúas sufriendo dispondré de modo tal a los corazones, que a tiempo oportuno me serviré de alguna ocasión para hacerlos quedar del todo confundidos y destruidos".

(3) Después, ha venido la Reina Madre, como si hubiera querido usar conmigo un trato de justicia me ha reprendido ásperamente por algún pensamiento y palabra, especialmente cuando viéndome con poquísimos sufrimientos digo que no es ya Voluntad de Dios, y entonces quiero salir de este estado. ¿Quién puede decir con qué rigor me ha reprendido? Y me ha dicho: "Que el Señor permita que algunos días te suspenda, puede ser; pero que te dispongas tú, esto es intolerable ante Dios, viniendo tú casi a dictar leyes del modo como te quiere tener". Sentí tanto la fuerza del rigor, que estaba por desmayarme, tanto que el bendito Jesús teniendo compasión de mí, me sostuvo entre sus brazos.

4-177
Febrero 9, 1903

Los bienes que tiene la Iglesia católica, y los males de los protestantes.

(1) Esta mañana, encontrándome fuera de mí misma veía al confesor con otro sacerdote santo, el cual decía: "Quítate todo pensamiento de que no es Voluntad de Dios tu situación".

(2) Después ha hablado sobre estos protestantes que dicen de Corato, y ha dicho: "Poco o nada harán, porque los protestantes no tienen el anzuelo de la verdad para pescar los corazones, como lo tiene la Iglesia

católica, les falta la barca de la verdadera virtud para ponerlos a salvo, están desprovistos de velas, de remos, de ancla, los cuales son los ejemplos y enseñanzas de Jesucristo, y llegan a no tener ni un pan para quitarse el hambre, ni agua para quitarse la sed y lavarse, como son los sacramentos, y lo que es más, les falta hasta el mar de la Gracia para poder ir a pescar almas. Así que faltando todo esto, ¿qué progresos podrán hacer?" Y ha dicho tantas otras cosas que yo no sé repetir bien. Después ha venido mi amable Jesús y me ha dicho:

(3) "Hija mía, quien me ama se fija de frente al centro Divino, pero quien se resigna y hace en todo la Voluntad Divina, posee en sí mismo el centro de la Divinidad".

(4) Y como relámpago ha desaparecido. Poco después ha regresado, y yo le estaba agradeciendo por la Creación y Redención y por tantos otros beneficios. Y Él ha agregado:

(5) "En la Creación formé el mundo material, y en la Redención formé el mundo espiritual".

4-178
Febrero 22, 1903

El pecado es veneno, y el dolor es el contraveneno.

(1) Encontrándome en mi habitual estado, por poco tiempo he visto a mi adorable Jesús y me ha dicho:

(2) "Hija mía, el pecado ofende a Dios e hiere al hombre, y como fue cometido por el hombre, y fue ofendido Dios, para recibir una plena satisfacción se necesitaba un hombre y un Dios que satisficiera. Y los treinta años de mi Vida mortal dieron satisfacción por las tres edades del mundo, por los tres diferentes estados de ley: La natural, la escrita y la de la gracia, y por las tres diversas edades de cada hombre: Adolescencia, juventud y vejez. Yo por todos di satisfacción, merecí e impetré; y mi Humanidad sirve de escalera para subir al Cielo; pero si el hombre no sube esta escalera con el ejercicio de las propias virtudes, en vano intenta subir y volverá inútil para sí mismo mi obrar".

(3) Entonces yo, oyendo nombrar el pecado he dicho: "Señor, háblame un poco de por qué te complace tanto cuando un alma se duele de haberte ofendido".

(4) Y Él: "El pecado es un veneno que envenena toda el alma y la vuelve tan deforme, que llega a hacer desaparecer en ella mi imagen, y el dolor destruye este veneno y le restituye mi imagen, el verdadero dolor es un

contraveneno, y conforme el dolor destruye el veneno, hace un vacío en el alma, y este vacío lo llena mi gracia; esta es la causa de mi agrado, porque veo resucitada por medio del dolor la obra de mi Redención".

4-179
Febrero 23, 1903

No quieren por cabeza a Nuestro Señor. La Iglesia será siempre Iglesia.

(1) Encontrándome fuera de mí misma, me he encontrado cerca de un jardín que parecía que fuera la Iglesia, cerca del cual estaban personas que maquinaban un atentado a la Iglesia y al Papa, y en medio de estos estaba Nuestro Señor crucificado, pero sin cabeza. ¿Quién puede decir la pena, el horror que daba ver su santísimo cuerpo en aquel estado? Y comprendía que los hombres no quieren a Jesucristo por su cabeza, y como la Iglesia lo representa sobre esta tierra, por eso buscan destruir a aquel que hace sus veces. Después me he encontrado en otro lugar, en el cual estaban otras personas que me preguntaban: "¿Qué dices tú de la Iglesia?"

(2) Y yo, sintiendo una luz en la mente he dicho: "La Iglesia será siempre Iglesia, a lo más podrá lavarse en su propia sangre, pero este lavado la volverá más bella y gloriosa".

(3) Ellos al oír esto han dicho: "Es falso, llamemos a nuestro dios y veamos qué cosa dice".

(4) Entonces ha salido un hombre que superaba a todos en altura, con corona en la cabeza, y ha dicho: "La Iglesia será destruida, no existirán funciones públicas, a lo más alguna escondida, y la Virgen no será más reconocida".

(5) Yo al oír esto he dicho: "¿Y quién eres tú que te atreves a decir esto? ¿No eres tú acaso aquella serpiente condenada por Dios a arrastrarse por la tierra? Y ahora te atreves a tanto que haces creer que eres rey, engañando a las gentes, te ordeno que te hagas conocer por lo que eres".

(6) Mientras esto decía, de alto se ha hecho bajo, bajo, ha tomado la forma de serpiente, y provocando un relámpago se ha precipitado; y yo me he encontrado en mí misma.

4-180
Marzo 5, 1903

Jesús se hace ver llevando un fajo de cruces en los brazos, y le dice que son las cruces del desengaño, que tiene listas para cada uno.

(1) Encontrándome en mi habitual estado, me he encontrado junto con el bendito Jesús, que llevaba un fajo de cruces, de espinas en los brazos, todo cansado y afanado. Y yo, viéndolo en aquel estado he dicho: "Señor, ¿con qué fin afanarte tanto con este fajo en los brazos?"

(2) Y Él: "Hija mía, estas son las cruces del desengaño, que tengo siempre listas para desengañar a las criaturas".

(3) Ahora, mientras esto decía, nos hemos encontrado en medio de las gentes, y el bendito Jesús, no apenas veía a uno que se apegaba a las criaturas, tomaba de aquel fajo la cruz de la persecución y se la daba, y aquél viéndose perseguido, mal visto, quedaba desengañado y comprendía qué eran las criaturas y que sólo Dios merece ser amado. Si algún otro se apegaba a las riquezas, tomaba de aquel fajo la cruz de la pobreza y se la daba, y aquél viéndose esfumadas las riquezas, empobrecido, comprendía que todo es humo acá abajo y que verdaderas riquezas son las eternas, y por lo tanto a todo lo que es eterno apegaba su corazón. Si otro se ataba a la propia estima, al saber, el bendito Jesús con toda dulzura tomaba la cruz de las calumnias y de las confusiones y se la daba, y aquél, confundido, calumniado, se quitaba como una máscara y comprendía su nada, su ser, y todo su interior lo ordenaba en orden sólo a Dios y no más a sí mismo. Y así de todas las otras cruces. Después de esto mi adorable Jesús me ha dicho:

(4) "¿Has visto la causa por la que tengo este fajo de cruces en los brazos? El amor hacia las criaturas me obliga a tenerlo, estando en continua actitud hacia ellas; siendo la cruz el desengaño primario y el primero que juzga el obrar de las criaturas, de modo que si la criatura se rinde, la cruz le hará evitar el juicio de Dios, dándome por satisfecho cuando uno en vida se somete al juicio de la cruz; pero si no se rinde, se encontrará en el ambiente del segundo desengaño de la muerte, y será juzgado con un estrechísimo rigor por Dios, mucho más por haber escapado del juicio de la cruz, que es juicio todo de amor".

(5) Después de esto ha desaparecido, y yo comprendía también que es verdad que Jesús ama la cruz, pero muchas veces el hombre mismo incita, provoca a Jesús a darle la cruz, porque si estuviese ordenado en orden a Dios, a sí mismo y a las criaturas, no viendo en él ningún desorden, el Señor se las quedaría y daría la paz.

Jesús la lleva a ver el mundo y dice "Ecce homo". [3]

(1) Después de haber esperado mucho, el bendito Jesús se hacía ver dentro de mi interior, diciéndome:

(2) "¿Quieres que vayamos a ver si las criaturas me quieren?"

(3) Y yo: "Seguro que te querrán; siendo Tú el Ser más amable, ¿quién tendrá la osadía de no quererte?"

(4) Y Él: "Vayamos y después verás lo que harán".

(5) Nos hemos ido, y cuando llegamos a un punto donde había mucha gente, ha sacado su cabeza de dentro de mi interior y ha dicho aquellas palabras que dijo Pilatos cuando lo mostró al pueblo: "Ecce Homo". Y comprendía que aquellas palabras significaban si querían que el Señor reinase como su Rey, y tuviese el dominio en sus corazones, en las mentes, y obras; y aquellos respondieron: "Quítenlo, no lo queremos, más bien crucifíquenlo, a fin de que sea destruida toda memoria suya". ¡Oh, cuántas veces se repiten estas escenas! Entonces el Señor ha dicho a todos: "Ecce Homo".

(6) Al decir esto sucedió un murmullo, una confusión, quién decía: "No lo quiero por Rey mío, quiero la riqueza, otro el placer, otro el honor, quién las dignidades y quién tantas otras cosas más. Con horror yo escuchaba estas voces y el Señor me ha dicho:

(7) "Has comprendido como nadie me quiere, sin embargo esto es nada, dirijámonos a la clase religiosa y veamos si me quieren".

(8) Entonces me he encontrado en medio de sacerdotes, obispos, religiosas, consagrados; y Jesús con voz sonora ha repetido: "Ecce Homo".

(9) Y aquellos decían: "Lo queremos, pero queremos también nuestra conveniencia". Otros: "Lo queremos, pero junto con el interés". Respondían otros: "Lo queremos pero unido a la estima, al honor, ¿qué hace un religioso sin estima?" Replicaban otros: "Lo queremos, pero unido a alguna satisfacción de criatura, ¿cómo se puede vivir solo y sin que nadie nos satisfaga?" Y algunos llegaban a querer al menos la satisfacción en el sacramento de la confesión. Pero solo, solo, casi ninguno lo quería, no faltando también que alguno no se ocupara de hecho de Jesucristo.

(10) Entonces todo afligido me ha dicho: "Hija mía, retirémonos, has visto cómo ninguno me quiere, o a lo más me quieren unido con alguna cosa

que a ellos les agrada, Yo no me contento con esto, porque el verdadero reinar es cuando se reina solo".

(11) Mientras esto decía me he encontrado en mí misma.

4-182
Marzo 9, 1903

Jesús habla de la humildad y de la correspondencia.

(1) Continuando mi habitual estado, oía que en mi interior el bendito Jesús rezaba diciendo:

(2) "Padre Santo, glorifica tu nombre, confunde y ocúltate a los soberbios y manifiéstate a los humildes, porque sólo el humilde te reconoce por su Creador, y se reconoce como tu criatura".

(3) Dicho esto no se dejó oír más, si bien yo comprendía la fuerza de la humildad ante Dios, me parecía que no tiene ninguna duda en confiarle los más preciosos tesoros, más bien todo está abierto para los humildes, ninguna cosa está bajo llave; todo lo contrario para los soberbios, más bien parece que les pone un lazo en los pies para confundirlos a cada paso. Poco después se ha hecho ver otra vez y me ha dicho:

(4) "Hija mía, si un cuerpo está vivo se conoce por el calor interno continuo, porque se puede dar que mediante algún calor externo se pueda calentar, pero no viniendo de la verdadera vida pronto vuelve a enfriarse. Así el alma, se puede conocer si está viva a la gracia si su vida interna está viva en el obrar, en amarme, si siente la fuerza de mi misma vida en la suya; si en cambio, es por cualquier causa aparente que se calienta, hace algún bien y después se enfría, regresa a los vicios, comete las acostumbradas debilidades, hay una gran certeza de que está muerta a la gracia, o bien está en los últimos extremos de la vida. Así se puede conocer si verdaderamente soy Yo quien voy al alma, si siente mi gracia en su interior y todo su bien se funda en su interior; si en cambio todo es externo y nada advierte en su interior de bien, puede ser obra del demonio".

(5) Mientras esto decía ha desaparecido, pero poco después regresó y ha agregado:

(6) "Hija mía, qué terrible puede ser para las almas que han sido muy fecundadas por mi gracia y no han correspondido. La nación hebrea, la más predilecta, la más fecundada, no obstante la más estéril, y toda mi persona no produjo aquel fruto que produjo Pablo en las otras naciones menos fecundadas, pero más correspondientes, porque la

incorrespondencia a la gracia ciega al alma, y la hace equivocarse y la dispone a la obstinación, aun frente a cualquier milagro".

4-183
Marzo 12, 1903

Lamentos. Jesús habla de su vida y de la Eucaristía.

(1) Encontrándome en mi habitual estado, me veía sola y abandonada, entonces, después de haber esperado mucho se ha hecho ver en mi interior, y yo le he dicho:

(2) "Dulce vida mía, cómo me has dejado sola, cuando Tú me pusiste en este estado todo fue unión, y todo lo concertábamos juntos, y con dulce fuerza me atrajiste toda a Ti. ¡Oh! cómo se ha cambiado la escena, no sólo me has abandonado, no sólo no me haces ninguna fuerza para tenerme en aquel estado, sino que estoy obligada a hacerte una continua fuerza para no salir de este estado, y este forzarte es para mí un continuo morir".

(3) Y Él me ha dicho: "Hija mía, lo mismo sucedió cuando en el consistorio de la Sacrosanta Trinidad se decretó el misterio de la Encarnación para salvar al género humano, y Yo unido con su Voluntad acepté y me ofrecí víctima por el hombre; todo fue unión entre las Tres Divinas Personas y todo fue planeado juntos, pero cuando me puse a la obra llegó un momento, especialmente cuando me encontré en el ambiente de las penas, de los oprobios, cargado de todas las maldades de las criaturas, que me quedé solo y abandonado por todos, hasta por mi amado Padre; y no sólo esto, sino que así, cargado de todas las penas como estaba, debía forzar al Omnipotente que aceptara y que me hiciera continuar mi sacrificio por la salvación de todo el género humano, presente, pasado y futuro. Y esto lo obtuve. El sacrificio dura aún, el esfuerzo es continuo, si bien esfuerzo todo de amor, ¿y quieres saber dónde y cómo? En el sacramento de la Eucaristía, en él el sacrificio es continuo, perpetuo, es la fuerza que hago al Padre para que use misericordia con las criaturas y con las almas para obtener su amor, y me encuentro en continuo contraste de morir continuamente, si bien todas muertes de amor. Entonces, ¿no estás contenta de que te haga partícipe de los períodos de mi misma vida?"

4-184
Marzo 18, 1903

Jesús dice que quien hace su Querer escoge lo mejor.

(1) Esta mañana habiéndome preguntado el confesor si sentía el deseo de sufrir, yo le he respondido: "Sí", pero me sentía más tranquila, gozaba más paz y contento cuando no quería otra cosa sino lo que quiere Dios; por eso en aquello quería detenerme. Después, habiendo venido el bendito Jesús me ha dicho:

(2) "Hija mía, tú has escogido lo mejor, porque quien está siempre en mi Voluntad, me ata en modo de hacer salir de Mí una continua virtud para tenerla en continua actitud hacia Mí, tanto, que ella forma mi alimento y Yo el suyo. En cambio, aunque el alma hiciese cosas grandes, santas y buenas, como no es virtud que haya salido de Mí, no podrá ser para Mí alimento sabroso, porque no las reconozco como obras de mi Voluntad".

Deo Gratias

Nihil obstat
Canonico Annibale
M. Di Francia

Eccl.
Imprimatur
Arzobispo Giuseppe M. Leo
Octubre de 1926

[1] Este libro ha sido traducido directamente del original manuscrito de Luisa Piccarreta.
[2] El Señor es contigo.
[3] He aquí al hombre.

29800370R00138